한국의 경제 발전과 재일 한국 기업인

나가노 신이치로 편저

한 국 의 경 제 발 전 과
재일 한국 기업인

나가노 신이치로 편저

말글빛냄

CONTENTS

  한국인이 일본 이주를 시작한 지도 100년이나 된다. 1910년 한일 합병 이후로, 일본의 외국인 노동자 입국 제한(칙령 353호)이 한국인에게는 적용되지 않게 됨으로 한국인들의 본격적인 일본 이주가 시작되었다. 한일합병 이전에 일본에 거주하고 있던 한국인은 유학생을 중심으로 790명 정도에 지나지 않았지만, 한일합병이 계기가 되어 한국인의 일본 이주는 급속히 증가하기 시작했다.

  한편, 한국합병을 계기로 일본의 식민지 정책이 본격화되면서 일본인의 한국 이주도 증가하기 시작했다. 「조선총독부 통계 연보」에 의하면, 1910년 한일합병 직후 17만 1,543명이였던 재한(在韓) 일본인이 1920년에는 34만 7,850명으로 늘어났고 1930년에는 50만 1,867명으로 급증했다. 그러다 1942년에는 그 수가 75만 2,823명에 이르렀으며, 당시 한국의 총인구 2,636만 1,401명 가운데 2.86%를 차지하기까지 했다. 일본인들은 한국뿐 아니라 중국 만주, 대만 그리고 북미와 남미와 같은 해외로도 많이들 이주했다.

따라서 재일 한국인의 증가는 이러한 일본의 노동력 유출을 보완하고 값싼 노동력을 필요로 하는 상황 때문에 적극적으로 이루어지게 된 것이다. 1933년까지는 재한 일본인이 재일 한국인보다 더 많았지만, 1934년에는 역전되어 재일 한국인이 압도적으로 훨씬 많아졌다. 재일 한국인 수는 종전(終戰)에 200만 명을 넘어서기도 했는데, 조국의 해방으로 인해 많은 사람이 일본에서 귀국함으로 그 수가 줄게 되었다. 그러나 여러 가지 사정으로 귀국하지 못하고 전후에도 일본에 잔류한 한국인과 그 자손이 바로 재일 한국인이며, 조선 적 및 일본 국적 취득자도 여기에 포함된다.

사실, 전쟁 전부터 한국인들이 일본으로 들어가 정착하게 된 경위는 다양하다. 강제 연행으로 끌려간 사람들도 많지만, 학업 또는 취업을 목적으로 본인이 원해서 일본으로 건너간 사람들도 적지 않았던 것으로 보인다. 강제 연행자들의 경우 일본이 패전한 후 대부분 귀국한 것으로 생각되지만, 학업이나 취업을 목적으로 일본에 넘어온 사람들은 대체로 일본에 잔류하는 경향이 많았다. 왜냐하면 그들에게는 일본 사회에서 어느 정도 생활 기반이 조성되어 있었기 때문이다.

　전후의 일본 사회는 연합국의 점령 정책으로 매우 궁핍한 상황에 처해 있었다. 더구나 패전으로 인해 수백만 명의 해외 이주자들과 군인 및 군무원들이 일본으로 귀국했기 때문에 식량 부족 상태가 계속되었다. 그래서 미국의 원조에 의존하지 않을 수 없는 상황이었다. 이 시기는 일본인들에게도 경제적으로 너무나 어려운 환경이었기 때문에 재일 한국인들은 그보다 훨씬 더 어려운 상황을 직면해야 했다. 대부분의 재일 한국인은 일본에서 대학을 졸업해도 취직이 제대로 되지 않았기 때문에 말로 표현할 수 없는 고난을 겪었으며, 민족 차별과 편견이 심한 사회 환경 속에서 살아남기 위해서 많은 인내와 노력을 해야만 했다. 때문에 그들은 일본인보다 2배, 3배 이상 더 일하지 않으면 안 되었다. 게다가 취직을 할 수 없기 때문에 생계 유지를 위해 자영업을 할 수밖에 없었다. 그것도 일본인들이 기피하는 직종이 대부분이었다. 음식점, 유기업, 사금융, 폐품 도매업 등이 대표적인 예이며, 이른바 3D에 속하는 일이었다. 하지만 '위기야말로 찬스'라는 말이 있듯이, 재일 한국인들은 어려운 환경에 처해 있었기 때문에 오히려 더 강한 의지를 갖게 되었고 또 도전하는 정신을 키우면서 기회를 놓치지 않았다. 그러던 중에 활로를 개척하고 부지런히 노력해서 성공한 재일 한국인들은 헤아릴 수 없이 많이 있다. 또한 전시와 전후에 공장 노동자로 일하면서 기술을 습득하여 차별과 편견이 심한 일본 사회에서도 신용과 노력으로 제조업을 시작해서 성공한 재일 한국인도 적지 않다.

1950년의 한국 전쟁 발발은 일본 경제에 소위 은혜의 비를 가져다 주었는데, 다름 아닌 미군으로부터 얻게 된 특수(特需)가 일본 경제를 소생시킨 것이다. 이시다 다이조(石田退三)도요타 사장이 당시에 관해 "미군 특수의 신풍(神風)이 불어 닥치면서 도산 위기에 직면해 있었던 도요타가 소생하게 되었다"고 말한 것처럼, 당시 도요타 자동차는 한국 전쟁의 특수로 인해 재생했다고 해도 과언이 아니다. 도요타뿐 아니라 닛산 등 다른 자동차 제조업체들도 같은 혜택을 입었으며, 섬유·철강·조선·가전업계 등도 전쟁 특수로 재생의 계기를 마련할 수 있었다.

한국 전쟁 특수의 경제 효과는 곧바로 나타났고, 그 파급 효과는 국민 생활 전반에 걸쳐 광범위하게 영향을 미쳤다. 일본의 경제 수준은 한국 전쟁의 특수 효과로 인해 거의 전쟁 전의 수준으로 회복되었고, 이를 계기로 전후 부흥이 촉진되었으며, 일본 경제의 고도 성장의 토대를 만들게 된 것이다.

물론, 이와 같은 경제 환경의 변화에 적절히 대응한 재일 한국기업인들도 그 혜택을 받을 수 있었다. 한국 대재벌의 하나인 코오롱그룹의 창업자 이원만(李源萬)은 일본에서 방직 공장을 설립해서 한국 전쟁 때 전쟁 특수로 인해 큰 재산을 모으게 되었고 그것을 토대로 한국에 진출할 수 있었다. 또한 일본에서 사카모토 방적(阪本紡績)을 창업한 서갑호(徐甲虎)도 한국 전쟁 특수로 기업 확대에 성공했고 그 여세로 한국에 진출할 수 있었다. 그는 일본에서 최신 설비와 경영 노하우를 도입하여 방직 공장을 건설했으며 한국 방직 업계의 선두 주자로서 일대 재벌이 되었다. 그러나 공장에 큰 화재 발생이 있은 후 자금 융통을 얻지 못하고 결국은 도산하게 됨으로써 서갑호의 한국 투자는 실패로 끝나고 말았다. 서갑호 개인은 실패했지만 그가 한국에 남긴 재산 설비 기업 경영 노하우 등은 그 후에도 계승되어 한국 산업 발전에 커다란 공헌을 했기에 그 공적은 높이 평가받을 만하다고 생각된다. 서갑호는 주일 한국 대표부(현재의 한국 대사관)의 부지를 한국 정부에 기증했고, 오사카 총영사관 건축 때에도 거액의 기부를 하였기에 그의 공로가 역사에 남겨져 있다고 본다.

다수의 재일 한국인은 전후 부흥이 궤도에 오르고 있을 때 창업을 하여 기업인으로서 성공한 경우가 많다. 재일 한국인 기업은 대체로 창업 시는 소규모 기업으로 시작했다. 하지만 이들은 근면하고 남다른 아이디어와 도전 정신을 가지고 있으며, 기회를 놓치지 않고 끊임없이 노력하였기에 성공의 길이 열리게 된 것이다. 일본인들이 생각해 내지 못한 비즈니스를 찾아 과감하게 도전하면서 사업 확장에 성공한 재일 기업인들이 많이 있다. 그들은 재산이 어느 정도 축적 되면 민족 교육에도 관심을 가졌고, 고향 또는 조국을 위한 재정적 지원도 아끼지 않았다. 사실 그들 세대는 자신이 공부하고 싶어도 학교에 다닐 수 있는 가정환경이 아니었고, 일하면서 먹고 사는 것 이 당시 생활의 전부였을 정도로 교육 받을 시간적 경제적 여유가 없는 세대였다. 타향살이 또한 결코 편치 않았다. 더욱이 조선인 또 는 한국인이라는 핸디캡이 있었기 때문에 일본 사람들보다 더욱더 노력하면서 살아나가야 할 운명이었다. 물론 그 배경에는 당시 조국 의 생활 수준 또는 경제 수준이 낮은 가난한 나라였다는 현실도 관 련되어 있었다.

1960년대 초반까지 한국은 세계에서 경제적으로 많이 뒤떨어진 개발도상국이었다. 당시 민족적인 과제는 이 상태에서 하루라도 빨 리 탈출하는 것이었다. 따라서 '조국이 부강해야 하며 하루라도 빨 리 경제 성장을 이룩해야 한다'고 생각한 재일 기업인들은 인재 양 성의 필요성을 통감했으며, 이를 위한 지원 활동을 벌이기 시작했 다.

일본에서는 1960년대부터 재일 한국 기업인들에 의한 장학 재단 이 설립되었다. 박용구 육영회(朴龍九 中央土地 사장)와 야마구치(山口)

장학회(孫達元 新日本工機 사장)가 이미 설립되어, 한국에서 넘어온 유학생들 특히 이공계 대학생이나 대학원생을 대상으로 장학금을 지급했다. 많은 유학생이 이 장학금을 받으면서 학업에 열중했으며 학위 취득 후에는 한국으로 귀국하여 학계와 경제계 그리고 정계 등에서 큰 기여를 하였다.

재일 한국 기업인 중에는 고향에 학교를 건립하고 장학회를 설립하여 육영 사업을 하는 사람들이 있었다. 또한 이들은 육영 사업뿐 아니라 새마을운동에 협력하는 등 고향의 생활환경 개선을 위해 필요한 지원도 아끼지 않았다. 재일 한국인들의 조국의 사회 경제 발전에 대한 지원 방법은 다양했고, 실제로 그 도움도 대단히 컸다고 본다.

기업 활동과는 달리 교육 사업은 그 성과가 나올 때까지 대개 시간이 걸리는데, 왜냐하면 그 성과가 10년 후 20년 후에 나타나기 때문이다. 사실 교육 사업 투자는 장기적인 의미의 교육 인프라의 정비라 할 수 있다. 재일 기업인들 역시 교육 인프라의 정비로 인재를 육성했기 때문에 그 인재들이 조국의 근대화 및 경제발전의 주축으로 성장할 수 있었다.

이 책의 목적은 재일 한국인들이 한국의 사회 경제 발전에 어떠한 역할을 했는지를 알아보면서 그 실태를 밝히기 위한 것이다. 이를 위해서 먼저 관련 자료를 수집하여 분석함과 동시에 관계자나 그 친족들과의 인터뷰 등을 통해서 입수한 정보를 객관적으로 정리하고 기록으로 남기기 위한 사례 연구로서 소개하고 있다. 대상자의 선정에 있어서는 한국에 대한 공헌이 크다고 생각되는 사람 그리고 특색이 있는 사람을 우선적으로 취급했다. 하지만 조사 연구의 시간이 한정되어 있었고, 인적·재정적 한계 때문에 모든 사람을 망라한다는 것은 불가능했다. 연락이 되지 않는 경우도 있었고 본인 또는 가족으로부터 거절당한 경우도 있었다. 중요한 기록이 보존되어 있지 않고, 한정된 시간과 인원으로 조사하는 데도 한계가 있었다. 보존된 기록이 거의 없이 관계자 대부분이 세상을 떠난 상태인데다 유가족마저 실태를 파악하지 못하고 있는 경우도 상당수 있었다. 또한 일본에서 돈을 열심히 벌어 본국에 가지고 가는 행위에 대해서 부인을 비롯한 가족 어느 누구에게서도 지지를 얻지 못하고 오히려 비판적인 반응을 직면해야 하는 경우도 있었다. 그러한 경우 기록은 거의 남아 있지 않았다. 하지만 의외로 친척 또는 친지로부터 기록을 찾는 경우가 있었다. 어쩌면 우리가 파악하지 못하고 있는 더 중요한 인물들이 있었을지도 모른다. 하지만 그럼에도 불구하고 중요한 사람들의 기록은 다 모였다고 자부하고 싶다. 수집한 자료를 통해 재일 한국인들의 한국 경제 사회 발전에 대한 역할의 전체상을 파악할 수 있기 때문이다.

사례 연구에 대해서는 단지 한국 사회에 대한 공헌만이 아니라 그 사람이 일본에 건너가게 된 경위나 일본에서의 기업 경영을 시작해서 성공할 때까지의 과정, 그리고 그의 인생관과 철학관, 경영 노하우 등도 기록으로 남겨야 한다고 생각했다. 성공한 사람들은 보통 일반 사람들과는 다른 무엇인가를 가지고 있다. 무일푼으로 시작해서 말로는 표현하기 힘들 정도의 어려운 고생을 하면서 오로지 인내와 노력으로 큰 재산을 형성한 사람들이기 때문이다. 그들은 차별을 피부로 느끼면서도 그것을 넘어설 수 있는 용기와 에너지를 가지고 있었다. 그들은 오히려 차별 사회를 이용해서 자기가 할 수 있는 일을 찾아낸 다음 거기에 꾸준히 매달린 결과로 놀라운 성과를 얻어냈다. 부모로부터는 한 푼도 받지 않았지만 스스로 노력해서 거둔 성과로서 달리 말해, 피와 땀의 결정체라고 말할 수 있다. 특필할만한 점은, 가족과 함께 쓰라린 고생을 하며 절약해서 모은 재산을 고향 또는 조국을 위해서 쾌척하는 기업인들이 많았다는 사실이다. 이것을 한국인 특유의 '금의환향(錦衣還鄉)'의 사상에서 나온 것이라고 설명하는 사람도 있다. 의도는 어쩔망정, 그들의 행위가 좁게는 고향의 발전에 그리고 넓게는 조국인 한국의 발전에 지대한 공헌을 한 것임에 틀림없다.

한편, 재일 1세들의 의지를 계승해서 더욱 발전시키고 있는 재일 2세, 3세들도 있다는 사실도 잊어서는 안 될 것이다. 그래서 이 책에서 재일 2세나 3세 가운데 그 분야에서 특별한 역할을 한 사람들을 아울러 소개하고자 한다. 역사는 계속성이 필요하며, 때론 세월이 흐른 후 합당한 평가가 이루어지기도 한다. 본래는 훌륭한 치적으로서 평가되어야 할 사실이 역사적 검증이 불충분했기 때문에 자식들조차도 '아버지의 도락', '낭비의 극치'로밖에 취급하지 않았던 사람들이 있는데, 이들의 실적을 찾아내서 평가해야 할 것은 평가하고 역사적인 기록으로서 남겨야 할 것은 보존하려는 것이 이 책의 또 다른 취지이기도 하다. 사회적으로 정당한 평가를 받게 되면 2세, 3세들도 선친에 대한 존경심이 우러나오고 가문의 자랑으로 여기게 되어 조국과 고향에 대한 태도도 바뀌게 되고, 지역 및 전체 사회에 대한 공헌에 대해서도 이해가 더욱 깊어질 것으로 생각된다.

재일 1세들의 조국에 대한 공헌도 평가에 있어서는 가족 내에서 견해차가 있는 경우도 있다. 부인이나 자식들은 일반적으로 냉담한 평가를 내리지만, 오히려 손자들이 긍정적인 평가를 하는 경우가 있기 때문이다. 손자들은 냉담한 부친에 대해서 '아버지는 이상해요. 할아버지가 고생해서 남겨준 재산 덕택에 지금의 우리 생활이 이 정도로 괜찮은 게 아닌가요?'라며 2세인 부친을 비난하는 경우도 있다.

재일 한국인 1세들에 의한 한국 경제 발전의 공적에 대해서는 재일 한국인 사회가 인식을 달리할 필요가 있다. 한국에서 재일 한국인에 대한 인식과 평가가 너무 낮다는 사실을 알게 되었을 때는 놀라움을 금치 못했다. 특히 재일 한국인 1세는 일본 사회에서도 차별을 받아온 세대이다. 그런데 그들은 조국인 한국에서마저도 대접은 커녕 차별을 받아 온 것이다. 일본 사회에서 차별을 받는다는 것은 숙명으로 생각해서 참아 왔지만, 조국의 발전을 위해 많은 지원을 해왔음에도 불구하고, 그들이 제대로 평가를 받지 못한다면 그것은 슬픈 일이 아닐 수 없다. 이 모든 것은 진실을 알리지 못한 데서 나온 이해 부족에서 생긴 것이라고 생각된다. 또한 지금까지 진실을 밝히려는 노력이 없었다는 데도 문제가 있다. 이러한 문제에 대해서는 향후 한국 정부나 재일 사회 민단 등의 조직이 적극적으로 추진할 필요가 있으며, 학자나 역사 연구가들이 연구 대상으로 깊은 관심을 가져야 한다고 생각한다. 이 책이 이러한 문제 제기에 조금이라도 도움이 될 수 있기를 바란다.

　　한국은 36년간 일본의 식민지 정책으로 인해 억압을 받았고, 제2차 세계 대전의 종결로 인해 해방을 맞이했음에도 불구하고 연합국에 의해 국토가 남북으로 분단되고 말았다. 해방 직후 정치 및 경제상의 혼란 가운데서 미 군정기를 거쳐 대한민국 정부를 수립했지만,

그 혼란을 수습하지 못하고 있을 때 동족간의 미증유의 전쟁이 일어났기 때문이다. 휴전 후의 한국 경제는 최악의 상태였다. 미국의 원조로 국민 생활을 유지하는 상황이 지속되었다. 이러한 상황으로부터 벗어나기 위해 군사 쿠데타를 일으켜 정권을 장악한 박정희 정권은 의욕은 있었으나 자금이나 기술이나 경험도 없는 상황에서 근대화 정책을 내세우고 선진국 및 국제기관에 지원을 요청해야 했다. 그러나 경제성이 없어 보였기에, 당시 한국에 투자하는 국가나 국제기관은 전혀 없었다. 거기서 주목한 것이 대일 청구권 자금의 조기 도입이었다. 한일 국교 정상화를 계기로 재일 기업인들의 재산 유입이 시작되었고 한국에 대한 투자가 증가되었으며, 재일 한국인이 공식 또는 비공식으로 한국을 왕래하면서 가지고 온 상당한 금액의 엔화가 귀중한 재원이 되었던 것이다. 한국 경제가 매우 어려운 시기에 한국 정부가 실제로 의지할 수 있었던 것은 당시 재일 한국 기업인들이었다. 따라서 한국 경제 발전의 기초를 만드는 과정에서 지대한 역할을 한 사람들은 다름 아닌 재일 한국인들이었다고 말할 수 있다.

그러므로 이 시점에서 재일 한국 기업인들의 한국 경제 발전에 대한 역할에 대해서 간단한 실례를 들면서 잠시 분석해 보고자 한다.

첫째, 경제 발전 초기에 박정희에게 아이디어를 제공한 재일 한국 기업인(제2장 1)이 있었다. 그가 바로 코오롱그룹의 창업자 이원만이다. 이원만은 일본 기업 경영에서 얻은 경험을 활용하여 수출 산업을 육성할 것을 제안했다. 사실, 자원도 없고 기술도 없고 경험도 없는 그때 상황으로 보면 공업화 추진은 당시로선 꿈같은 얘기였다. 그러나 이원만은 동일한 조건하에서 공업화에 성공한 일본의 사례를 들면서 결코 위축될 필요가 없다는 말과 함께 재일 기업인 입장에선 한국의 모든 산천이 자원이며 사용 가능한 자원은 얼마든지 있다고 단언했다. 예를 들어, 그는 여성의 머리카락도 활용 방법에 따라 훌륭한 자원이 될 수 있어서 가발을 만들어 수출하면 달러 박스가 되며, 그렇게 하는 데는 고도의 기술이나 설비도 필요 없다는 제안을 했다. 결국 그 아이디어가 박정희에게 받아들여져 한때 가발 산업이 크게 활성화 되었었다. 나아가 이원만은 재일 기업인의 자금과 노하우를 도입해서 국내에 수출 전용 공업단지를 건설해야 한다고 제안했는데, 그 제안을 받아들여 실현된 것이 바로 지금의 '구로 공단'이다. 뿐만 아니라 산림 보호의 장애 요인으로 되어 있던 전봇대를 목재에서 콘크리트로 바꿀 필요가 있다고 제안한 사람도 다름 아닌, 이원만이었다.

둘째, 재일 한국 기업인들은 한국의 경제 개발 자금과 노하우를 제공했다(제2장 2). 일본에서 성공한 재일 한국인들은 재산 유입의 목적으로 일본에서 설비와 원자재 등을 도입하여 한국의 산업화를 도왔고 또한 한국 최초의 수출 전용 공업단지인 구로공단에 입주하여 수출을 통한 외화 소득에 크게 공헌한 바 있다. 재일 한국 기업인들이 일본에서 들여온 시설들은 당시 한국에서는 최신식 기계와 설비로 여겨졌으며, 일본에서 무료로 이전한 기술과 경영 노하우는 한국의 경제 발전 초기의 산업 기반 조성에 큰 기여를 했다. 따라서 이 책에서는 그 실태를 명확히 하고자 한다.

셋째, 재일 한국 기업인들은 조국의 발전에 기여하고 싶다는 심정으로 한국의 산업에 직접 투자하여 산업화의 기수로 활약함으로 경제 발전의 견인 역할을 했다. 따라서 이 책에서는 재일 한국 기업인들 가운데 그와 같은 주요한 인사들을 소개할 것이다(제2장 3).

넷째, 재일 한국 기업인들은 금융 재정 면에서도 지대한 역할을 했다. 재일 한국인들은 한국에서 기업 활동을 하려고 해도 법률의 미정비, 일본과 한국의 습관의 차이, 인식의 차이 등으로 인해 어려움을 겪는 경우가 많았다. 특히 은행에서 융자를 받으려고 해도 같은 민족임에도 일반 한국인들보다 더 엄격한 조건이 적용되었다. 이러한 어려움을 느끼게 된 재일 기업인들은 은행을 독자적으로 설립하기 위해 움직였다. 은행 민영화의 일환으로 규제가 완화되면서 재일 한국인들이 100% 출자해서 설립한 신한은행은 오늘날 튼튼한 은행으로 성장했고, 현재 한국 제2의 은행의 위치로 글로벌 은행으로서 발전해 나가고 있다. 따라서 이 책에서는 신한은행이 한국 금융계에 신풍을 불러일으켜 온 경영 방침을 소개함과 동시에 신한은행이 한국 경제 발전에 어떠한 영향을 끼쳤는지에 대해서도 분석하고자 한다(제2장 4).

다섯째, 한국 민단 재일 한국인 상공회 부인회 등이 조국의 사업을 조직적으로 지원한 활동에 대해서 데이터를 중심으로 소개할 것이다. 그들은 새마을운동, 서울올림픽 지원, IMF 통화 위기 지원, 그리고 태풍이나 홍수 등 자연재해가 일어날 때마다 조직적으로 지원 활동을 전개해 왔다. 또한 일본에는 출신 지역별 향우회가 있는데, 그러한 조직을 통한 지원 활동도 많이 있다. 초기에는 제주개발협회, 경남개발협회, 전남개발협회 등이 고향 개발 사업에 협력했다. 이러한 조직들은 후에 도민회로서 잔존하고 있고, 그 산하에 있는 부인회 및 청년회 등도 각각 지원 사업을 해 왔다(제2장 5).

이 중에서 가장 적극적인 활동을 한 곳은 제주개발협회였다. 1960년대 초부터 고향인 제주도에 감귤 묘목을 보내는 운동을 전개했고, 관광 개발에도 적극적으로 지원을 베풀었다. 그 성과는 오늘날 헤아릴 수 없을 정도로 크다고 할 수 있는데, 현재 제주도의 2대 산업이 바로 이 감귤 산업과 관광 산업이기 때문이다. 이 2대 산업의 기반 조성에 큰 역할을 한 사람들이 제주 출신의 재일 한국인들이다. 그 뿐만 아니라 그들은 개인 또는 향우회 등의 명의로 마을 회관 등 공공시설을 건설하고, 학교 시설이나 도로 포장, 전기 가설, 장학금 제공과 같은 방법으로도 지역 생활환경의 개선과 인재 양성을 위한 지원 활동을 계속해 왔다. 그 성과는 오늘날 뚜렷이 나타나 현재 제주도는 국내 후진 지역에서 선진 지역으로 변모되었다. 이처럼 제주도가 발전할 수 있었던 것은 제주 출신의 재일 한국인들이 오로지 고향의 발전을 위해서 지원한 성과 때문이었다. 이처럼 오늘날 제주도 발전의 인프라 정비를 주도해 온 제주 출신의 재일 한국인들의 공적은 매우 크다. 따라서 제주도청이 공표한 자료를 토대로 그들이 구체적으로 어떤 기여를 했는지 그리고 특히 주요한 역할을 한 사람들 가운데는 누가 있는지 소개할 것이다(제4장).

여섯째, 이 책에서 중요한 부분을 구성하고 있는 한국의 교육 및 문화 사업에 공적이 큰 재일 한국 기업인들에 관한 소개이다(제3장). 그들 대부분은 학업 또는 구직을 위해서 일본으로 건너가 남다른 고생을 하면서도 조국을 잊지 않은 이들인데, 한 푼 한 푼 아끼며 모아온 돈을 민족 교육을 위해 기부했고 고향에 장학 사업 또는 학교 설립 등으로 인재 양성에 큰 도움을 준 사람들이다. 자신들은 공부하고 싶어도 그럴 수 있는 환경이 아니었기에, 고향의 후배들에게는

경제적 이유로 배움의 기회를 놓치는 일이 없도록 사재를 털어 장학
기금을 설립해서 장학금을 지원하고 있다. 이러한 재일 한국인에 의
한 장학금의 혜택을 입은 많은 젊은이들이 현재 각계 여러 분야에서
일하고 있다. 결과적으로 재일 한국인들이 한국 사회 경제의 발전에
큰 기여를 하고 있는 것이다. 또한 문화 사업, 생활환경의 개선, 녹화
사업 등을 지원하고 있는 사람들도 많이 있다.

마지막으로, 재일 한국인 사회의 과제와 전망에 대해 말하고자 한
다. 재일 한국인 사회는 1세 중심에서 2세, 3세 또는 4세로 세대교체
가 급속히 진행되고 있다. 또한 재일 한국인을 둘러싸고 있는 사회
및 경제적 환경도 크게 변모하고 있으며, 사회·경제 환경의 변화에
따라 심지어 가치관도 점차 바뀌어 가고 있다. 대부분의 1세들은 일
본에 살면서도 마음은 항상 조국을 향하고 있었다. 따라서 일본에서
의 그들의 생활은 안정적인 정착 생활이 되지 않았을 것이다. 그들
은 언젠가는 귀국한다는 마음을 가지고 있었지만, 어쩔 수 없이 일
본에 정착해 버린 세대이다. 그러나 2세나 3세는 일본에서 태어났고
태어난 고향도 일본이며 조국에 대한 생각이나 향수도 다른 것으로
생각된다. 그러한 환경에 처해 있는 재일 한국인 후세들에게 조국과
의 관계를 어떻게 설정해야 할지 그리고 일본에 정주하면서 정체성
을 지키면서 살아가는 데 어떤 보람 있는 생활 방법이 있는지를 연

구할 필요가 있다. 물론 그 방법은 젊은 층들이 이해하고 따라올 수 있는 것이라야 한다. 또한 기존의 재일 한국인 조직들이 매력 있는 커뮤니티가 되기 위해 어떤 방법들이 있는지와 같은 과제들도 여전히 남아 있다. 따라서 이러한 과제와 전망에 대해서도 문제 제기를 할 것이다(제5장).

【참고 문헌】
· 나가노 신이치로 『상호 의존의 한일 경제 관계』, 이른아침, 2009년
· 朝鮮總督府 編 『朝鮮總督府 統計年報』, 1942年 版
· 도요타 自動車 株式會社 編 『創造 끝없이: 도요타自動車 50年史』
· 재일 동포 모국 공적조사위원회 「母國을 향한 在日同胞의 100년 足跡」 재외동포재단, 2008년.

1

재일 한국인의 일본 이주 경위와
초기 귀국자들의 활약

(1) 일본 이주의 경위

한국인의 일본 이주는 1910년 한일합병에 의해 본격적으로 시작되었다. 합병 전 1909년에는 일본에 이주한 한국인이 790명에 지나지 않았는데 그들 대부분이 유학생이었다. 일본에서는 1899년에 외국인 노동자 입국제한법(칙령 353호)이 실시되어, 한국인뿐만 아니라 외국인 노동자의 입국을 원칙적으로 금하고 있었다. 그러나 그 입국제한법은 1910년 한일합병에 의해 한국인에게는 적용되지 않게 되었고 그로 인해 유학생 수는 합병 후 계속 증가했다. 유학생 수(대학,

고등학교, 전문학교, 중등학교 포함)는 1912년에 535명, 1918년에 769명, 1922년에는 3,222명으로 증가했다. 일본 내무성 경보국의 조사 자료에 의하면 재일 한국인 청소년의 학력별 인원수의 추이는 다음과 같았다.

우선 남한의 한국인 학력별 인구 통계를 보면, 1944년 5월 1일 기준으로 대학 졸업이 5,128명, 전문학교 졸업이 1만 4,540명 그리고 중학 졸업이 12만 9,717명으로 중학교 졸업 이상이 총 14만 9,385명이었다. 이것과 비교해서 1942년 말 일본 학교에서 공부하고 있던 중학생 이상의 한국인 학생 수가 약 3만 명이었다는 점은 주목할 만하다. 당시 그 추세가 이어졌다면 그 후 수치는 더욱 증가했을 것이 분명하므로 재일 학생 수가 차지하는 비율은 더욱 커졌을 것이라고 생각된다. 이 두 가지 통계는 범위 및 시기가 100% 일치하지 않기 때

[표 1] 재일 한국인 학생의 학력별 학생 수 추이

(%)

	국·공립대학	사립대학	고등·전문학교	중학교	합계
1929년 9월	199 (4.4)	1,028 (23.1)	1,084 (24.4)	2,122 (47.8)	4,433 (100.0)
1933년 12월	147 (2.7)	1,421 (26.4)	571 (10.6)	3,230 (60.1)	5,369 (100.0)
1938년 12월	152 (1.2)	2,296 (18.5)	2,183 (17.6)	7,725 (62.5)	12,356 (100.0)
1942년 12월	299 (1.0)	2,489 (8.4)	4,595 (15.6)	22,044 (74.9)	29,427 (100.0)

출처 : 日本國法務硏修所編 『在日朝鮮人處遇の推移と現狀』, 1955년 작성.
河明生 『マイノリティの起業家精神─在日韓人事例硏究』, 株式會社ITA, 2003년, P.38에서 인용.

문에 단순하게 비교할 수 없다고 하더라도 일본에서 교육을 받았던 사람들이 해방 후, 조국의 발전에 어떻게 공헌을 했는지를 생각해 보면 매우 흥미로운 통계라고 할 수 있다.

이 시기에 고등교육을 받았던 사람은 사비 유학생 또는 일찍이 일본으로 건너가, 일본에 정주하고 있던 한국인의 자제들이었다. 일부 부유층 자제를 제외하면 대부분 고학생(苦學生)이었던 것으로 보인다. 이 시기, 일본에서 교육을 받았던 한국 학생 가운데 전후에 일본 또는 한국에서 정계, 재계, 학계 등 각 방면에서 활약하고 있는 사람이 많았다는 것에 주목해야 한다. 가난 때문에 노력하고, 또 향학심에 불타 더욱 학업에 힘쓸 수 있었던 것은 한국인 국민성 때문이었으며, 이것은 후에 큰 재산을 쌓는 밑거름이 되었다.

그러나 일본에 이주했던 대다수의 한국인들은 단순한 노동자였다. 초기에는 큐슈(九州) 지방의 탄광 노동자였거나 혹은 철도와 댐 건설 공사 현장에서 일했다. 지역적으로는 큐슈 지방에서부터 관서(關西) 지방으로 나중에는 일본 각지로 이주처가 넓어지게 됨에 따라 근무처도 조선소, 방적 공장, 화학 공장, 금속 기계 공장 등 매우 다양해졌다.

일본 이주자는 계속해서 증가했는데 특히 1920년대 후반부터 급증하기 시작했다. 1933년까지는 재일 한국인보다 재한 일본인이 훨씬 많았지만, 1934년에는 상황이 역전되어 재일 한국인이 압도적으로 많아지게 되었다. 일본인 노동자가 해외로 이주함에 따라, 일본

내 노동력이 크게 부족하게 되었고 이를 보충하기 위해서는 한국인 노동자가 필요하였다. 대부분의 한국인 노동자의 일은 3D(고되고, 더럽고, 위험한) 노동을 떠맡고 있었다.

한국인 일본 이주자의 증가는 중일 전쟁이 전면 전쟁으로 돌입한 1937년 이후 더욱 격화되었다. 일본 정부는 1938년 '국가총동원법'을 제정하고, 인적 및 물적 자원의 통제를 꾀하려 하였다. 같은 해 여름에는 중국 대륙에 동원되었던 일본군이 20개 사단에 달했고 육군 총병력은 개전 이전 30만 명에서 이후 100만 명으로 증가하여, 일본 내에서는 청년들이 잇달아 전장에 동원되어 각지에서 노동력의 감소가 두드러지게 나타났다. 그 대책으로 일본 정부는 노동력 확보에 힘썼다. 이와 같은 사회 조건하에서 1939년부터 한국인 노동자의 도일이 급증했던 것이다.

종전 시의 일본 재류 한국인은 약 200만 명 정도로 추산되었다. 그 중에는 돈 벌이를 목적으로 자발적으로 도일한 사람도 있었는가 하면, 강제 연행으로 끌려간 사람도 많다. 그 수는 확실하지는 않지만, 일본 법무성 『출입국 관리백서』는 "전시 체제의 진전에 따라 일본 본토에서 국민 동원 계획이 진행되었을 때 한국인 노동자도 포함되어 1939년 9월부터 한국 내 지정된 지역에서 기업주가 도항 희망 노동자를 모집하고 1942년 2월부터는 그 모집이 총독부의 알선에 의해 행해졌고 1944년 9월부터는 국민 징용령에 의거하여 행해졌다"고 함으로 관의 알선에 의해서 모집한 사실을 인정하고 있다.

1945년 8월 15일 일본의 패전으로 인해 해방된 조국으로 귀국하는 사람이 속출하기 시작했다. 1946년 2월, 연합국 총사령부가 귀국 희망자의 실태를 파악하기 위해 같은 해 3월 18일에 전국적으로 한국인, 중국인, 대만인, 류큐(오키나와의 옛 이름)인의 등록을 실시했다. 등록 결과 한국인은 64만 7,006명이었다. 그중 51만 4,060명(이 중 북한으로의 귀국 희망자는 9,701명)이 귀국을 희망했다. 북한으로의 귀국 희망자는 한국으로의 귀국 희망자의 1/50에 지나지 않았다. 당시 재일 한국인의 귀국 의사는 정치와 사상에는 전혀 개의치 않고, 순수하게 출신지로의 귀환을 희망하고 있었던 것으로 보인다.

그러나 해방도 잠시, 조국은 남북으로 분단되어 정치적·경제적 불안정으로 인해 귀국열이 급속하게 식게 되었다. 1946년 4월부터 1950년까지 귀국자는 고작 9만 9,890명이었으며, 1950년 6월 한국 전쟁 발발에 의해 귀국 업무는 종료되었다.

한편, 북한 지역으로의 귀국 희망자는 1946년 11월 미·소 양국 간에 맺어진 '소련 지구 귀환에 관한 미·소 협정'에 의거하여 1947년 6월과 3월에 합계 351명이 귀국했다. 재일 한국인은 1952년 4월 28일 샌프란시스코 평화 조약의 발효로 일본 국적을 상실했다. 일본 정부는 1947년 5월 2일 외국인 등록령을 공포하여 외국인 등록을 시행했으며 실제로 등록자들을 외국인으로 취급하고 있었다.

(2) 해방 후 재일 한국인 사회의 실태

제2차 세계대전 종전 후, 일본에 거주하고 있던 많은 한국인들이 귀국했으나 각자의 사정에 따라 귀국하지 않고 일본에 거주하게 된 재일 한국인은 1946년에 64만 7,006명이었지만, 2008년 말 현재 58만 9,239명으로 감소했다. 그 이유들 중 하나는, 1959년부터 1984년까지 실시되었던 북한으로의 귀국 사업에 의해 9만 3,339명이 북으로 귀국했기 때문이고 또 하나는 일본 국적 취득자가 증가했기 때문이다. 1952년부터 시작된 귀화에 의한 국적 변경을 한 사람이 2008년까지 32만 657명이고 매년 1만 명 가까이 증가하고 있다. 귀화자 수는 이미 32만 명을 넘고 있지만 이 수치는 귀화자 수의 연 인원수이기 때문에 국적 변경 후 자손의 증가 등은 포함되어 있지 않다. 하지만 만약 그것까지 더했다면 당연히 더 증가했을 것이다. 이러한 경향은 점차 더 강해질 전망이다. 2007년도 재일 한국인의 혼인 통계를 보면, 혼인 건수 8,889건 가운데 동포 간 혼인은 847건으로 9.5%에 지나지 않는다. 90.4%는 외국인과의 혼인이고 그중 일본인과의 혼인율이 87.8%를 차지했다. 일본인과의 혼인에서도 아내가 24.8%, 남편이 63.0%이다. 아내는 한국인 남편에게 시집오는 것이지만, 남편은 일본인 아내에게 어찌 보면 시집을 가는 셈이다. 이러한 현실을 받아들여 어떻게 정책을 입안할 것인지가 앞으로의 큰 과제이다. 실제로 재외 한국인이 가장 많이 거주하고 있는 중국, 미국, 러

[표 2] 전후 재일 한국 · 조선인의 인구 추이

연도	인구	연도	인구
1946	647,006	1980	664,536
1950	544,903	1990	687,940
1960	581,257	2000	635,269
1970	614,202	2008	589,239

출처 : 한국 민단 홈페이지에서 작성.

시아, 캐나다의 경우는 그 대부분이 현지의 국적 또는 시민권을 취득하고 있다. 한국 정부가 혈통주의의 입장에서 이들 나라의 국적 또는 시민권을 취득하고 있어도 그들의 조상이 한국인이라는 관점에서 재외 동포로 취급하고 있다. 그중에는 일본에서의 귀화자도 포함되어 있다.

재일 한국인 중에는 유학과 기업 활동의 목적으로 일본으로 건너간 뉴커머(new-comer)라고 불리는 사람들도 상당수 있지만, 2008년 12월 말 현재 특별 영주자가 41만 6,309명, 일반 영주자가 5만 3,106명, 일본인의 배우자가 2만 1,990명, 영주자의 배우자가 2,699명, 거기에다 정주자가 8,722명 등 이른바 정주형이 50만 2,826명 정도 된다. 이들 정주형이 전체의 85.3%를 차지하고 있고, 정주자들은 지역 밀착형 경향이 강하다. 재일 한국인의 거주 지역 분포는 [표 3]과 같다. 식민지 시대에는 한국에서 일본으로 가는 항로 관문이었던 후쿠오카(福岡) 야마구치(山口)와 오사카(大阪) 효고(兵庫)가 많았지만, 전후

[표 3] 재일 한국 · 조선인의 지역 분포 (제10위까지)

1943년			2008년		
도도부현별	인원	%	도도부현별	인원	%
오사카	395,380	21.0	오사카	133,396	22.6
후쿠오카	172,199	9.1	도쿄	114,961	19.5
효고	135,170	7.2	효고	54,635	9.3
야마구치	132,526	7.0	아이치	41,598	7.1
아이치	126,325	6.7	카나가와	34,838	5.7
도쿄	123,126	6.5	교토	33,027	5.6
홋카이도	82,950	4.4	사이타마	19,865	3.4
교토	74,079	3.9	후쿠오카	19,478	3.3
히로시마	68,274	3.6	치바	18,775	3.2
카나가와	54,795	2.9	히로시마	11,087	1.9
총수	1,882,456	100%	총수	589,239	100%

출처 : 1943년은 森田芳夫 『在日朝鮮人處遇の推移と現状』에서 작성.
2008년은 한국 민단 홈페이지에서 작성.

는 오사카를 중심으로 하는 간사이(關西) 지역과 도쿄(東京)를 중심으로 하는 수도권 도시에 집중해 있다. 킨키(近畿) 지방에 40%가 거주하고 있으며, 최근에는 도쿄를 비롯한 수도권 거주자가 증가하는 추세이다.

재일 한국인의 출신지별 구성은 [표 4]와 같으며, 경상남도와 경상

[표 4] 재일 한국 · 조선인의 출신지별 구성

1938년		1952년		2005년	
출신지	인 수(%)	출신지	인 수(%)	출신지	인 수(%)
경상남도	300,143 (37.5)	경상남도	196,894 (36.6)	서울시	57,574 (9.6)
경상북도	184,651 (23.1)	경상북도	131,926 (24.5)	부산시	25,213 (4.2)
전라남도	165,125 (20.6)	전라남도	59,425 (11.1)	광주시	2,148 (0.4)
전라북도	48,858 (6.1)	전라북도	16,202 (3.0)	대전시	1,878 (0.3)
충청남도	28,751 (3.6)	충청남도	13,209 (2.5)	경상남도	172,343 (28.8)
충청북도	22,524 (2.8)	충청북도	11,054 (2.1)	경상북도	125,392 (20.9)
경기도	14,433 (1.8)	경기도	6,914 (1.3)	전라남도	41,120 (6.9)
강원도	8,312 (1.0)	강원도	5,772 (1.1)	전라북도	10,627 (1.8)
평안남도	7,824 (1.0)	평안남도	2,382 (0.4)	충청남도	11,220 (1.9)
평안북도	4,666 (0.6)	평안북도	1,792 (0.3)	충청북도	9,449 (1.6)
함경남도	5,884 (0.7)	함경남도	2,645 (0.5)	경기도	26,523 (4.4)
함경북도	3,044 (0.4)	함경북도	1,502 (0.3)	강원도	4,579 (0.8)
황해도	5,643 (0.7)	황해도	2,509 (0.5)	제주도	99,421 (16.6)
		제주도	64,117 (11.9)	북한	3,001 (0.5)
		그 외	21,474 (4.0)	그 외	8,119 (1.4)
합계	799,878 (100%)	합계	537,754 (100%)	합계	598,687 (100%)

출처 : 1938년 및 1952년은 강재언 · 김동훈 『재일한국 · 조선인 역사와 전망』 1994년, 노동경제사, P.118에서 작성. / 2005년은 한국민단 홈페이지에서 작성.

북도가 압도적으로 많다. 경상남도와 경상북도를 합하면 1938년에는 60.6%, 52년에는 61.1%, 1974년에는 63.4%를 차지했다. 그 후 감소 경향을 보이기는 하지만 2005년에는 부산시를 포함시킴으로 59.3%가 되었다. 여전히 재일 한국인은 경상도 출신이 압도적 다수를 차지하고 있는 구도를 보이고 있다. 그리고 제주도 출신이 많은 것도 한 가지 특징이라 할 수 있는데, 제주도가 독립 행정 단위가 된 1946년 8월 1일 전까지는 전라남도에 귀속해 있었기 때문에 인원수가 명확하지 않지만 1936년에는 재일 제주인이 제주도 거주 인구의 30% 이상이었다는 견해도 있다. 전쟁 종식과 함께 타 도 출신자와 마찬가지로 제주 출신의 사람들도 다수 귀환했지만, 해방 후 한국의 정치적 경제적 혼란기에 재차 혼자 또는 가족 단위로 일본에 건너온 사람이 많다. 1952년에는 제주도 출신이 6만 1,117명으로 재일 한국인의 11.9%를 차지하고 있었다. 그 후에도 제주도 출신자는 점점 더 불어났는데 2005년 현재 9만 9,421명으로 한국 및 조선 국적 재일 한국인에서 차지하는 비율이 무려 16.6%나 된다.

(3) 해방 전에 귀국한 기업가들의 활약

식민지 시대 일본의 교육 기관에서 교육을 받았거나 또는 일본에서 스스로 기업을 일으켜 그곳에서 습득한 지식과 기술을 가지고 해방 후 귀국해서 한국 경제 초창기에 기업을 세우고 경제계에서 활약했던 재일 출신 기업가가 많이 있다.

전남 영암 출신 현준호(1899년생)는 메이지(明治)대학 법학부에서 공부했다. 도쿄 유학을 마치고 귀국했던 현준호는 지방 은행의 필요성을 통감하고, 24명의 발기인을 모아 1919년 7월, 호남은행을 설립했다. 호남은행은 1933년에 동래은행을 흡수 합병하고 영남 지방까지 점포를 넓혀 30년대 말에는 유일한 민족계 은행으로 등장했지만, 놀라운 발전과 민족주의적 경향이 강했던 것이 화근이 되어 조선총독부의 명령에 의해 1942년 4월에 동일은행에 강제 합병 당했다. 이 은행에 대해 특별감사가 행해졌지만 감사 보고서에는 '일본어를 사용하지 않는 점, 일본인을 채용하고 있지 않은 점, 일본인 및 일본 단체에게는 일체 융자해 주지 않는 점 등으로 봐서 배일(排日) 기관으로 단정하지 않을 수 없다'고 기록되어 있다.

현준호는 도쿄 유학 시절 신익희, 송진우, 김성수, 김병로, 윤정하 등과 친분이 있었고, 김성수가 설립했던 경성방직과 동아일보의 주주로서도 협력했다.

또한, 케이오(慶應)대학에 유학했던 경남 구포 출신의 윤상은(1887년생)은 경남은행을 설립했다. 윤상은은 경남 지방의 지주들에게 융자 편의를 도모했지만 그 자금이 독립운동 자금으로 흘러간 것이 문제가 되어 책임을 지고 사직한 뒤 일본으로 건너갔다. 그리고 일본에서 대학을 다니기 시작했다. 귀국 후 재차 경남은행에 복귀해서 재건에 노력했다. 경성방직 주주로서 경영에 참여함과 동시에 경남 지방의 지주들에게 협력을 호소하고 지원을 베풀기도 했다.

김연수(1896년생)는 한국인 최초의 교토(京都)제국대학 경제학부 졸업생이다. 김연수는 귀국 후, 형 김성수가 설립했던 경성방직의 전무로 일하면서 1924년에 삼수사를 설립하고 선조로부터 물려받은 토지 자본을 관리함과 동시에 근대적인 농장 경영을 시작했다. 1931년에 삼양사로 명칭 변경을 하고 만주에까지 사업을 확대해 농장과 정미소를 경영했다. 종전 후에는 38도선 이북의 농장을 포기하는 등 고난의 시대가 이어졌지만, 1956년 1월에 울산의 제당 공장이 가동되어 삼양사도 근대적 기업으로 변화했다. 58년에는 여수에 삼양수산을 설립했고 64년에는 목포에 서남수산을 설립했으며 67년에는 삼양모방을 설립해 운영했지만, 77년에 삼양사로 모두 통합했다. 삼양사 그룹은 80년도 한국 재벌 랭킹 27위를 차지할 만큼 견실한 기업이었다.

【참고 문헌】
· 조선은행 조사부 『조선경제연보』, 1948년 판
· 조선총독부 편 『조선총독부 통계연보』, 1942년 판
· 일본 법무성 입국관리국 편 『출입국 관리 백서』, 1959년 판
· 박병윤 『재벌과 정치-한국 재벌 성장 이면사』, 한국 양서, 1982년
· 한국일보 경제부 편 『'86년 판 한국 50대 재벌』, 경영능률연구소 출판부, 1986년
· 나가노 신이치로 『재일 코리언의 한국 경제 발전에의 기여에 관한 고찰』, 『환동해 리뷰』, (환동해 경제문제연구소) Vol.4, No.2.

2

한국의 경제 발전에 대한
재일 한국 기업인들의 역할

    1960년대 이전의 한국은 세계에서 가장 빈곤한 나라였다. 그랬던 한국이 1961년부터 경제 개발 5개년 계획을 추진하여 급속히 경제 성장을 달성하고 '한강의 기적'을 일으키게 되는데, 그 원동력이 된 것이 다름 아닌 재일 한국 기업인들의 지원이었다. 그들은 경제 개발 초창기에 아이디어를 제공했을 뿐만 아니라 자금을 제공하고 최신의 기술 및 설비 경영 노하우를 이전하여 경제 발전의 기반 조성에 지대한 공헌을 했다.

따라서 재일 기업인들 가운데 산업계에 진출하여 조국의 산업 발전에 기폭제와 견인차 역할을 하면서 조국의 근대화 과정에 큰 역할을 한 실례를 들어 그들이 조국의 발전에 어떠한 역할을 했는지 알아보고자 한다.

특히, 재일 한국인들의 100% 출자로 설립된 은행으로서 성과주의를 재빨리 도입하는 등 새로운 경영 방침을 내세워 구태의연한 경영을 해 왔던 한국의 금융계에 새바람을 일으킨 신한은행을 들 수 있다. 조그마한 후발 은행으로 출발한 신한은행은 '고객 만족 제일주의'를 경영 방침으로 하고, 일본에서 습득한 경영 노하우를 유용하게 활용하면서 한국의 풍토에 맞는 경영 방식을 만들어 성공한 대표적인 예이다. 신한 은행은 IMF 금융 위기 때도 흔들리지 않고 계속 성장했으며, 퇴출해 가는 다른 은행들을 흡수 합병할 정도로 튼튼한 은행이다. 한국 내에 무려 1,036개의 점포를 가지고 있고 해외에도 11개국에 사업을 전개하는 글로벌 은행이 되었으며, 2009년 9월에는 신한은행 일본법인 SBJ 은행을 개업하기도 했다.

신한은행의 총자산은 213조 원으로, 예금액 119조 원에 종업원 수는 1만 명을 넘었다. 연간 순이익이 2조 원 이상인 우량 은행인 것이다. 이처럼 신한은행이 성공하게 된 배경에는 재일 한국인들의 출자뿐만 아니라 경영 노하우가 그 베이스에 있었기 때문이다. 이는 재일 한국인이 조국에 투자하여 가장 성공한 실례라 할 수 있다.

한편, 재일 한국인들의 조직적인 모금 운동도 활발했다. 한국이 국가적인 행사를 벌이거나 어려움에 처할 때마다 재일 한국인들은 모금 운동을 전개하여 조국을 도왔다. 또한 주일 대사관이나 총영사관 등의 주재 공관을 건축할 때마다 한국 민단을 비롯한 재일 경제인들이 성금을 모아 기증하기도 했다. 주일 공관들은 재일 교포들의 성금으로 지어진 건물이며, 국가 재산이다.

1. 경제 발전 초창기의 창업과 아이디어 제공

나가노 신이치로

(1) 일본에서 창업한 이원만(李源萬) 코오롱그룹 창업자

코오롱그룹 창업자 이원만은 1904년에 경상북도 영일군의 부잣집 농가에서 태어났다. 개화기의 조류에 따라 그는 부인과 장남을 남겨둔 채 1932년에 단신으로 일본에 건너갔다. 일본에서는 신문팔이를 시작으로 알루미늄 공장에서 일해서 모은 돈을 자금으로 '아사히 공예(旭工芸)'라는 광고용의 모자 가게를 개업했다. 그때 장남 동찬(東燦)을 불러들여 동생 원천(源千)과 함께 세 명이 모자 가게의 경영에 전념했다. 그리고 전시 중에는 피복 생산 공장으로 발전했다. 전쟁이 끝나자, 이원만은 일본의 사업은 동생인 원천에게 맡기고 귀국하여 '경북기업'이라는 직물 공장을 한국에 설립했다. 정치에 관심을 가지고 있었던 이원만은 대한민국 정부 수립과 동시에 실시된 제헌 국회의원 선거에 입후보했지만, 낙선의 고배를 마시고 다시 일본으로 건너가 동생과 다시 합류했다. 그때 즈음 동생이 경영하고 있었던 아사히 방직이 한국 전쟁 특수 경기로 상당한 재산을 축적하게 되었다.

얼마 후 큰 찬스가 그들에게 도래했다. 일본에서 나일론 실을 매입하여 한국에서 판매할 것을 생각해 낸 것이다. 일본에서 산케이물산(三慶物産)을 설립한 후 한국에서는 계명상사를 설립하여 무역업을 개시했다. 당시 나일론의 인기가 급상승했기 때문에 그들은 나일론사의 판매만으로 만족하지 않고 한 걸음 나아가 나일론사 가공 처리 공장을 설립하기로 했다. 그리하여 1957년 일본의 도요레이용과 50 대 50 합작으로 자본금 2억 원을 들여 '한국나일론'을 설립하기 위해 대구의 뽕나무 밭 1만 평 부지에 공장을 세웠다. 바로 이때부터 한국나일론은 한국 나일론 업계의 선두 주자로 부상했다. 이처럼 무역업에서 제조업으로 사업을 전환한 코오롱은 재벌로 발돋움하는 계기를 마련했다. 오늘날의 코오롱은 한국나일론(Korea Nylon)의 영어 두 문자를 따서 지은 이름이다.

나일론의 인기로 성장한 코오롱그룹은 1960년부터 품질 개선에 노력하는 한편, 나일론 원사 공장을 건설하여 또 한 번 도약을 하게 되었다. 1969년에는 한국 폴리에스터 공장을 설립하여 종합 합성 섬유 메이커로서 크게 성장했다.

　코오롱그룹은 그때 이래로 성장을 거듭하여 화학·소재·바이오·건설·레저·서비스·패션·유통 분야에서 견실한 다각 경영을 전개하고 있는 한국의 중견 재벌 그룹이 되었다.

　(2) 박정희에게 아이디어를 제공한 이원만

　1961년 군사 쿠데타로 정권을 장악한 박정희는 침체 상태에 있었던 경제를 재건하기 위해서 경제 개발 5개년 계획을 추진했다. 그러나 자금난으로 인해 계획 수행의 전망이 서질 않았다. 당시, 국가 재건 최고 회의장이었던 박정희는 경제 현장에서 일하고 있는 제계 인사들로부터 의견을 듣기 위해서 코리아하우스에 경제계 지도자들을 초청했다. 그때 박정희에게 아이디어를 제공한 사람이 다름 아닌 재일 교포 출신의 이원만이었다. 이원만이 박정희에게 제안하여 받아들여진 것 가운데는 3가지가 있다. 첫째는 수출 전용 공업단지를 설립하는 것, 둘째는 가발을 제조해서 수출하는 것, 셋째는 전국 각지에 세워져 있는 전봇대를 목재에서 시멘트로 교체하는 것이었다.

　이원만은 박정희와의 간담회 석상에서 일본에서 체험한 것을 기본으로 2시간 이상이나 의견을 제시했다. 그가 한 말의 일부는 다음과 같다.

"농업도 물론 중요합니다. 백성이 당장 굶고 있으니 도리가 없는 일이지요. 하지만 농업만 발전시켜서는 우리나라가 잘 살 수는 없습니다. 공업도 함께 발전할 수 있도록 추진해야 합니다. 우리가 먹고살 길은 상품을 만들어 외국에 내다 파는 겁니다. 그래야 달러를 벌어들일 수 있습니다.

지하자원이 없다고 주눅 들 하등의 이유가 없습니다. 일본도 지하자원이 없기는 마찬가지 아닙니까! 석유 한 방울 나오지 않고 철광석 산지도 없습니다. 하지만 일본에는 세계에서 가장 큰 정유 회사와 제철소가 있습니다.

농업 정책으로는 우리 국민이 가난의 늪에서 빠져나올 수 없습니다. 일본인들은 이처럼 머리를 써서 돈을 벌고 있습니다. 일본에서 살아 본 제 경험상 우리 국민의 머리는 일본인보다 나으면 나았지, 결코 못하지 않습니다.

저 같은 재일 동포 눈에는 조국 산천이 모두 돈으로 보입니다. 일본의 동양위생회사는 수세식 변기로 전 세계를 석권하고 있습니다. 이 기술은 우리나라에서 넘어간 것입니다. 바로 도자기 아닙니까.

우리 몸에도 장사할 만한 자원을 쉽게 찾을 수 있습니다. 아녀자들의 긴 머리카락이 있지 않습니까? 그것을 잘라 가발을 만들어 보세요. 가발 만드는 일은 대단한 기술도, 값비싼 장비도 필요하지 않습니다. 가발을 내다 팔면 1년에 수백만 달러는 너끈히 벌어들일 수 있습니다."

(『母國을 향한 在日同胞의 100年 足跡』 78~79쪽)

이원만의 흥미로운 이야기에 박정희는 큰 자극을 받았다. 그래서 다음 날 이원만을 집무실에 다시 불러 공업화 정책에 대한 그의 의견을 들었다. 그 자리에서 이원만은 재일 교포 전용의 공업단지 설립을 제안했다. 또한 삼림보호의 일환으로 전국에 산재해 있는 전봇대를 목재에서 콘크리트로 바꿀 것을 제안했다. 이원만이 제안한 아이디어 중에 이상 3가지는 박정희에게 받아들여져 그대로 실시되었다. 수출 전용 공업단지에 대해서는 1967년에 서울시 영등포구 구로동에 '구로공단'이 설립되었다. 구로공단에 관해서는 《본장 2》에서 상술한다. 전봇대의 교체도 이루어졌다. 당시 한국의 산에는 수목이 적었다. 전기와 전화선 등의 보급에 따라 전봇대의 역할이 필요했기 때문에 산에서 나무를 베어다 사용하기도 했고 또 무분별한 벌채로 인해 자연환경이 파괴되고 있었다. 따라서 전국에 있는 나무로 만든 전봇대를 콘크리트로 교환하자는 아이디어는 삼림 보호 운동의 일환으로 이루어진 것이었다.

이원만의 아이디어 상품인 가발은 실제로 경제 개발 초기에, 한국의 주력 수출 상품이 되었다. 가발의 수출은 1964년에 1만 6,000달러 수출을 시작으로 65년에는 155만 달러를 벌어들이게 되었다. 이처럼 가발은 70년대 초반까지 수출 주력 상품이 되었다. 참으로, 시골의 아가씨들 사이에 '머리 팔아 시집간다'는 말이 유행했을 정도로 여성의 장발은 어려운 시기에 서민의 귀중한 수입원이 되었다.

(3) 기아그룹 창업자, 아이디어맨 김철호(金喆浩)

　1905년에 가난한 농가에서 태어난 김철호는 18세가 되던 1923년에 현해탄을 넘어 일본으로 건너갔다. 오사카에 정착한 후에는 막노동을 했다. 그러다 그의 성실한 인품이 인정받아 직장 책임자의 소개로 얼마 후 철공소의 직공이 되었다. 이는 김철호가 기계 공업에 흥미를 가지게 된 계기가 되었다. 철공소의 견습공으로서 7년 동안 일하면서 습득한 기술과 노하우로 그는 1930년에 '삼화(三和)제작소'라는 자전거 부품 및 볼트 너트를 제조하는 조그마한 공장을 세웠다. 얼마 후 김철호에게 큰 찬스가 도래했다. 당시 일본은 만주 사변을 일으켜 본격적인 대륙 침략 정책을 벌이던 시기였다. 따라서 군수 경기에 도움을 받아 김철호는 큰 재산을 모으게 되었고 1944년 8월에 금의환향할 수 있었다. 그러나 고향에 돌아온 그는 국내 물정에는 눈이 어두워 일본에서 벌어 온 돈을 모두 날려 버렸다. 그렇지만 일본에서 습득한 기술은 돈으로 바꿀 수 없는 큰 재산이었다. 1944년 12월, 그는 서울 남대문로에 '경성정공(京城精工)'을 창업했는데, 이것이 기아산업의 전신이며 삼천리자전거 공업의 모체가 되었다.

　그러나 창업 이래 사업은 자전거의 수리와 조립을 중심으로 공장을 겨우 유지해 나가는 정도였다. 하지만 해방을 맞은 서울 거리는 인구가 팽창한 결과 교통수단이 정비되지 않아 교통이 매우 불편했으므로, 개인 교통수단으로 자전거가 각광을 받기 시작했다.

김철호는 곧바로 국산 자전거 개발에 착수했다. 대부분의 부품을 자체 개발하는 데는 성공했지만 '자전거 기술의 꽃'이라고 불리는 림만은 개발할 수 없었기 때문이다. 당시 한국의 기계 공업은 수준이 낮았고 림의 설계 도면도 없었다. 그때 김철호는 일본의 삼화제작소에서 같이 일했던 와다 에이치(和田榮一)라는 기술자가 생각이 났다. 와다는 림 제작 기술의 전문가였다. 김철호는 동생인 김명호 전무에게 일본에 가서 와다로부터 림 설계 도면을 얻어 오라고 지시했다.

김명호는 1949년 10월 남해안에서 밀항선을 타고 오사카로 가서 와다를 만나게 되고 마침내 림의 설계도를 얻는 데 성공했다. 그러나 설계 도면의 입수만으로는 림의 제작이 불가능했다. 그 후 한국전쟁이 발생하여 국산 자전거 개발 계획도 중단된 상태였다. 1.4 후퇴 때 부산으로 공장을 옮긴 김철호는 림 개발에 다시 매달렸다. 하지만 기술진이 아무리 노력해도 림 개발 계획은 해결되지 않았다. 그러자 김철호는 1951년 9월, 스스로 밀항선을 타고 일본으로 건너가 와다를 만나 그를 기술 고문으로 영입하기로 했다. 한국에 나오기를 꺼리던 와다에게 당시로는 파격적인 월 150만 원(부장 월급의 8배)의 보수를 약속했던 것이다.

1952년 1월, 회사 이름을 기아산업으로 변경했다. 기아는 기계 공업의 상징인 기어(gear)에서 딴 이름이다. 많은 우여곡절을 거친 끝에 마침내 그해 3월, 12대의 자전거 시제품을 완성했다. 끈질긴 노력으로 완성된 12대의 '은륜' 앞에서 당시 김철호는 "이 자전거 한 대를 완성하는 데 20년 세월과 내 전 재산이 모두 들어갔다"며 감격했다.

이렇게 해서 만들어진 한국 최초의 자전거는 '삼천리호'라는 이름으로 불리게 되었는데 그 이름에는 국토 통일을 바란다는 의미도 포함되어 있다. 물론 삼천리 자전거는 휴전선을 넘을 수는 없었지만 남한 지역의 도시와 농촌을 막론하고 전국 각지를 달리는 서민의 발이 되었다.

국산 자전거의 개발은 전쟁으로 인해 침체되어 있었던 당시로서는 큰 뉴스거리였다. 심지어 이승만 대통령이 공장을 방문하여 격려할 정도였다. 자체 중량의 5배의 짐을 실을 수 있게 설계된 삼천리호 자전거는 전후 부흥 과정에서 편리한 운송 수단으로 각광을 받았다. 그런데 새로운 문제가 발생했다. 전쟁 직후의 경제 상황에서 원자재 조달이 제대로 이루어지지 않는 것이었다. 그처럼 원자재 조달이 안 되어 생산이 중단될 상황에서 전무와 담당 과장은 별수 없이 김철호 사장에게 보고했다. 김 사장은 보고를 들은 뒤 "우리 주변에 흔한 것이 철강인데 그것을 못 구하다니 말이 되는가. 곳곳에 있는 드럼통은 철강이 아니고 무엇인가. 그것을 쪼개서 말면 강관이 될 것이고 펴서 가공하면 강관이 될 것이 아닌가!"라고 호통을 쳤다. 기아산업은 이날부터 빈 드럼통을 강관재로 사용하고 와이어로프를 바퀴살 자재로 활용했다.

삼천리 자전거로 국내 자전거 시장을 석권한 기아산업은 40만 달러의 UNKRA(유엔 한국재건위원회) 자금을 받아 1961년부터 이륜 오토바이를 제작하기 시작했고, 62년에는 이륜 트럭을, 63년 경 삼륜 화물차를 생산하기 시작했다. 65년에는 자전거 2,000대를 최초로 미국에 수출했다. 자전거의 연간 생산량도 65년의 3만 대에서 69년에는 6만 대로 증가했다. 70년에는 10만 대의 판매 실적을 올렸고 수출로 인해 200만 달러를 벌어들였다. 그리고 67년부터는 3륜 트럭을 제조함으로써 자동차 업계에도 진출하기 시작했다. 그리하여 자전거 생산으로 기초를 닦은 기아는 삼륜 화물차로 도약의 계기를 만들었다. 우마차가 화물 운송의 상당 부분을 담당하고 있었던 시대에 삼륜 화물차는 대단한 인기였다. 나아가 이제는 사륜차에 도전하기 위해 73년 6월 경기도 시흥군의 21만 평 부지에 국내 최초의 종합 자동차 공장을 완성시켰다. 그리고 74년에는 일본의 마즈다와 기술 제휴를 하여 연료 절약형 국민 차 '브리사'를 생산했다. 자전거 제작에서 출발한 기아는 창업 30년 만에 사륜 자동차 메이커로 성장했다. 사실, 기아가 승용차 생산에 참여하기까지는 많은 난관이 있었다. 기존의 자동차 업계는 기득권 의식이 강해서 기아의 사륜 분야 참여를 방해하고 있었기 때문에 승용차 생산 허가가 쉽게 나오지 않았기 때문이다. 그렇게 73년 11월까지 기아산업을 이끌어 온 김철호는 세상을 떠났다. 그때 상속인이 19억 3,000만 원의 상속세를 납입한 것이 화제가 되기도 했다. 70년대에 많은 재벌 오너가 세상을 떠났지만 사전에 재산 분여를 했기 때문에 상속세가 1~3억 원에 지나지 않았던 것에 비하면 김철호는 참으로 양심적인 기업인이었다. 이 이야기를 들은 박정희 대통령이 이러한 양심적인 기업인의 유족들에게는 정부가 적극적으로 지원하도록 지시를 내렸다는 이야기가 전해진다.

자전거 생산으로 기초를 만든 기아산업은 자전거 생산을 삼천리 자전거 공업에 넘겨주고 삼륜차 생산을 비롯한 승용차 생산 메이커로 전환했다. 27년간 기아산업에서 생산된 삼천리 자전거는 372만 4,000대에 이르렀다.

승용차 생산을 시작함과 동시에 경영을 다각화했던 기아산업은 97년의 IMF금융 위기 발생 이전까지 계열사 28사를 거느리는 재벌 랭킹 8위였다. 그러나 뒤늦게 시작한 다각화 경영이 화근이 되어 금융 위기에 대처하지 못하고 자동차를 제외한 모든 계열사는 청산 합병, 법정 관리, 화해 신청 등에 의해 기아그룹은 해체되고 말았다.

그러나 김철호에 의해 창업되었고 대기업으로 성장한 삼천리 자전거와 기아 자동차는 한국의 경제 발전에 지대한 공헌을 하였다. 창업자 김철호가 일본에서 습득한 기술과 경영 노하우를 활용해서 성공했다는 사실에는 의심의 여지가 없다.

(4) 한일합섬그룹 창업자, 김한수(金翰壽)

경상남도 김해시에서 태어난 김한수는 1935년에 일본으로 건너가

오사카에서 포목상을 하면서 고노하나(此花)상업학교 야간부를 졸업
했다. 1944년 귀국했을 때에는 1,500엔이라는 당시로는 큰돈을 소지
하고 있었다. 그 돈으로 1948년에 부산국제시장에서 조그마한 직물
도매상을 차렸으며, 1953년에는 복지 수출입 회사 대경(大耕)산업을
설립하여 무역업을 시작했다. 복지 무역을 하던 그는 직접 옷감을
생산하기로 결심하고서 1956년 1월에는 경남모직(慶南毛織)을 설립
했다.

김한수는 상업 자본을 산업자본으로 재빨리 전환시킨 선구적 기
업인이다. 경남모직은 'K앙고라텍스'를 생산하여 제일모직과 더불
어 복지 업계의 선두 주자가 되었다. 그리고 1964년에는 일본의 아
사히 카세이(旭化成)와 제휴하여 한일합섬(韓一合纖)을 설립했다. 한일
합섬은 국민의 생활 개선은 물론 제조 및 수출을 통해 국가 경제 발
전에 기여한 바가 크다. 한일합섬은 1960년대 당시 '신비의 섬유'라
불리는 아크릴 섬유를 국내 최초로 생산하여 수출을 했다. 그리하여
1973년에는 단일 기업으로는 국내 최초로 1억 달러 수출을 기록했
다. 당시 한국의 수출 총액이 32억 달러였으므로 단독으로 1억 달러
를 수출한 일은 매우 주목할 만한 일이었다. 김한수는 재계에 화려
하게 데뷔했다. 수출 실적도 순조로워서 76년에 2억 달러, 78년에는
3억 달러 그리고 79년에는 4억 달러로 급증했다.

그처럼 80년대 말까지 지속적인 성장을 통해서 사업을 확장시켜
비약적인 발전을 했다. 한일합섬그룹은 섬유 분야에만 투자해서 성

한국의 경제 발전과 재일 한국 기업인

공한 섬유 전문 재벌이다. 한때는 재벌 랭킹 20위로 오른 때도 있었지만, 뒤늦게 다각화 경영을 함으로 인해 IMF 금융 위기에 휩쓸려 대처하지 못하고 결국 2008년 동양그룹에 흡수 합병되고 말았다.

이원만, 김철호, 김한수, 이 세 기업인의 공통점은 일본에서 창업한 경험을 토대로 거기서 습득한 기술과 경영 노하우를 한국에 유용하게 활용하면서 창업에 성공한 기업인들이다. 그들을 높이 평가하는 부면은, 다른 사람이 미처 생각해 내지 못한 아이디어를 만들어 내고 그것을 잘 활용하여 조국의 경제 발전에 공헌했다는 점이다. 따라서 그 공적은 매우 크다고 생각한다.

【참고 문헌】
· 재일 동포 모국 공적 조사위원회 『모국(母國)을 향한 재일 동포(在日 同胞)의 100年 족적(足跡)』 재외 동포 재단, 2008년
· 이호 『정직한 경영인 이동찬』, 올림, 2006년
· 박병윤 『재벌과 정치~한국 재벌 성장 이면사』, 한국 양서, 1982년
· 한국일보사 경제부 편 『한국의 50대 재벌 86년 판』, 경영능률연구소 출판부, 1986년
· 『국민일보』 1993년 2월 1일
· 한일합섬 홈페이지

2. 경제 개발의 자금과 노하우 제공

나가노 신이치로

(1) 재일 한국인 경제계와 본국과의 관계

1959년 6월 20일에 재일 한국 경제인의 전국 조직인 재일 한국인 경제연합회(이하 한경연)가 설립되었다. 한경연 설립의 계기가 된 것은 1958년 11월에 서울에서 개최된 '재일 교포 생산품 본국 전시회'였다. 그 전시회가 한국 산업계의 주목을 받게 되어, 조국 진출을 염원하고 있었던 재일 한국 경제인들 사이에 상호 친목과 단결을 도모하기 위한 전국적인 조직 결성의 움직임이 시작되었다. 전시회가 끝난 후 해산식에서 한경연 결성을 위한 발기인 회가 결성되었다. 준비 위원회 간토지구(關東地區) 대표에는 최학림(崔學林 中山伸銅所 사장)이, 간사이 지구(關西地區) 대표에는 서갑호(徐甲虎 阪本紡績 사장)가 선출되었다.

도쿄를 비롯해서 오사카(大阪), 고베(神戸), 나고야(名古屋), 키타큐슈(北九州) 등의 도시를 중심으로 재일 한국 상공인이 모여 창립총회를 개최했다. 그 모임에서 "재일 동포의 경제력을 최고도에 결집하여 민족 자산의 토대를 쌓아 올리고, 민족 진영에서 각 기관의 활동에 협조하자"라는 선언과 동시에 '한일 간 경제 교류를 촉진하고 무역 정상화를 위해 모든 활동을 한다'는 결의문이 채택되었다. 회장에는 박용구(朴龍九 中央土地 사장)가 취임했고, 고문에는 서갑호, 손달원(新日本工機 사장), 유수현(柳洙鉉 心齋橋빌딩 사장), 서상록(徐相祿 利川産業 사장) 등이 임명되었다.

1962년 2월 22일에는 각 지방의 상공회, 한경연, 민단 등의 조직이 전국적인 조직을 새로 만들기로 하고 대동단결을 기본 방침으로 하는 전국적인 경제 단체인 재일 한국인 상공인 연합회(이하 한상연)를 설립했다. 한상연은 3대 강령으로서 '회원 상호 간의 경제적 향상을 기하고, 모국의 경제 발전에 기여하며, 국제적인 경제 교류와 친선을 도모한다'는 슬로건을 내걸었다. 회장에는 이강우(李康友, 東亞興業 사장)가 취임했고, 명예 회장에는 서갑호, 참여에 서상록, 고문에는 배의환(裵義煥, 주일 한국 대사), 권일(權逸, 재일본 거류민단 중앙본부 단장), 신격호(辛格浩, 롯데제과 사장), 손달원 등이 추대되었다.

한상연은 대한상공회의소의 요청에 응하여 1962년 4월부터 본국 기술 훈련생의 초청 사업을 추진했다. 그래서 제1차 초청 훈련생 32명의 초청장을 보냈다. 기계 및 금속 부문 11사(16명), 화학 공업 부문 5사(9명), 섬유 공업 부문 4사(7명)로 받아들일 준비가 되어 있었다.

그러나 당시는 한일 국교 정상화 전이었고 또 처음으로 시작한 일이었기 때문에 모든 것이 순조롭게 진행되지는 않았다. 일본 측에서는 일괄 취급이 아닌 개별 심사를 해서 조건이 갖추어진 것만 취급한다는 입장을 밝혔다. 그 조건이란 ① 연수 담당 기업체가 건전해야 한다. ② 훈련 계획이 명확해야 한다. ③ 훈련 기간이 끝난 후 반드시 귀국해야 한다는 것이었다. 결국 최종적으로 입국 허가가 나온 것은 3명뿐이었다. 그들을 초청하는 데만 3년이란 시간을 소비한 것이다. 그러나 일본의 선진 기술을 습득시켜 조국의 경제 발전에 공헌하고 싶어 하는 재일경제인들의 생각과 열의는 식지 않았고, 그로 인해 이후 한국 정부 및 경제 단체와의 교류는 더욱더 활발하게 진행되었다.

(2) 재일 한국인의 재산 반입

박정희 정권이 의욕적으로 추진하고 있었던 경제 개발 5개년 계획의 자금원은 재일 한국 기업인들이었다고 말해도 과언이 아닐 것이다. 국교 정상화 이전인 1963년 1월부터 64년 8월까지 1년 8개월간 재일 한국인의 재산 유입 명목으로 일본에서 들여온 재산은 공식 통계만으로도 2,569만 달러(허가액 2,798만 달러)였다. 그중에는 나일론계가 757만 달러, 기계류가 330만 달러를 차지했다. 당시 일본은 해외 송금액이 500달러로 제한되어 있었지만, 재일 한국인에게는 예외적으로 재산 반출 한도액을 3,000달러까지 그리고 영주 귀국자에게는 1만 달러까지 허가하였다.

[표 1]에서 볼 수 있듯이, 1만 달러 이상을 반입한 재일 한국인은 21명이며, 그 총액은 1,136만 3,337달러에 달했다. 그러나 1만 달러

[표 1] 재일 한국인 재산 유입자 (1만 달러 이상)

단위: 달러

성명	상품명	금액
김상묵	화학 약품	128,017
김용갑	원모 · 섬유류	294,486
김재식	나일론사	2,362,285
김태병	나일론사 · 규소 철판	790,835
노영환	나일론사 · 기계류	903,093
박상덕	철판	104,624
박인덕	원모	206,287
서갑호	기계 · 섬유류	1,523,738
손무상	기계류 · 염료	159,412
오양숙	종이류	105,328
이기수	나일론사	103,407
이원만	섬유류	483,123
임원택	화공약품	338,812
장석창	기계 · 섬유류	731,996
장중근	아크릴	1,244,411
장택근	합성고무	141,313
정인식	나일론사 · 화공 약품	174,654
조일형	합성유지 · 기계류	111,479
최규창	합성고무 · 나일론사	324,063
최남	나일론사	935,861
하석암	나일론사	193,113
합계		11,363,337

출처 : 『母國을 향한 在日同胞의 100年 足跡』, 83쪽

주 : 1963년 1월~1964년 8월에 1만 달러 이상의 재산을 반입한 재일 기업인

미만이 압도적으로 많았다. 이것은 공식 통계이며, 비공식 루트로 인한 재산 유입이 더 많았다고 보고 있다.

이처럼 재일 한국인이 재산 유입 명목으로 도입한 외화가 한국의 외자 유치의 시작이었다. 1962년의 한국의 수출 총액은 5,400만 달러로 가용 외화가 2,000만 달러 미만이었기 때문에 재일 한국인들의 재산 유입 명목으로 가지고 들어온 외화는 당시의 한국 경제 상황으로 볼 때 매우 유용한 것이었으며, 한국 경제발전의 기반 조성에 대단히 큰 도움이 되었다.

반일 성향의 이승만(李承晩) 정권이 퇴진하고 장면(張勉) 민주당 정권이 집권하게 되면서 정치 정세의 변화에 따라 재일 한국인의 조국 왕래가 더욱 빈번해졌고 재일 한국인이 조국 방문 시에 지참한 현금으로 전답을 구입하거나 부동산에 투자하거나 또는 학교를 건설하거나 고향의 발전을 위해서 사용하는 등 그 돈이 다양한 분야에 사용된 일은 공공연한 사실로 전해지고 있다. 물론 통계에는 나타나지 않지만 1960년대 초 재일 한국인이 조국을 방문할 때마다 가방에 넣어 가지고 들어온 현금은 상당했던 것으로 추측되고 있다.

1960년에 일인당 GNP가 81달러였던 당시 한국 경제를 생각하면 재일 한국인이 공식적으로 재산 유입의 명목으로 들여오거나 조국 방문 시에 비공식적으로 가지고 들어온 현금은 한국의 경제 개발 초기에 매우 귀중한 자금이었다.

(3) 한국 최초의 수출 산업·공업 단지 '구로공단' 설립

한국 정부는 재일 한국기업인들의 요망에 따라 수출 산업 공업단지를 만들기 위해 1964년 '수출 산업 공업단지 개발 조성법'을 제정하였고, '한국수출산업공단'을 설립하였다. 그리고 서울시 영등포구 구로동의 군용지 약 14만 평을 확보하여 같은 해 8월에 공업단지의 조성에 착수했다. 한국수출산업공단은 정부의 지원 아래 재일 한국인의 수출 산업을 모국에 유치하는 일을 주목적으로 설립되었다. 설립 당시, 동 공단의 이병호(李丙虎) 대표 이사는 재일 교포 상공인들에게 보낸 인사말에서 "정부와 본 공단이 의도하는 것은 교포 여러분의 수출 상품 제조 기업을 모국에 유치해서 이것을 집단적으로 정착시키기 위한 공업단지를 설립하는 것이며, 이를 위한 모국에서의 기업 활동에 최대한의 편의를 제공하여 수출 진흥에 박차를 가하고자 하는 것입니다"라고 말한 것에서 알 수 있듯이(『韓商連 20年史』195쪽), 재일 교포 기업인들에 대한 기대가 상당히 컸음을 알 수 있다.

한국수출산업공단은 당시 값싼 노동력을 조건으로 일본에서 성공한 재일 한국 기업인들의 자금뿐 아니라 일본의 선진 기술 및 경영 노하우를 도입해서 활용할 것을 기대하고 있었다. 이 아이디어를 제공한 사람이 바로 코오롱그룹의 창업자 이원만(李源萬)이었다. 이원만은 일본에서 기업 활동을 했기 때문에 일본의 사정을 잘 알고 있었다.

한국 정부는 재일 한국인의 국내 재산 유입을 우선적으로 허가하고 세금 면에서도 우대 조치를 했지만, 국교 정상화 이전에 재일 한국인의 본국 투자에는 많은 어려움이 있었다. 그러나 국교 정상화를 계기로 재일 한국 기업인들의 본국 투자가 본격적으로 시작될 수 있었다.

1966년 7월에 수출 산업 공업단지에 입주가 시작되면서 14사의 재일 교포 기업이 제1차 입주 기업이 되었다. 국내 기업은 7사뿐이었으며, 3분의 2가 재일 기업이었다. 1967년 4월, 수출 산업 공업단지인 구로공단이 준공되었다. 생산된 제품의 100%를 모두 수출하는 한국 최초의 수출 전용 공업단지였다. 이 단계에는 재일 한국인 기업 18사를 비롯해서 한국 기업 11사, 외국 기업 2사를 포함해 모두 31사가 입주했다. 준공식에는 박정희 대통령이 출석해서 축사하는 등 한국 정부도 크나큰 관심을 나타냈다. 구로공단에 입주한 재일 한국인 기업은 전기, 전자, 화학, 비료, 섬유, 금속 등 고도의 기술과 최신식 시설을 갖춘, 그야말로 당시 한국에서는 최첨단 기업들이었다. 또한 대부분의 기업은 다수의 노동력을 필요로 하는 고용 창출 기업이었다.

이와 같이, 경제 개발 초기 단계에 있어서의 재일 동포 기업이 수행한 역할은 지극히 크다고 볼 수 있다. 수출로 인해 외화 소득에 공헌했을 뿐만 아니라 당시 부품 소재 산업이 뒤떨어져 있던 한국에 정교한 기술과 노하우를 무료로 이전한 공적은 높게 평가해야 할 것이다. 이것이 기초가 되어 경제 발전의 계기가 만들어졌으므로, 한국의 사회 경제 발전의 초창기에 재일 한국 기업인들이 지대한 역할을 했다고 해도 과언이 아닌 것이다.

구로공단은 한국 최초의 공업단지이며, 80년대 중반까지는 한국 전체 수출액의 10%를 차지했고, '한강의 기적'의 첨병이라고 불리었다. 그 후 경제 환경의 변화에 따라 2000년에 '서울 디지털 산업단지'로 명칭이 변경되었다.

삼성경제연구소는 2007년 6월에 '구로공단 부활의 의미'라는 보고서를 간행했다. 동 보고서는 구로 단지가 재일 교포 기업 유치를 통해서 수출 거점으로서 출발(1960~80년대 중반)한 국내 최초의 공업단지임을 지적하고, 구로공단이 재일 교포 수출 기업의 유치를 통해서 선진 기술 및 해외 시장에 대한 노하우를 축적했다고 분석하고 있다. 당초에는 섬유, 봉제, 가발, 전기 등 경공업 분야를 중심으로 국가의 수출을 견인했다. 1971년에는 수출액 1억 달러를 돌파했고, 1980년에는 18억 9,000만 달러를 기록하였다. 1971~1980년의 연평균 수출 증가율은 36.5%였다.

70년대 후반부터 동 공단의 주력 품목에도 변화가 있었다. 전기, 전자가 1976년에는 2위에 올랐으며 1985년에는 섬유, 봉제를 누르고 1위로 부상하였다. 또한 화학 부문이 3위에 진입하기도 했다.

80년대 중반 이후 한국 경제의 고도성장에 따라 구로공단 내의 기업 환경도 변하기 시작했다. 이때부터 구로공단은 본래의 역할을 일

[표 2] 구로공단 제1차 입주 재일 한국인 기업

기업명	대표자	주요 생산품
동흥전기제작소	俞一龍	전기 기기
한국마벨	金容太	전기 기기
대판대섬유	金山豊	고무 풍선
삼화합성공업	吳福沈	완구 등
대판교역	張仲均	섬유류
대한광학	金相吉	광학 기기
대륙금속	許弼奭	수도 파이프 등
평화공업	裴贊斗	안경
싸니전기	郭泰石	공업용 보석
풍전공업	秦孔曆	피혁 지퍼
삼화제관	鄭煥武	금속 완구
심산산업	張奉昊	벨트 관계
대경물산	朴成珍	합성 직물

출처 : 『韓商連20年史』(在日韓國人商工會連合會), 196쪽

단 마치고 디지털 단지로서 새로운 출발을 하게 된 것이다. 그렇지
만 초기 단계의 구로공단을 자금, 기술, 노하우 등의 면에서 적극 지
원했고 한국 경제 발전의 기초를 만든 것은 다름 아닌 재일 한국 기
업인들이라는 사실을 잊어서는 안 된다.

　한국의 산업화 초기에 진출한 재일 한국인 기업 대부분은 중소기
업이었음에도 한국 정부가 중점적으로 추진하고 있었던 중화학 공

한국의 경제 발전과 재일 한국 기업인

[표 3] 구로공단의 수출 상위 3업종의 추이

	1969년	1970년	1972년	1976년	1980년	1985년
1위	섬유, 봉제	가발	섬유, 봉제	섬유, 봉제	섬유, 봉제	전기, 전자
2위	전기, 전자	섬유, 봉제	가발	전기, 전자	전기, 전자	섬유, 봉제
3위	가발	전기, 전자	전기, 전자	잡화	잡화	화학

출처 : 「구로공단 부활의 의미」(삼성경제연구소) 2007년 6월 13일.

업 발전의 기초를 만들었다. 재일 한국인 기업은 구로공단을 비롯하여 마산수출자유구역, 반달공단 등에도 진출했으며, 지방 경제 발전에도 크게 기여했다고 볼 수 있다.

(4) 박정희 정권의 평가

1965년, 한일 국교 정상화에 따라 일본에서 도입한 5억 달러의 유상 및 무상 대일 청구권 자금 및 엔 차관은 한국의 농·수산업의 근대화, 종합 제철소 설립, 다목적댐과 고속도로의 건설 등 기간산업 육성에 매우 유용하게 사용되었다. 가장 파급 효과가 컸던 것은 서울과 부산을 연결하는 경부 고속도로의 건설과 포항종합제철 공장의 준공이었다. 이와 시기를 같이하여 재일 한국 기업인들의 한국 진출이 본격적으로 이루어졌고 이것을 계기로 일본의 민간 자본 진출도 시작되었다. 이러한 일본으로부터의 자금 유입이 박정희 정권이 의욕적으로 추진하고 있었던 경제 개발 5개년 계획의 수행에 많은 도움이 된 것은 의심할 여지가 없다.

이러한 경제 성장을 바탕으로 박정희는 1967년의 대통령 선거에서 재선할 수 있었다. 대통령 3선 금지의 헌법 조항을 개정하면서까지 3선을 추진하고 있었던 71년 당시 대통령 선거에서 군정 연장·장기 정권 반대를 주장하는 김대중 야당 후보 사이에 치열한 선거전이 전개되어 박정희가 근소 차로 승리했다.

1970년대에 들어서면서 한반도를 둘러싼 국제 환경에도 변화가 생겼다. 미중(美中) 화해와 일중(日中) 국교 정상화에 자극을 받은 것은 박정희만이 아니었다. 김일성 북한 주석(당시)도 마찬가지였다. 남북 특사의 비밀 접촉이 진전되어 72년 7월 4일 서울과 평양에서 남북 공동 성명이 발표되었다. 통일은 자주적, 평화적, 민족 대동단결의 3대 원칙에 따라 실현하기로 합의했다. 남북 대화가 진행되고 한반도에 해빙 무드가 조성되었다.

하지만, 장기 집권을 계획하고 있었던 박정희에게 3선 개헌 때의 중임 금지 규정은 다시 걸림돌이 되었다. 남북 화해의 길이 열려 통일의 희망이 부풀어 오르는 가운데 72년 10월 17일, 박정희는 대통령 특별 선언을 선포하여 국회 해산, 정당의 정치 활동 중지 등 헌법의 일부 기능을 정지시켜 조국의 평화 통일을 위한 체제 정비라는 미명하에 헌법을 개정했다. 이른바 유신 헌법에 따라 대통령의 권한이 확대되어 유신 체제가 시작된 것이다.

그러나 박정희는 79년 10월 26일, 측근인 김재규 중앙정보부장에 의해서 살해되었다. 박정희는 군사 독재자로서 비민주적인 방법으로 반대 세력을 억압했으며, 후계자를 양성하지 않고 평화적인 정권 교체를 실현하지도 않았는데 이 점에 있어서는 역사에 큰 오점을 남겼다. 하지만 그가 염원하던 빈곤 문제를 해결하였고 기적적인 경제 성장을 달성하여 국민의 생활수준을 두드러지게 향상시킴으로 한국을 중진국으로 끌어올린 공적은 높이 평가해야 할 것이다. 그 공적으로 박정희는 한국 역대 대통령 중에서 가장 우수한 경제 대통령으로 평가받고 있다.

【참고 문헌】
· 재일 한국인 상공회 연합회(在日 韓國人 商工會 連合會) 『한상연(韓商連) 20年史 1962 ~1982年』 1982年
· 재일 동포 모국 공적 조사위원회 편 『모국을 향한 재일 동포의 100年 족적』, 재일 동포 재단, 2008年
· 삼성경제연구소 「구로공단 부활의 의미」 CEO Information 608호, 2007년 6월 13일
· 나가노 신이치로 외저(永野愼一郎 他著) 『전후 세계(戰後 世界)의 정치 지도자(政治指導者) 50人』, 자유국민사(自由國民社, 2002年)

3.산업계에 진출한 재일 한국 기업인들

1. 서갑호 박일 · **2. 안재호** 나가노 신이치로 · **3. 신격호** 사사키 겐분
4 김상호 양경희 · **5. 박병헌** 나가노 신이치로 · **6. 손정의** 나가노 신이치로
7. 이희건 양경희 · **8. 박 종** 가와노 유키오

1. 서갑호(徐甲虎)

한국 방적 업계의 선구자·방림방적 설립(1915~76년 경남 울주군 출생 재일 1세)

방적왕에 도전 | 서갑호는 1915년 경상남도 울주군 삼남면에서 태어났다. 같은 삼남면에서 태어난 롯데그룹 창업자인 신격호와는 동향인이다. 서갑호는 1928년에 단신으로 고향을 떠나 일본으로 건너갔다. 당시 14세였던 서갑호는 오사카(大阪)에 있는 상점의 견습 점원으로 들어가 베 짜는 기술을 배웠다. 베 짜기 기술을 습득한 서갑호는 그 상점을 그만두고 사탕 판매, 폐품 회수, 타월 공장에서 기계에 기름 치는 일 등 다양한 직업들을 전전했다.

해방 후 우연히 서갑호에게 비즈니스 기회가 왔다. 군수 물자 매매로 많은 돈을 모은 그는 종전 직후 폐기 처분된 방적기들을 사 모아 1948년 3월에 사카모토(阪本) 방적을 설립했다. 얼마 후 서갑호는 이 기세를 타고 1950년 봄에 센난시(泉南市)에 있던 가와사키 중공업(川崎重工業)을 2,000만 엔에 매입하여 제2공장을 건설하여 오사카 방직

을 설립했다. 단기간에 방적 공장을 크게 확장했으나 확실한 승산을 가지고 있던 것은 아니었다. 그러나 그해 6월 공장 규모의 확대를 기다리고 있다는 듯이 때마침 한국 전쟁이 발발하였다. 한국 전쟁의 특수로 그의 방적회사는 급성장을 이룩하게 되었다.

서갑호는 끊임없는 기세로 1955년에 경영 부진에 빠져 있던 히타치(常陸) 방적을 매수했다. 그리고 1961년에는 연매출 100억 엔을 올린 서일본 최대의 방적왕이 되었다. 1,500명의 종업원과 18만 추의 설비를 갖춘 사카모토 방적 그룹은 종전 직후 일본의 경제 부흥을 이끈 10대 방적회사 중 하나로 손꼽히는 대기업으로 성장했다. 방적업으로 성공을 거둔 서갑호는 부동산, 호텔, 볼링장 등으로 사업을 확대했으며, 왕성한 의욕으로 모든 사업 분야에 활발한 경영 활동을 전개했다.

서갑호의 무용전 ㅣ 서갑호가 경영자로서 얼마만큼 성공했었는지는 당시 고액 소득자 랭킹(부호 순위)을 살펴보면 알 수 있다. 서갑호는 1950년, 소득 1억 2,000만 엔으로 갑자기 그해 오사카 부 내의 고액 소득자 랭킹 제1위로 올라섰다. 그 정도면 당시 전국적으로는 어느 수준이었을까? 1950년대의 일본 전체의 부호 순위를 보면 마쓰시다 전기(松下電器)[현재의 파나소닉]의 창업자인 마쓰시다 고노스케(松下幸之助)가 제1위 자리를 지키고 있었으며, 서갑호는 1952년도 소득 3억 6,966만 엔으로 제5위, 1957년도는 소득 1억 332만 엔으로 제8

위, 1959년도에도 소득 1억 299만 엔으로 제8위를 지키고 있다. 그는 1950년대의 고액 소득자 랭킹에서 거의 매년 마쓰시다 고노스케, 이시바시 쇼지로(石橋正二郎, 브리지스톤 창업자), 이우에 도시오(井植歳男 산요전기 창업자), 이데미쓰 사조(出光佐三, 이데미쓰 홍산 창업자) 등 재계의 쟁쟁한 회장들과 어깨를 당당히 겨누고 있었던 것이다. 따라서 서갑호는 1950년대 재일 한국인 사회뿐만 아니라 일본을 대표하는 고액 소득자로 명성을 떨친 인물이었음이 분명하다.

한편, 서갑호는 축적한 부를 조국 및 재일 한국인 사회에 환원하는 데 매우 적극적이었다. 1955년 오사카 신사이바시(心齋橋)에 한국 총영사관을 설립할 때, 한국 정부에 2,000만 엔을 기부했으며 오사카 민단에는 매년 500만 엔의 찬조금을 제공했다. 또한 재일 한국인 자녀들의 민족 교육을 위해 오사카에 한국 학교를 건설하여 이사장으로서 연간 2,400만 엔씩을 기부했다(야마모토 사치코(山本幸子), 「코리언 상술은 세계를 제압한다」, 『보석』, 1984년 10월호). 더욱이 당시 시가 50억 엔으로 알려진 도쿄 아자부(麻布)의 최고급 주택가에 있는 광대한 토지를 매입하여 주일 대사관이 사용하도록 한국 정부에 기증한 일은 너무도 유명한 일화이다.

좌절된 본국 투자 | 서갑호가 조국에 투자하기로 결심한 것은 1961년 군사 쿠데타에 의해 박정희 정권이 탄생하고 한국 정부가 본격적인 공업화 계획을 시작한 시기였다. 박 대통령에게서 직접 본국

투자를 요청받은 서갑호는 당시 산업은행의 관리 아래 있던 한국 최대의 방적 공장인 태창방적을 매수하고, 1963년 115억 엔을 투자하여 서울 영등포에 방림 방적을 설립했다. 표면상으로는 한일 합작기업이지만 사카모토 방적이 방림 방적의 자금 75%를 출자하였다. 완성된 방림 방적은 방적기 14만 추, 섬유 기계 4,700대의 설비를 갖추고, 직접 실을 뽑아 직조한 뒤 염색까지 마무리하는 전 공정을 완비한 공장으로 당시 한국 내에서는 최대의 방적 회사였다. 서갑호는 그 다음해 171억 엔을 더 투자(사카모토 방적 100% 출자)하여 구미 공업 단지에 윤성방적을 설립했다. 이 시점에서 두 개의 방적 공장에서 일하는 종업원은 4,000여 명에 이르렀으며, 그는 한국의 방적 재벌이 되었다.

서갑호의 한국 진출은 재일 한국인 자본에 의한 최초의 본격적인 본국 투자였으며, 한국에서는 그를 금의환향한 재일 한국인이라며 화제가 되기도 했다. 그런데 그런 서갑호에게 불행한 일이 일어났다. 1974년 1월 조업 직전에 윤성방적 공장에서 화재가 발생하여 대부분의 방적기가 불타고 만 것이다. 서갑호의 본국 투자는 그렇게 꼬이기 시작했다.

서갑호는 공장 처분을 결심하고 본국에 투자한 막대한 자금을 회수하려고 한국 정부에 협조를 요청했으나 박 정권의 태도는 냉담했다. 결국 자금 융통에 실패한 서갑호는 조업 재개의 기약도 없이 한국에서 철수할 수밖에 없었다. 윤성방적의 화재는 일본의 사카모토

그룹에도 악영향을 미치게 되었다. 더욱이 석유 파동까지 겹쳐 주력 사업이던 볼링 붐마저 사라졌다. 1974년 사카모토그룹은 관련 회사를 포함해 640억 엔이라는 섬유 업계로서는 전후 최대의 부도를 내고 도산하고 말았다.

도산 후 1975년 한국에 귀국하여 회사 갱생법의 적용을 받아 두 개의 방적 회사 사장으로서 회사 재건을 위해 전념했으나 재기에 성공하지 못하고 1976년 11월에 타계했다. 그 후 일본의 사카모토방적도 회사 갱생법의 적용을 받았으며 한국의 방림방적과 함께 장남인 서상근이 계승했다.

【참고 문헌】
· 『일한 신시대(日韓 新時代)의 얼굴』 국제일보사(國際日報社), 1968年
· 야마모토 사치코(山本幸子) 「코리언 상법(商法)은 세계(世界)를 제압한다」 『보석(寶石)』, 1984年 10月호
· 최청림편 『한국 재벌의 총수들』 광문사(光文社), 1987年
· 마베 요이치(間部洋一) 『일본 경제(日本 經濟)를 흔드는 재일 한상(在日 韓商) 파워』 도쿠마 쇼텐(德間書店), 1988年
· 「사카모토 에이이치(阪本榮一)」 『아사히인물사전(朝日人物事典)』 아사히신문사(朝日新聞社), 1990年

2. 안재호(安在祜)

조국애와 애향심이 남달리 강했던 재일 기업가(1915~1994년 제주도 표선면 출생, 재일 1세)

오사카에서 창업 ┃ 안재호는 1915년 1월 23일, 순흥(順興)안씨 안 승훈(安承訓)의 장남으로 제주도 남제주군(현 서귀포시) 표선면 가시리 에서 태어났다. 안재호는 공립보통학교를 졸업한 후 13살 때 아버지 는 제주도에 남겨 두고 어머니와 함께 웅지를 품고 일본으로 건너갔 다. 제주인들이 밀집해 있는 오사카에 정주하면서 향학심이 왕성했 던 안재호는 일을 하면서도 오사카죠토상업학교(大阪城東商業學校)를 졸업했다. 하지만 더 이상 학업을 계속할 형편이 못 되어 공부를 중 도에 포기하고, 16살 되던 1930년에 오사카합성수지화학연구소(大阪 合成樹脂化學研究所)에 입사했고 여기서 4년간 기초 지식을 습득했다. 안재호는 이 연구소에서 습득한 기술을 토대로 20세 되던 1934년에 후토화학공업(不動化學工業)주식회사의 전신인 대동라이트 주식회사 에 공장장으로 입사했다.

거기서 꾸준히 배우며 열심히 일한 안재호는 5년 후인 1939년 동 회사를 퇴직하고 스스로 회사를 설립하기로 했다. 1939년 5월 오사 카 히가시나리구(東成區)에 야스모토(安本)화학공업소를 창립하여 합 성수지 가공업을 시작했다. 1947년에 야스모토화학공업 주식회사로 법인화한 후 사장직에 취임함과 동시에 본격적으로 합성수지 제조 업을 개시하고 석탄산 수지, 요소 수지, 멜라민 수지 등을 제조하여 판매했다.

한국인과 일본인을 막론하고 많은 사람들이 직장을 전전하던 시 대에 안재호는 한 가지 일에만 전심전력했고, 그것이 자산이 되어 주위 사람들로부터 사랑을 받고 신뢰를 얻게 되었다. 외길을 걷지 않고 꾸준히 합성수지계로만 충실하게 한 우물을 팠기 때문에 업계에서도 고참으로 대접을 받게 되었다.

전후 혼란기의 고생 | 제2차 세계 대전이 종전되고 조국이 해방됨으로 인해 안재호도 조국에 돌아가기로 결심했다. 공장의 기계와 설비 및 가족을 본국으로 실어 가기 위해 기범선을 사기로 했다. 가족과 개인의 재산 운반뿐만이 아니라 당시 귀국하지 못하고 곤경에 빠져 있던 수만 명이나 되는 동포들의 수송에도 도움이 되리라 생각한 그는 100톤짜리 목조기범선을 샀는데, 내심 그 배를 다시 팔면 살 때보다 더 많은 값을 받게 되어 돈벌이도 될 수 있겠다는 생각도 가지고 있었다. 그러나 가진 돈을 털어서 배 한 척을 샀더니 그 배는 선창을 수리해야 겨우 움직일 수 있을 정도였다. 수리를 마친 뒤 안재호는 약 200명의 동포를 싣고서 부산을 향해 출항했다. 도중에 급유를 위해 오사카 시리나시가와(尻無川)에 기항했다. 그런데 야간 조명도 없는 상태에 밤늦게 접안하다가 불행하게도 전쟁 때 폭파된 배 위에 얹혀서 선창이 대파됨으로 그만 좌초되고 말았다. 다행히 200명의 목숨은 건졌지만 배에 싣고 있던 화물은 모두 젖어 못 쓰게 되어 배상을 하고 다른 배를 빌려서 전원 부산으로 수송해야만 했다.

좌초된 배를 인양해서 다시 수리를 했으나 1950년 12월 25일 맥아더사령부로부터 목조선은 사람을 태우고 현해탄을 건널 수 없다는 법령이 내려졌다. 당시는 식량 부족이 심한 때였기 때문에 구주 지방에 가서 돼지, 쌀, 고구마 등을 사다가 팔면 장사가 된다는 주변 사람들의 조언에 따라 생소한 구주 지방에 가서 수소문하여 고구마 1만 관, 말린 고구마, 쌀, 돼지 등을 대량 사서 싣고 1월 25일 오사카를 향해 출항했다. 그런데 28일 밤 10시쯤 고베 와다 미사키(神戸和田岬)를 지나다가 전시 중에 폭침한 선박의 잔해에 또다시 충돌하여 만재했던 짐과 함께 배는 순식간에 침몰하고 새벽 5시쯤 구조반 덕분에 겨우 목숨만 건지게 되었다. 이 일로 인해 지금까지 한 노력과 고생은 모두 수포로 돌아갔고 경제적으로 힘든 상태로 되돌아가고 말았다.

재빠른 전후 재건과 사업 확장 ㅣ 하루아침에 무일푼이 되어 버린 안재호는 고향에 돌아갈 수도 없는 처지가 되어 어쩔 수 없이 원래 하던 합성수지 일을 다시 시작하기로 했다. 하지만 본업으로 돌아가려 해도 시작할 자금이 없었다. 고민 끝에 종전의 단골이나 친지들에게 그때까지 겪었던 일을 상세히 설명하자 다행스럽게도 그들은 그가 재기할 수 있도록 자금을 융통해 주었다. 그때 그는 평소 신용이 매우 중요하다는 것을 새삼스레 느꼈다. 그리하여 안재호는 1946년 4월 야스모토전기제작소라는 이름으로 재출발했다. 제품 제조는 합성수지 성형 재료였지만, 성형 제품은 주로 배선 기구였다. 당시는 물품이 부족한 시대였기에 배선 기구는 만들기 바쁘게 잘 팔렸다. 46년 말에는 종업원이 200명 정도였는데 1950년에는 500명을 고용하는 사업으로 성장했다.

안재호는 시대의 흐름을 재빨리 감지하고 사업 확장에 박차를 가했다. 수도권에 진출하기 위해서 치바현 이치가와시에 공장을 신설했다. 또한 생산 분야의 다양화를 위해서 1950년 8월, 야스모토전기제작소를 니혼유키화학공업 주식회사로 회사명을 변경했다. 사업 확장에 따라 1952년엔 플라스틱 단추 제조 전문 회사인 일본단추공업주식회사를 설립하여 본격적으로 합성수지 성형업을 시작했다. 1956년에는 도쿄 고토구에 도쿄유키 주식회사를 설립하여 유리 수지, 멜라민 수지 등을 제조했고, 1960년에는 와카야마현(和歌山縣) 가이난시에 닛신화학공업 주식회사를 설립했으며, 65년에는 이시가와현(石川縣) 야마나카에 호쿠리쿠 화성공업을 설립하여 칠기 소지 및 일반 성형 가공을 시작했다. 가이난시와 야마나카는 일본의 3대 칠기 생산지이다.

안재호는 모은 돈으로 오사카 번화가에 수천 평의 땅을 사들인 후 이것을 활용하기 위해 "엠파이어 모터 풀"이라는 이름으로 주차장 경영을 시작했으며, 72년에는 야스모토홍산 주식회사를 설립하는 등 재일 한국인으로서는 매우 빨리 생산업에서 성공한 기업인이 되었다.

1960년까지 일본 국내 단추 생산의 70%를 점유하였으며, 기술 개발로 인해 1954년과 1955년에 연속해서 '일본전국 플라스틱 종합전'에서 통상산업 대신상을 수상했으며 1955년과 1958년에는 오사카시장 상을 수상했다.

안재호는 니혼유키 주식회사가 개발해서 취득한 특허권을 자기들만 독점하지 않고 일본 업계에 무상 제공함으로써 단추업계 전체의 이익을 위해서 기여한 바가 크며 그에 대한 공로로 1965년에 '일본합성수지 단추공업협회'로부터 감사장을 받기도 했다. 일본의 단추수출에 기여한 실적을 높이 평가받아서 67년에는 일본 통상산업 대신으로부터 수출 공헌 인정 증서를 받았으며, 일본 사회에서도 인정받는 재일 한국 기업인이 되었다.

고향 제주도의 생활 개선과 지역 발전에 기여 | 1948년에 일어난 '제주 4.3 사건'의 여파로 안재호의 고향 가시리도 생활을 영위하기가 힘들 정도로 황폐되어 있었다. 1956년 말 고향을 방문한 안재호는 연이은 흉년으로 기아에 허덕이고 있는 주민들을 보고서 몹시 가슴이 아팠다. 그는 우선 주민들이 먹고살아야 한다는 생각에 거액을 희사하여 향토 주민들을 구휼하였다. 그렇게 함으로, 가시리 향토지 『가스름』에 기록되어 있는 것처럼, 1957년 설 명절에는 4.3 사건 이후 처음으로 조상들의 차례상에 쌀밥을 올려 제사를 모시게 되었다고 했다.

일본으로 돌아간 안재호는 고향 출신 교포들에게 고향의 참상을 소개하고 고향을 돕기 위해 지역별로 친목회 조직을 권유했으며 이에 고무된 교포들은 앞 다투어 친목회 조직에 참가하여 고향 돕기에 나섰다. 이것이 가시리 지역 재건의 밑거름이 되었으며 주민들은 안재호의 열정적인 지원에 감격의 눈물을 흘리며 마을 재건에 매진하게 되었다. 당시 모금에 참여한 가시리 출신 재일 교포는 오사카친목회 50명, 도쿄친목회 19명, 센다이친목회 8명이었다.

당시 도탄에 빠진 주민들의 복지와 향토 발전에 새로운 전기를 마련해 준 안재호의 거룩한 공적과 두터운 애향심을 길이 빛내기 위해 1957년 7월, 가시리 주민 일동은 안재호 선생 구휼 기념비(安在祜先生 救恤紀念碑)를 세웠다.

고향 가시리에 대한 안재호의 지원 사업은 그때부터가 시작이었으며 그 이후로도 계속되었다. 가시리국민학교 교실 신축을 비롯해서 시설 확충, 주민회관 신축, 전기 가설, 도로 포장 등 가시리 관계만 해도 1956년부터 87년까지 현금 7,000여 만 원을 지원했고, 그 외 학습 용구와 같은 현물 지원도 아끼지 않았다.

가시리 주민들은 안재호의 은덕을 잊을 수 없었고 그리하여 다시 1976년에 고당 안재호 선생의 동상을 리 사무소 경내에 건립했다. 동상에는 다음과 같은 글이 새겨져 있다.

가시봉(加時峰) 맑은 정기(精氣) 타고 자라나
현해탄(玄海灘) 저 너머에 쌓아 온 보람
인내(忍耐)와 근검역행 업(勤儉力行 業)을 이루니
마침내 우러르는 님이 되셨고

애향(愛鄕)의 횃불 들어 두루 비추니

거룩한 그대 공덕(功德) 찬연(燦然)하리라

　　　　　　　　-1976년 9월 9일 가시리 주민 일동 건립

　안재호의 제주도에 대한 지원은 출생지인 가시리뿐만이 아니다. 제주 전 지역에 걸쳐 기부를 요청해 오면 늘 쾌척했다. 그중에 눈에 띈 것만 언급하자면 제주도립병원에 의학 서적을, 제주도 교육위원회에 학교 시설 성금을, 제주대학교에 비품 구입 성금 및 도서관 비품 비용을 대주었다. 또한 제주도청에는 고성능 쾌속정을 사 주었고 예총제주도 지부에 한라문화제 성금을 지원했으며, 제주도체육회 및 전국소년체전 성금 등을 여러 차례 기부했고, 제주 각 지역 중·고등학교의 교육 사업도 지원했었다.

　제주도청이 파악하고 있는 기부액만 해도 1억 6,000만 원이 된다. 이 기부는 1950년대부터 시작했기 때문에 그 당시의 화폐 가치를 생각하면 실지로는 더 큰 금액으로 평가해야 할 것이다. 제주도 발전에 대한 안재호의 공적이 높이 평가되어 제주도는 1973년에 그에게 '제주도 공익상'을 수여했다.

한국의 경제 발전에 공헌 ｜　일본에서 기업인으로 성공한 안재호에게 한일 국교 정상화는 조국의 경제 발전에 기여할 수 있는 절호의 기회였다. 1967년 9월 대한합성화학공업 주식회사를 설립하여 요소 수지 및 멜라민 수지를 생산했으며, 동시에 칠기 및 멜라민 식기류를 생산했다. 특히 동 사에서 생산된 멜라민 식기 및 유리 식기는 서울의 일류 백화점을 비롯하여 부산, 대구 등 전국의 백화점에서 독점 인기 상품이었다.

대한합성화학공업은 1973년에 니혼유키화학공업 주식회사와 51 대 49의 비율로 외자 도입법에 의해 세워진 합작 기업으로, 75년부터 연간 300만 달러 이상의 제품을 일본에 수출함으로써 수출 진흥에 크게 기여했다.

안재호가 창립한 대한합성화학공업은 1994년부터 4남 열사(悅司)가 대표이사를 계승하고 있다가 2006년부터 5남 광신(光伸)이 대표이사를 맡고 있으며, 1967년 동 사 창립 이래 한국 합성수지 업계의 선두주자로써 수출뿐 아니라 국내 소비에 있어서도 한국 경제 발전에 크게 기여하고 있다.

안재호는 노력가일 뿐만 아니라 누구에게도 피해를 끼치지 않고 성실하게 산 사람으로 '신뢰를 배반하지 않는다'는 것이 그의 인생철학이었다. 배가 두 번이나 침몰했고 세 번이나 화재를 당했으며, 다섯 번이나 전 재산을 잃었지만 신용이 있었기 때문에 빠른 시간 내에 원상복구할 수 있었다. 또한 일본 사회에서 일본인 이상의 신용으로 일본 은행들은 대접해 주었다. 오로지 '신용' 하나만으로 일본 사회에서 기업가로서 성공한 안재호는 조국과 고향을 위해서도 무엇인가 하고 싶었다. 그것이 그의 조국애이고 애향심의 발로였다.

또한 안재호가 한 가지 마음에 걸리는 일이 있었다. 자기를 키워 준 사회에 대한 보은이었다. 그가 사회에 대한 보답을 어느 정도로 실현했는지 우리는 정확히 모르나 분명 그의 인생관이었던 것은 틀림이 없다.

【참고 문헌】
· 고당 안재호(古堂 安在祜) 『광복(光復)의 시대(時代)에 살면서』, 세원문화사출판국(世原文化社出版局), 1976年
· 오대현편저(吳大賢編著) 『표선면 향토지(表善面 鄕土誌)』, 태명인쇄사(泰明印刷社), 1983年
· 남제주군표선면 가시리(南濟州郡表善面 加時里) 『가스름』, 1988年

3. 신격호(辛格浩)

롯데그룹 창업자, 한일 경제 교류에 큰 역할(1922년 경남 울주군 출생, 재일1세)

신격호는 경상남도 울주군에서 중농의 장남으로 태어났다. 학업 성적은 우수했고 교육열이 강한 부친 밑에서 농업학교를 졸업한 뒤 종축 기사로 취직했다. 일본 식민지 시대인 당시 '멸시받지 않고 인간다운 대우를 받으며 아무에게도 꺼림이 없는 삶을 살기 위해서는 상급 학교에 진학하여 학업을 할 수밖에 없다'고 생각한 그는 1940년에 일본 유학을 떠나게 되었다. 일본에 도착한 후 우유 배달 등을 하면서 와세다(早稻田) 고등 공학교(현재의 와세다 대학 이공학부)에 진학했다. 재학 중에 출자해 주는 사람이 있어서 창업을 했지만 공습을 받아 공장이 전소되고 말았다. 그러나 그에게는 그것도 귀중한 경험이 되었다.

일본이 태평양 전쟁에서 패전함으로 한국은 해방을 맞이하게 되면서 일본에 거주하고 있던 많은 재일 한국인들이 조국으로 돌아왔으나, 신격호는 부채를 안고 있었기 때문에 빚을 갚기 전에는 귀국할 수 없어서 일본 잔류를 선택했던 것이다. 1946년에 대학 졸업 2개월 후에 비누, 포마드 등 화장품 제조 회사 '히카리 특수 과학 연구소'를 창립했다. 단기간에 큰 실적을 올리게 됨으로 기업 경영에 재미를 보게 되었고 이후의 사업 자금을 축적할 수 있었다. 그러다가 과잉 경쟁으로 사업의 수익성이 저하되자, 껌을 제조해서 판매하기 시작했다. 하지만 당시는 여전히 재일 교포에 대한 차별이 있었기 때문에, 오히려 그는 힘으로 관철한다는 자세로 공격적이고 감성적인 경영으로 롯데제과를 일본을 대표하는 종합 식품 회사로 발전시켰다.

한국 투자와 경영 ㅣ 본격적인 투자를 할 수 없었던 국교 정상화 전에는 남동생을 일본에 불러 경영을 가르치고 한국 롯데를 설립하게 한 다음 경영을 맡겼다. 그러다 한일 국교 정상화(1965년)가 있은 다음 해에 재일 교포의 법적 지위 협정이 체결되고 발효됨으로써 재일 기업인들의 한국 투자를 적극적으로 권유받았다. 신격호는 한국 정부 고관으로부터 군수 산업에 투자할 것을 요청받았으나 일본에서의 회사 이미지가 훼손될 것을 우려해서 거절했다. 단지 '당시 (1965년 전후) 개인적인 생각으로는 일본 롯데가 벌여 놓은 여러 가지 사업에서 벗어나 중화학공업을 하고 싶었다'고 그가 회고한 것처럼 신격호는 기간산업에 관심이 높았다.

그러다가 그가 한국에 본격적인 투자를 시작한 것은 1967년에 롯데제과를 자본금 3,000만 원으로 설립했을 때부터 시작된다. 종업원 수 500여 명으로 당시 일본 롯데의 매상액이 약 400억 엔에 달했던 것과 비교하면 사소한 출발이었다. 전 국무총리 유창순을 회장으로 영입했다. 회사 설립 후 그는 신문 지면을 통해 인사를 실으면서 '오랫동안 조국을 떠나 있었기 때문에 국내 사정을 잘 모른다. 이를 보충하고 국내에서의 인맥을 강화시키기 위한 인사라고 말하고, 회사의 경영 이념에 대해서 ①품질 본위, ②박리다매 ③노사 협조에 의한 기업 활동을 통해서 사회와 국가에 봉사하겠다'고 선언했다. 사업은 초기부터 잘 전개되었다. 그리고 그것을 배경으로 다품종화, 다각화를 추진했으며, 1980년 롯데제과의 연간 매상액은 1,000억 원을 돌파했다.

롯데제과 설립 후 1980년까지의 사업 전개는 롯데알루미늄, 호텔롯데, 롯데기계공업, 롯데파이오니아, 롯데산업, 롯데상사, 롯데칠성음료, 조일향료, 롯데삼강, 롯데햄, 롯데우유, 롯데크리스탈호텔,

롯데건설, 호남석유화학, 롯데리아, 롯데쇼핑, 롯데냉동, 한국후지필름, 한국후지필름판매 등 놀라운 속도로 확대되었다.

경영 노하우의 이전 | 신격호는 한국에 자본 투자 및 기업 진출 뿐 아니라 일본에서 창업하여 확대 발전시킨 경영 노하우의 이전을 통해 조국 경제 발전에 공헌한 대표적인 기업인이다. 1967년에 한국에서 롯데제과를 설립한 후 식품, 유통, 서비스, 관광업 외에도 중화학 공업 분야에도 진출하여 한국 유수의 재벌로 성장했다.

하지만 여기선, 투자 고용 인프라 체제의 정비를 통해 한국 경제에 공헌한 일과 신격호가 경영 수완의 발휘를 통해서 한국 기업에 긍정적인 영향을 미치고 발전을 촉진시킨 경영 노하우에 초점을 맞출 것이다. 물론, 경영에 기여한 노하우는 광범위하기 때문에 여기서는 ① 마케팅 주도형 경영, ② 현금 자금(cash flow) 중시의 경영에 초점을 맞추어서 고찰해 보고자 한다.

신격호는 일본에서 맨주먹으로 창업했고 민족차별이 심한 가운데 역경을 오히려 자원으로 생각하면서 경영에 매진했다. 직판 유통 제도는 수고와 자금을 필요로 하는 방법이지만 독자적인 경영을 확보하는 선택이 될 수 있었다. 소비자의 요구나 필요성을 객관적이고 냉정한 분석을 통해서 파악하고 그것을 감성으로 변환했다. 이러한 능력은 노력으로 획득한 것이기도 하지만 천성적인 면이 더 크게 작용했다.

마케팅 전략은 ① 품질이 좋은 상품 만들기 ② 판매 조직의 철저한 점검 및 정비 ③ 광고 선전에 의한 철저한 고객 유인 추구를 중심으로 구축되었다. 각종 장애에 대처하기 위하여 만들어진 마케팅 주도형 영업의 개안은 소비자의 마음을 사로잡을 수 있는 힘을 향상시켰고, 아이디어를 실천에 옮기는 영업력으로 결실을 얻고자 했다. 이러한 것들은 재일 기업인에 대해 일종의 차별 의식을 나타내고 있는 한국에서도 경영을 전개하는 데 참고가 될 수 있었다.

신격호의 경우, 일본에서의 성공은 모국 투자 유인의 힘이 되었으나 투자 시기는 신중하게 저울질하면서 대기하고 있었다. 기회를 잡기 위해서는 대체로 남보다 반걸음은 빨리 갈 필요가 있으나 한 걸음은 너무 빠를 수 있기 때문이다.

신격호의 선진적 마케팅 경영 노하우가 한국 경제에 미친 긍정적 영향

┃ 신격호는 시대에 맞는 상품 개발력, 수요를 기민하게 읽을 수 있는 시장 파악력, 이름(명칭)이나 선전의 캐치 카피의 교묘함, 사회적 인기를 얻고 재빨리 제품화하는 감성 등 아마 세계에서도 희유의 마케팅 센스를 가진 기업인일 것이다. 특히, 그는 누구나 인정하는 '세계의 껌 시장을 석권한 광고의 귀재'이기도 하다.

신격호는 스스로 진두에 설 정도로 판매 활동을 중시했으나 홍보 선전이나 유통 등 마케팅 활동을 그 이상으로 중요시했다. 현재의 화폐 가치로 따지면 1억 엔에 상당하는 당시 1,000만 엔의 현상금을 내세운 롯데 껌의 선전은 "사행심을 지나치게 자극한다"며 공정거래위원회의 개입을 초래할 만큼의 사회적 반응을 일으켜 롯데의 이름을 전국 각지에 널리 알리게 만들었다. 이 선전에는 학교 상으로 100만 엔을 기부하는 등의 배려도 아끼지 않았다. 1957년 컬러 TV 방영을 기회로 가요 프로그램의 스폰서가 되어 일대 선전을 전개했고, 중장년 세대에는 "롯데 노래의 앨범"이나 "입의 연인" 이미지가 아직도 기억에 깊이 남아 있다. 한국 롯데의 유통 개혁, 적극적인 선전 전략의 전개는 타사를 자극시켜 고객 중심주의로 경영 전환을 촉진시켰으며, 한국기업의 마케팅 능력을 높이는 데 공헌했다.

신격호는 고객 만족에 대한 고려가 희박했던 시대부터 시장이나 고객의 움직임을 정확하고 민감하게 읽어 내는 감성과 시류에 탈 수 있는 실천력을 강조하면서 고객 지향의 상품 개발과 유통 개혁에 과감하게 대응했다.

그는 일본에서 성공한 상품이나 사업을 한국식으로 재생해서 한국에 맞는 제품을 제공했다. 이러한 베스트 실험 전략이 한국에서는 많은 기업에서 '미 투 전략(me too strategy)'으로 정착했으며 큰 성공을 거두었다. 이것은 신격호가 경영 노하우를 한국에 이전한 공헌 중의 하나라고 말할 수 있다. 젊은 베르테르의 고민에 탐닉한 신격호의 문학적 감성은 마케팅 경영으로서 빛을 발하게 되었고, 일본에서보다는 오히려 한국에서 꽃을 피웠다고 볼 수 있겠다.

현금 자금 중시의 경영의 이전 | 신격호는 상품 개발을 할 때, 참신하고 기발한 아이디어를 상품화하는 독자적인 수완을 발휘했다. 일본 롯데에서는 껌에서 시작하여 초콜릿, 캔디, 아이스크림, 비스킷의 순서로 상품화되었는데, 이것은 전천후(全天候)형 상품과 계절 히트 상품을 교대로 개발한 것이다. 이러한 상품 개발 전략에는 현금 자금(cash flow) 중시의 경영이 근본을 이루고 있었다. 신격호는 껌의 안정된 수입으로 현금 자금을 확보하고, 회사의 격식을 높이는 초콜릿 개발에 도전했다. 그다음에는 1년 4계절 내내 팔리는 캔디를 생산하는 것이다. 그러고 나서, 다음에 투자할 수 있는 현금 자금을 벌 수 있다는 확인이 되면 계절상품인 아이스크림에 도전했던 것이다.

사실 최근 일본에서도 현금 자금 경영이 강조되고 있으나 이전에는 손익마저 도외시하는 팽창주의 경영을 추구하고 있었다. 한국에서도 1997년의 IMF 금융 위기까지는 매상 지상주의 경영이 대부분이었다. 반면에 이 금융 위기 때에 롯데의 높은 자기 자본 비율과 현금 자금 경영은 각광을 받게 되었고 그 중요성이 크게 인식되었다.

한국에 투자하는 재일 한국인 기업의 특권은 일본에서 조달한 저금리 자금을 금리가 높은 한국에서 유리하게 운용할 수 있는 것이었다. 신격호의 한국 투자가 급증하게 되는 것은 1970년도에 들어가서이다. 이 시기는 엔 대 달러 환율이 급격하게 오른 시기로 엔화의 가치가 원을 상당한 기세로 상회해 가는 시기였다. 1970년의 환율은 1

달러 317원에 대해 엔은 1달러 360엔이었다. 1971년의 닉슨 쇼크 이후, 급속히 '엔고 원저'가 진전되었고, 회사 설립이나 인수가 가장 많은 1978년에는 484 대 176으로 3배에 가까운 환율 수치를 나타냈다. 인건비나 물가 수준을 고려하면 그 몇 배의 가치가 있는 투자를 할 수 있었던 것이다. 물론 모국에 대한 뜨거운 애정이 있었겠지만, 투자 성공을 위한 면밀한 계산과 기회를 맞추어 의사 결정한 결과라고 볼 수 있다. 현금 자금 중시의 경영은 견실한 발전의 필수불가결한 것이며, 롯데의 불황에 대처하는 힘이 막강하다는 것을 나타내는 것으로 한국 기업의 모범이 되었다. 신격호의 이러한 점은 한국에 대한 공헌도 측면에서 높이 평가받아야 할 것이다.

【참고 문헌】
· 롯데 창립 50주년 사사편찬추진위원회(社史編纂推進委員會) 『롯데 50年의 걸어온 길』 롯데, 1998年
· 정승대 『신격호의 비밀』 지구촌, 1998년

4. 김상호(金相浩)

투자로 조국의 경제 발전에 공헌(1923년 경남 김해시 출생, 재일 1세)

창업의 시작 ㅣ 1923년 경상남도 김해시에서 태어난 김상호는 어릴 적 부모와 함께 일본으로 건너갔다. 부모님은 건설 공사 현장 등에서 일용직으로 일하면서 일자리를 찾아 일본 각지를 전전했다. 그러다가 시가 현(滋賀縣) 이시야마(石山)에 정착해 장작 등 땔감을 팔아서 생활을 하게 된 것은 김상호가 14살 때였다. 궁핍한 생활 속에서도 어머니는 아이들 교육에 열심이었기 때문에 김상호는 구제관립 코베(舊制官立神戶) 고등 공업학교에 진학했다. 졸업 후 오사카(大阪)에 있는 프레스 제조 회사에 입사하여 프레스 설계 및 생산 공정을 2년에 걸쳐 배웠으며, 일본이 패망한 후 퇴직했다.

일찍 비즈니스에 눈을 뜬 김상호는 23세부터 오쓰시(大津市) 오이시쬬(大石町)에서 산림업을 개업해 땔감을 팔기 시작했다. 생활의 변화로 땔감이 팔리지 않게 되었을 때, 장작을 이용한 새로운 비즈니스를 생각한 김상호는 1949년 초 오쓰시(大津市) 아와즈쬬(粟津町)에 있는 건설 회사 건물을 매입해서 가네하라(金原) 유리 공업소를 시작했다. 이것이 순조롭게 성장하여 한때는 오사카 역에서 파는 우유병 및 밀크커피 병을 전부 수주하는 등 하루 1만 2,000개를 생산할 정도로 대성황을 이루었다. 그러나 거래처가 도산하면서 그 영향으로 1950년 연쇄 도산에 휩쓸리고 말았다. 엄청난 부채를 껴안고 변제와 공장 정리로 고통을 받으면서도 김상호의 사업 재기 의욕은 식을 줄 몰랐다. 평상시 성실히 일하는 태도로 주위의 신뢰를 받아 왔던 김상호는 주위 사람들의 이해로 1951년에 유리 공장 터에 철재상 가네하라(金原) 상점을 시작할 수 있었다. 당시 한국 전쟁의 특수 경기로 사업이 순조롭게 번창하여 부채 전액을 바로 변제할 수 있었다. 그리고 그해 중반부터 대기업인 산요(三洋)전기와 거래가 시작되어 경영이 점점 안정되어 갔다.

기업의 성장 | 1953년 말에는 고난(湖南)철공소를 설립하여 가네하라(金原) 상점과 함께 경영하게 되었다. 고난철공소는 산요전기의 하청 공장으로서 세탁기 부문인 '모터 대 및 앵글 가공'을 시작했다. 산요 세탁기의 폭발적인 인기와 함께 생산 대수가 급속히 증가했다. 예전에는 대기업 전기 회사인 도시바(東芝), 히타치(日立), 마쓰시타(松下)의 교반식 세탁기가 시장에서 판매되고 있었는데 별로 인기가 좋지 않았다. 당시 일본에서 세탁기는 일반적으로 시기상조라고 생각하고 있었다. 산요전기도 처음에는 교반식 세탁기로 시작하였는데 반응이 좋지 않아 영국식의 분류 방식 세탁기로 바꾸어 생산을 개시하였다. 그때부터 세탁기의 전국적인 붐이 일어나게 되었고, 생산이 수요를 따라갈 수 없을 정도의 상황이 계속되었다. 고난철공소는 산요전기의 하청 공장으로서 산요전기의 성장에 힘입어 순조로운 성공 가도를 달릴 수 있었다.

1961년 6월, 창립 7주년을 맞이한 고난철공소 사원들의 사기는 의기 충천되어 있었다. 회사의 숙원이던 '탈수 건조기'의 완성품을 생산하기 시작한 것이다. 그 성과에 의해 본격적으로 완성품을 생산하기 위한 고난전기 주식회사를 설립하였다. 그 후 고난전기의 순조로운 성공 항해가 계속되었으며, 주위로부터 큰 주목을 받게 되었다.

기업 경영의 기반이 기술력과 신기술 개발에 있다고 믿고 있던 김 상호는 1962년부터 전 종업원의 기술 향상을 도모하기 위한 방책으로서 사내 기능 검정 제도를 도입했다. 그리고 종업원에게 기계 공학 이론 및 공작 기술에 대해서 일정 기간 강습을 실시하고, 그에 대한 학과 및 공작 기술의 검정 시험을 실시하여, 합격자에게는 기능사의 등급을 마련해 주기도 하고, 그에 상응하는 대우를 해 주기도 했다. 강사는 김상호 본인이 맡았으며, 강의 내용이 생산에 직결된 내용이었으므로 수강자들의 태도도 진지했다. 이로 인해 전 종업원이 완성품 메이커로서의 일류 전기 제품을 생산하는 높은 기술력을 몸에 익힐 수 있었다. 김상호는 기술력에 자신감을 갖게 되면서 평소 염원하고 있던 자사 브랜드 상품의 제조·판매 실현을 위해 움직이기 시작했다.

조국으로의 기업 진출로 경제 발전에 공헌 | 재일 기업인으로서 자사 브랜드 상품을 제조하는 장소로 한국을 염두에 두고 있던 김상호는 1964년 1월, 도일 후 38년 만에 모국을 방문했다. 한국의 주요 도시를 방문해 우선 시장 조사를 실시했다. 당시 한국은 군사 쿠데타로 정권을 잡은 박정희 대통령에 의해서 제1차 경제 개발 5개년 계획이 진행되고 있었으나 생활수준이 낮고, 공업화를 추진할 자본도 없었으며, 기술력도 낮은 상황이었다. 같은 해 3번에 걸친 시장

조사 결과, 한국은 탈수기나 선풍기 판매가 시기상조라는 것을 깨달았고 일반 사람들이 가장 필요로 하는 것은 단상 모터와 자동 펌프라는 것을 알게 되었다. 도시에는 수도가 있었지만 수압이 매우 약하여 2층까지 올라가지 않았다. 2층 이상 사는 사람들은 생활용수에 상당한 불편을 느끼며 살고 있었다. 농촌에서는 생활용수를 우물에 의지하고 있었으나 수량이 풍부하지 않았다. 김상호는 생활용수 해결이야말로 사업으로서의 시장성도 있고 국민 생활에도 도움이 된다고 생각했다.

1964년 12월 일본과의 국교 정상화 이전에 한국에 투자하는 것은 시기상조라고 말리는 주위의 반대를 무릅쓰고, 서울시 영등포구에 한일전기를 설립했다. 그리고 그다음 해 8월에는 단상 모터와 자동 펌프의 생산을 시작했다. 무명의 한일전기로서 한국에서의 생산 활동은 재료 구매, 외주처의 개척, 은행 거래, 판매처의 개척 등 모든 일이 무(無)로부터의 출발이었으며 사업이 궤도에 오를 때까지의 고생은 보통이 아니었다. 특히 제품 판매에 있어서 전기제품 도매상들이 상대해 주지 않았기 때문에 직매점을 설치해 판매에 나서야 했다.

서울시 중구 무교동에 임대로 직매소를 개점해서 매장에 간단한 펌프 실연 전시대를 만들었다. 전시대 하부의 탱크에 있는 물을 펌프로 퍼 올려 수도꼭지로 나오는 장치를 보여 주었는데, 왕래하는 사람들이 걸음을 멈추고 보거나 설명을 들으면서 광고지를 받아 갔다. 그러나 1대에 2만 9,800원이나 하는 고가의 상품이 이름도 들어본 적이 없는 회사 제품이었기에 선뜻 사려는 사람이 없었다. 전시대 앞에 멈추어 설명을 듣는 사람들은 상당한 관심을 가지고 있는 것 같았으나 제품 메이커에 대한 신뢰가 없었기 때문에 1대도 팔지 못한 채 2개월이 지나갔다. 김상호는 한국 진출이 이렇게 실패로 끝나는 것은 아닌지, 그리고 자동 펌프를 선택한 것이 실수였던 것은 아닌지 생각하게 되었다.

11월에 들어서면서 서울은 영하의 날씨가 계속되었고 본격적인 겨울이 시작되었다. 어느 날 아는 사람의 소개로 펌프를 사고 싶다는 사람이 직매소를 찾아왔다. 그 사람은 펌프의 품질과 성능에 불안을 느끼며 "현재 1마력의 펌프를 사용해도 2층 옥상의 수조까지 물이 올라가지 않는데, 이런 작은 펌프로 정말로 물이 올라갈 수 있을까요?"라고 걱정스러운 듯이 물었다. 김상호는 "그러면 먼저 저희 회사의 펌프를 설치하고, 문제가 없으면 돈을 지불해 주십시오. 만약 물이 올라가지 않으면 반품해도 좋습니다"라는 조건으로 설치하기로 했다. 자동 펌프 판매 제1호였던 것이다. 그 집에서는 옥상의 수조에 물이 올라가지 않기 때문에 수세식 변소에 양동이로 물을 퍼다가 용변을 보고 있었다. 그런데 소형 자동 펌프를 설치한 후 아무런 문제없이 2층 옥상 수조 안으로 힘찬 물줄기가 쏟아지는 것을 보자 매우 놀라워했다. 이것이 계기가 되어 그 집 부인의 입소문으로 인근 주택으로부터 주문이 폭주했다. 자사 브랜드 상품 공장을 가지고 싶다는 염원이 이루어진 것이다. 그 후, 한국의 경제 발전과 함께 한일전기는 일본 고난전기의 기술력을 발판으로 자동 펌프로부터 석유스토브, 선풍기, 탈수기 등으로 점차 생산 품목을 늘려 판매를 확대했다.

그렇게 판매가 순조롭게 확대되면서 사업 확장을 도모하게 되었다. 그러나 당시 한국의 금융 제도상 은행 융자를 받을 수 없었으며 일본으로부터의 송금도 양국의 외환 관리법 규제에 의해 쉽지 않았다. 그러다 보니 한일전기는 만성적인 자금난으로 사업 확대가 매우 곤란한 상태였다. 최선의 해결 방법은 당시로서는 몹시 어려운 방법이었지만 정식으로 외자 도입법에 의해 인가를 받아 일본으로부터 송금을 받는 것이라고 생각했다. 김상호는 한국 정부에 외자 도입 인가 신청서를 제출하고, 인가를 위해 수개월 동안 노력한 후, 1968년 5월 경제기획원 장관의 인가서를 받을 수 있었다.

인가서를 받은 다음, 즉시 일본 정부에도 한국 투자에 대한 인가 신청서를 제출했다. 일본 대장성(大藏省)과 외무성을 몇 차례씩 방문하여 그 취지를 설명한 끝에 1968년 8월, 일본 대장성의 인가를 받아낼 수 있었다. 이렇게 해서 일본과 한국 양국 정부의 인가를 받아 고난정공(1965년 1월, 고난철공소를 고난정공 주식회사로 명칭 변경)의 100% 출자(2억 4,300만 엔)로 1968년 10월 부천시에 신한일전기 주식회사를 설립했다. 이 회사는 외자 도입법이 적용되는 외자 회사이기 때문에 한일전기와는 별도의 회사로 창립했다. 그러나 생산 품목에 있어서는 한일전기의 주력 제품인 자동 펌프, 석유스토브, 냉장고, 선풍기, 탈수기 등을 생산했다. 판매도 HANIL이라는 브랜드 명을 사용했다. 지금도 자동 펌프·탈수기의 국내 점유율이 70~80%를 차지하고 있으며 석유스토브, 환기팬은 업계 톱을 자랑하고 있다.

일본에서 배운 높은 기술력으로 한국에서 제품을 생산 판매하는 경영 방법이 적중한 것이다. 이것은 재일 기업인이었기 때문에 실현 가능한 경영 방법이었다고 생각된다. 2009년 현재 한일전기는 7개의 자회사를 거느리는 우량 기업으로 성장하여 튼튼한 경영을 유지하고 있다. 한일그룹은 한국 경제 성장에 있어서 내수 부문을 떠받치면서 한국의 경제성장과 함께 성장해 왔다고 할 수 있다.

【참고 문헌】
· 고난(湖南)그룹 「30년의 발자취」, 1985년.

5. 박병헌(朴炳憲)

솔선해서 조국에 투자한 재일 민단 조직인(1928년 경남 함양군 출생, 재일 1세)

청소년기 | 박병헌은 1928년에 경상남도 함양군의 벽촌에서 6남 3녀의 6남으로 태어났다. 12살 때 백전보통학교를 중퇴하고 형들과

함께 부산에서 시모노세키(下關)로 건너갔다. 그런 다음 열차를 갈아타고 도쿄로 향했다. 둘째 형이 이미 도쿄 시로가네 산코쵸(白金三光町)에서 셋방을 얻고 있었고 그리하여 그 집에 4형제가 동거하기 시작했다. 병헌은 근처에 있는 혼무라(本村)소학교 야간부에 전학했고, 동시에 아자부 산노하시(麻布三の橋) 근처에 있는 펄프 제작소에 취직했다.

그렇게 해서 소년 고학생의 일본 생활이 시작된 것이다. 결코 편한 생활은 아니었지만 이때의 경험은 후에 그에게 귀중한 재산이 되었다. 젊을 때 고생한 것은 돈으로도 살 수 없을 만큼 귀중한 것이어서 이것은 그가 성장해 가면서 많은 난관을 돌파하게 만드는 원동력이 되었다. 병헌은 제작소에서 수도 파이프를 만드는 일부터 배웠다. 아침 8시부터 저녁 5시까지 쉬지 않고 일했는데, 12살배기 소년에게는 상당히 어려운 중노동이었다. 게다가 일이 끝나면 다시 야학에 가는 강행군이 계속되었다. 그는 형들과 동거하면서도 형들에게 도움을 바라지 않았다. 형제들 각자가 모두 힘들게 일하고 있었으므로 서로를 돌봐 줄 여유가 없었기 때문이다. 하지만 고된 노동에도 불구하고 일당은 너무나 적었다. 하루 일해도 우동 한 그릇 값이 안 되었기 때문이다. 병헌은 좀 더 일당이 많은 직장을 찾기로 했고 그리하여 메구로(目黑)에 있는 후카자와(深澤) 제작소로 직장을 옮겼다. 그곳은 나사 만드는 공장이었는데, 아침 6시에 일어나 일터로 간 다음 밤늦게까지 일했다. 어린 나이에 과중한 노동을 하며 제대로 먹지도 못했기 때문에 몸이 극도로 쇠약해졌다. 그래서 도일 2년째인 중학교 2학년 여름 방학 때 잠시 한국으로 돌아오게 되었다. 아버지는 사내아이가 작심하고 일본에 간 이상 병으로 중도 하차해 버리면 되겠냐고 야단을 쳤다. 얼마간 한국에서 휴양하고 건강을 회복한 뒤 다시 현해탄을 건넜다. 그때 아버지가 "어떤 상황에 처하더라도 성실히 살아야 한다. 다른 사람의 말을 경청해라. 사람들과 사이좋게 지내라"라고 한 말이 아버지의 유언이 되었으며, 병헌은 이 3가지 말을 인생의 나침반으로 삼았다.

전쟁이 심해지자 형제 가운데 다섯째 형인 병대와 병헌 둘만 남고 모두 귀국했다. 남은 둘이 힘을 합쳐 자이모쿠죠(材木町)에서 녹노 공장을 시작했다. 전쟁 특수도 있고 해서 수입이 상당히 좋았다. 그러나 불행하게도 공습으로 인해 공장은 순식간에 잿더미가 되어 버렸다. 인명 피해가 없었던 것만으로도 다행으로 생각해야만 했다.

민단 조직가로서 일하다 | 1945년 8월 15일, 쇼와 천황(昭和天皇)의 조서(詔書)가 낭독되었다. 라디오 앞에 모인 동포들은 전쟁이 끝났다는 것을 실감할 수 있었다. 종전 당시 전문학교를 막 졸업한 병헌은 귀국해야 할 것인지 일본에 잔류해야 할 것인지 망설였지만 우선 잔류를 결심하고, 많은 동포 청년들과 함께 민족 단체를 결성하는 일에 참여했다. 해방을 맞이한 본국 내에서 그랬듯이 재일 동포 사회에서도 우후죽순처럼 다양한 조직이 난립하기 시작했다. 후에

좌익계의 재일본 조선인연맹(약칭 '조련')과 거기에 대항하는 세력으로서 재일본 조선거류민단(약칭 '민단')이 결성되어 2대 세력으로 수렴되었다.

1950년 한국 전쟁이 발발하여 재일 학도 의용군으로 참전하게 되었다. 당시 642명이 참전하여 그중 52명이 전사하고 83명이 행방불명이 되었다. 임무를 끝마치고 일본으로 돌아가려고 해도 재일 한국인은 불안정한 신분이었기 때문에 일본으로 돌아가지 못하고 한국에 그대로 잔류한 영주 귀국자가 242명 있었다. 그러나 박병헌은 운 좋게도 일본으로 돌아가서 우익 진영의 활동가로서 활약을 했고 민단 조직의 일원으로 활동할 수 있었다. 그는 메이지(明治)대학교 재학 시절에 한국 학생 동맹 중앙본부 부대표 위원으로 활약했으며, 재일 한국 청년동맹 부위원장을 지낸 후 계속해서 민단 조직 안에서 활동해 온 그는 진짜 민단 조직가였다. 민단 중앙본부 총무국장, 재정국장, 경제국장, 사무차장을 역임했으며 'EXPO 70'후원회 사무국장으로 만국박람회 한국관 설립에 참여하여 '본국 가족 초청 사업'의 기획과 실현에 힘쓰기도 했다.

만국박람회 개최 기간 중에 6차례 가족 초청을 했으며 합계 9,710명의 가족이 일본 방문을 실현할 수 있었다. 민단의 기획 이외에도 방문한 가족을 합하면 1만 2,000명에 이르렀다. 본국 가족 초청 사업은 본국 국민에게 일본의 생활환경을 보여 줌으로써 '우리도 잘사는 나라가 되고 싶다'는 의식을 갖도록 해 주었다. 일본을 방문한 한국 사람들은 급속히 발전한 전후의 일본을 보고 큰 자극을 받았으며 그것은 그 후 한국의 발전에 대한 강한 동기 부여가 되었다. 그런 면에서 민단의 초청 사업은 지대한 공헌이 되었다고 볼 수 있다. 1974년에는 민단 중앙본부 감찰 위원으로 선출되었고 부단장을 지낸 후 85년의 중앙대회에서 민단 중앙본부 단장으로 선출되었다. 단장 재임 중에는 서울올림픽 후원회 명예회장으로 올림픽 후원회 기금 모금에 수완을 발휘했다. 박병헌 단장을 비롯해서 민단이 조직적으로 모금 활동을 벌인 결과 525억 원이 모금되었다.

박병헌은 단장 재임 기간 동안 재일 한국인 법적 지위 확립을 위해서도 노력을 아끼지 않았다. 우선 악법인 지문 날인 철폐를 실현시켰고, 연금 문제 등도 해결했다. 본국에서 행해지는 각종의 대회를 지원했고 재해가 발생했을 때는 기부금을 모아 송금하는 운동도 적극적으로 전개했다. 그리고 한국인 남성과 결혼하여 한국에서 살고 있는 일본인 처들이 귀향할 수 없는 상황을 인도 문제로 다루어 민단이 모든 비용을 부담해서 그들을 초청하는 사업도 벌였다.

1987년에는 박병헌의 제안으로 도쿄에서 제1회 해외 한민족 대표자 회의가 개최되어 31개국에서 303명의 대표가 참가했다. 서울올림픽의 홍보 활동이 목적이었다.

박병헌은 지금도 민단 중앙본부 상임 고문으로 활동하고 있다. 민단 조직가로서의 생애가 바로 그의 생애라고 해도 과언은 아닐 것이다. 따라서 본인도 민단의 조직인인 것을 주저하지 않고 인정하고 있다.

대성그룹 설립과 조국 발전을 위한 공헌 ┃ 박병헌은 단순한 민단 조직가가 아니었다. 그는 조국에 공장을 설립하고 생산 활동을 함으로써 국가의 발전에 기여했다. 1973년 3월, 병헌은 형 병대와 함께 구로공단에 전기·전자 부품 회사인 대성전기를 설립하고 대표이사로 취임했다. 일본의 전자 회사 후지소쿠와 형의 회사 스기하라(杉原) 제작소의 합작회사였다. 자본뿐 아니라 일본의 기술과 노하우를 도입하여 생산 활동을 전개했다. 병헌은 스기하라 제작소의 전무였지만, 본국에 아무 기반이 없었기 때문에 기술의 도입과 자금을 조달하는 데 고생을 해야 했다.

우여곡절 끝에 1974년 1월, 125명의 종업원으로 공장이 가동되었다. 꼼꼼한 성격인 병헌에게는 정밀 기계 부품 제조 사업이 적합했으며 사업은 순조롭게 진척되었다. 그러나 두 번의 오일쇼크로 인해 125명이었던 종업원이 25명으로 감소되는 위기를 맞게 되었다. 회사를 정리해야 할지 망설이기도 했지만 전자 부품 제조만으로는 회사 경영이 곤란하다는 판단하에 선반, 도금, 금형 등 생산 품목의 다각화를 추진하기 시작했다.

대성그룹은 1988년에 한국 공업 진흥청으로부터 품질 관리 1등급 기업으로 선정되어 UL CSA TUV 등을 비롯한 해외의 인증 규격을 획득했다. 1998년에는 미국 최대 부품 메이커인 델파이사와 합작회사를 설립하여 자동차 부품을 생산하기 시작했다. 1999년의 IMF 금융 위기에도 대성그룹은 통신 기기, 정보 기기 등을 생산하여 실적을 올림으로 위기를 극복할 수 있었다. 1998년에는 '1억 달러 수출탑' 및 '금탑 산업 훈장'을 수상했다.

박병헌은 1989년에 일본의 알파인과 주식회사 대성엘텍을 설립하여 사업 영역을 중국과 인도네시아로까지 확대시켰다. 대성전기와 대성엘텍은 산업용 스위치를 비롯한 컴퓨터 주변 기기, 자동차 부품, 내비게이션, 음향기기, 센서 등 3,000여 종의 제품을 생산하는 종합 부품 메이커가 되었다. 대성전기는 특허 및 실용신안 등 100건 이상의 지적 재산권을 보유하고 있으며, 동사 제품은 국제 공인 시험 기관으로부터 인정을 받고 있다. 현대, 대우, 삼성전자, GM, 델파이, SONY 등 초일류 기업들에 제품을 납입하고 있는 것을 보면 알 수 있듯이 제품의 품질과 관련해서도 우수성을 인정받고 있다.

박병헌의 기업 경영 성공은 일본 기업과의 제휴를 통해서 기술뿐 아니라 경영 노하우를 도입하여 그것을 잘 활용한 데 있다. 그는 일본에서의 활동 경험이 글로벌 마인드로 발전하는 데 도움이 되었으며 미국, 일본 등 세계적인 경제 대국과 당당하게 거래할 수 있는 기업으로 발전되었다고 회상했다.

기업은 인간의 조직이다. 박병헌은 기업의 성패가 인력을 어떻게 조화시켜 최대한의 능률을 올리느냐에 달려 있다고 생각했다. 대성그룹의 사훈은 1.품질 보증 2.책임 완수 3.인화 단결 4.성실 노력이다. 또한 회사 방침은 '앞서가는 품질, 신뢰받는 제품'이다. 박병헌은 생산업으로 시작하여 조국의 산업 발전에 기여했다는 사실에 긍지를 느끼고 있는 사람이다. 그는 자신을 포함해서 많은 재일 한국 기업인이 본국에 투자함으로 한국 경제 발전에 지대한 공헌을 했다고 분석하고 한국의 경제 사회 발전에 대한 재일 한국인들의 역할을 높이 평가하고 있다.

박병헌은 현재 경영 일선에서 물러나 대성엘텍 명예회장으로 일하고 있다. 박병헌의 한국 투자를 도와준 후견인은 다섯째 형 병대이지만, 병헌이 없었으면 한국 투자는 생각할 수 없었을 것이다. 따라서 회사의 발전은 병헌의 노력이 더 크다고 볼 수 있다.

박병헌은 재일 민단 사회의 조직가로 성장했지만 조국의 생산업에 투자하여 자신도 크게 성공한 사람이다. 일본에서의 입지를 활용해서 일본과 미국으로부터 자본과 기술을 끌어들여 조국의 경제 발전에 크게 공헌한 것을 고려하면, 재일 민단 조직가로서는 드문 케이스이다.

【참고 문헌】
· 박병헌 『숨 가쁘게 달려 온 길을 멈춰 서서』 재외 동포 재단, 2007년

6. 손정의(孫正義)

소프트뱅크 코리아를 설립한 인터넷 재벌(1957년 일본 사가현(佐賀縣)출생, 재일 3세)

19세 때 인생 50개년 계획 | 손정의는 1957년 일본 사가현 도스시(佐賀縣鳥栖市)에서 손삼헌의 2남으로 태어났다. 남자만 4형제였다. 13살 때 가족이 하카타(博多)로 이주해서 중·고교 시절은 하카타에서 보내게 되었다.

고교 1학년 여름 방학 때 영어 연수를 위해 미국 캘리포니아 주에 갔다. 미국의 자유로운 분위기와 광활한 땅에 자극을 받아 미국 유학을 결심했다. 부모를 설득하여 고등학교를 중퇴하고 혼자 미국으로 건너갔다. 그는 소학교 시절 교사를 희망하기도 했지만 재일 한국인은 국적 조항에 따라 공무원이 될 수 없다는 것을 깨닫고 민족 차별을 초월하기 위한 방책으로서 미국 유학을 결심했다고 한다. 어학연수로 알게 된 영어 교사에게 신원 보증인이 되어 줄 것을 부탁하여 캘리포니아 주의 고등학교에 편입했다. 단기간에 고등학교 과정을 수료하고 캘리포니아대학교 버클리교에 진학했다. 대학에서는 경제학을 전공했지만 컴퓨터와 물리, 수학과 같은 과목도 열심히 공부했다. 그는 대학 시절 〈대중 과학〉 잡지에 실린 인텔 팁의 확대 사진을 보고 눈물이 나올 정도로 감동했다.

손정의는 19세 때 다음과 같은 인생 50개년 계획을 세웠다. '20대에 자기가 소속될 업계에 이름을 내고, 30대에 자금을 모아, 40대에 큰 승부를 하고, 50대에 완성하여, 60대에 후계자에게 계승해서, 300년간 계속될 수 있는 기업으로 만든다.'

그는 이 계획을 실현하기 위해서 대학 시절부터 하루에 한 개씩 발명을 하여 그것을 실용화하려고 시도했다. 그는 1년에 약 250건을 발명했다. 그중 상품화에 성공한 것이 바로 음성 전자 번역기였다. 이 음성 전자 번역기를 샤프의 사사키 다다시(佐佐木正) 전무가 1억 엔으로 사주었고, 이 자금을 자본으로 미국에서 소프트웨어 개발회사인 '유니손 월드'를 설립했다. 그리고 대학 졸업과 동시에 성업 중이던 유니손 월드를 동업자인 중국인 홍루에게 양도하고 귀국했다. 졸업하면 돌아간다는 부모님과의 약속을 지키기 위해서였다.

소프트뱅크 설립 | 귀국 후 손정의는 1년에 걸쳐 일본의 산업 구조를 철저히 연구 분석했다. 새로운 사업을 시작하는 데 스스로에 대해서 다음과 같은 조건을 부과했다.

1. 어느 특정 비즈니스를 시작한다고 결정하면 적어도 50년간 열중할 수 있는 비즈니스일 것.
2. 그 비즈니스는 당연히 이익을 얻을 수 있는 장사 또는 사업일 것.
3. 적어도 앞으로 30년 내지 50년간은 성장을 전망할 수 있는 분야일 것.
4. 장래 기업(그룹)을 만드는 것을 전제로 그 핵심이 될 수 있는 사업일 것.

5. 그 비즈니스는 독특하고 아무나 할 수 없는 것.

6. 큰 자본 투자가 필요하지 않는 사업일 것.

7. 10년 이내에 그 비즈니스로 적어도 일본 넘버원이 될 수 있는 것.

손정의가 선택한 업종은 컴퓨터 소프트 도매 사업이었다. 그리하여 1981년에 일본 소프트뱅크를 설립했다. 90년대에 들어와서는 국제적인 시야에서 사업을 확대하기 위해 회사 이름을 '소프트뱅크'로 변경했다. 손정의는 일본 국적을 취득하고 심기일전하여 일본과 미국에서 도전적으로 기업 활동을 전개했다.

94년 7월 소프트뱅크가 주식을 공개했다. 첫 주식 시가는 1주당 1만 8,900엔이었고, 3개월 후에는 2만 5,900엔까지 상승했다. 손정의 소유 주식이 1,000만 주였기 때문에 시가 환산으로 2,590억 엔의 자산가가 된 것이다. 인터넷 재벌을 목표로 한 손정의는 인터넷 분야 톱 레벨의 기업에 집중적으로 투자하여 미국식의 M&A(매수·합병) 수법으로 사업을 확대했다. 그룹은 90년대 중순까지 컴퓨터 관련 상품 전시회 및 잡지 출판 분야에서 세계 1위의 자리를 차지했다.

1996년에는 미국 야후와 합작으로 야후 주식회사를 설립했고 호주의 미디어왕 루퍼트 머독과 함께 오분샤(旺文社)로부터 테레비 아사히(朝日) 주식의 21%를 취득하여 화제가 된 적이 있다. 물론 최종적으로는 아사히신문(朝日新聞)이 매입하게 되었다.

1999년에는 소프트뱅크를 지주 회사로 이행시킴과 동시에 각 사업 부문을 하부 기업체로 나누어, 순수 주주회사 사업 통괄회사 사업 회사라는 3층 구조의 그룹 체제를 확립했다.

디지털 정보 혁명을 일으켜 인터넷 세계 No.1을 목표로 | 브로드밴드 사업의 본격적인 추진은 98년경부터이며 2001년에 야후 주식회사와 공동으로 브로드밴드 종합 서비스의 'Yahoo! BB'를 개시하고, 2002년에는 IP전화 서비스의 'BB폰'의 상용 서비스를 개시했다. 2003년에는 연결된 4자 회사를 합병시켜 그룹 최대의 사업 회사 '소프트뱅크 BB'를 탄생시켰다. 이로 인해 인프라의 구축에서 각종 서비스 제공 판매 지원까지의 일관 체제를 형성하게 되었다.

2004년에는 일본 텔레콤(現 소프트뱅크 텔레콤)을 매수하여 종합 통신 사업의 탈피를 목표로 세웠다. 2005년에는 프로야구 구단 후쿠오카(福岡)다이에 호크스의 경영권을 양도받아 후쿠오카 소프트뱅크 호크스를 설립하여 오너가 되었다. 2006년에는 보더폰(現 소프트뱅크 모바일)을 매수했다. 소프트뱅크는 명실공이 종합 통신 사업체로 NTT, KDDI와 함께 3강 체제의 일익을 담당하고 있다.

소프트뱅크 그룹은 현재 이동통신 사업, 브로드밴드 인프라 사업, 고정통신 사업, 인터넷문화 사업, 이-코마스 사업, 테크놀로지 서비스 사업, 미디어마케팅 사업 해외펀드 사업, 레저 서비스 사업 등을 운영하고 있다. 손정의는 아시아의 인터넷 No.1 회사를 목표로 하고 있다. 그는 새로운 세계 시장에서 아시아의 중요성이 비약적으로 높아지고 있다고 분석하면서 아시아 인터넷 인구가 곧 미국 인터넷 인구를 넘어설 것으로 전망하고 있으며, 아시아에서 No.1이 되는 것이 곧 세계의 No.1이 될 수 있다는 생각을 변함없이 가지고 있다.

소프트뱅크 코리아 설립 ㅣ 손정의는 1991년 포항제철과 합작으로 소프트뱅크 코리아를 설립했다. 소프트뱅크 코리아의 자회사로서 소프트뱅크 코머스 코리아, 소프트뱅크 벤챠스 코리아, 소프트뱅크 미디어 레버러토리를 설립하고 IT 관련 기업에 대한 투자와 IT 관련 소프트웨어 및 하드웨어 제품의 유통 등을 통해서 한국의 IT 산업에 기여하고 있다.

소프트뱅크 코리아는 지속적으로 세계적인 경쟁력을 보유하고 있는 기업에 투자하고, 소프트뱅크 그룹 차원의 사업 협력을 통해서 일본, 중국, 인도 등 해외 시장 진출을 적극적으로 지원하며 한국 벤처 기업의 글로벌화에 기여하는 것을 목표로 하고 있다. 이것은 한국 사회에 대한 공헌일 뿐만 아니라 소프트뱅크의 대 아시아 전략 또는 대 세계 전략의 일부로서 인터넷 분야에서의 한일 협력 관계를 추진하는 것이다. 소프트뱅크는 그러한 세계 전략에서 한국을 특별한 파트너로서 생각하고 있는 것으로 보인다.

소프트뱅크 코리아는 한류스타인 욘사마 즉 배용준과 공동으로 문화 콘텐츠 사업을 추진하기 위해서 '키이스트'에 투자하여 큰 화제가 되었다. 드라마 및 영화를 중심으로 문화 예능 콘텐츠를 제작해 아시아 지역의 콘텐츠 시장을 공략한다는 목적으로 그렇게 한 것이다. 또한 한국에서 발행한 시민 참여 형식의 인터넷 신문「오 마이 뉴스」의 일본 진출에 6억 9,300만 엔을 투자했고 2006년 8월에는 일본 오 마이 뉴스 사를 설립하여 도리고에 슈운타로(鳥越俊太郎)를 편집장으로 출발시켰다. 그러나 일본 오 마이 뉴스는 세계적인 경제 불황의 악화로 광고 수입이 들어오지 않아 2009년 4월에 폐쇄되었다. 일본 오 마이 뉴스는 한국에서 태어난 일반 인터넷 이용자(시민 기자)의 기고라는 새로운 스타일의 인터넷 신문이었지만, 일본에서는 호응을 얻지 못했다.

【참고 문헌】
· 나가노 신이치로 외 지음 「세계를 움직이는 기업가에게 경영을 배운다」더난 출판, 2005년.
· 소프트뱅크 홈페이지
· SoftBank Korea 홈페이지

7. 이희건(李熙健)

한국의 금융 근대화와 경제 발전에 큰 역할(1917년 경북 경산 출생, 재일 1세)

기업가로서의 길 | 이희건은 17세 때부터 오사카 쓰루하시(大阪鶴橋) 암시장 뒷골목에서 자전거 수리 등을 하면서 비즈니스맨으로서

의 성공을 염원하고 있었다. 1946년 8월 1일 쓰루하시(鶴橋) 암시장이 폐쇄되었을 때 그는 앞에 나서서 흥분한 상인들에게 자제를 촉구하고 상인들의 사활이 걸린 문제이므로 서로 일치단결해야 할 필요성을 설명했다. 그리고 솔선해서 연합군 사령부(General Head Quarters) 및 일본 경찰과 교섭하여 1947년 3월 '쓰루하시 국제상가 연맹'이라는 합법적인 시장으로 재개하는 데 결정적인 역할을 했다. 그 후 30세의 젊은 나이에 동 상가 연맹의 초대 회장으로 추대되어 14년간 임무를 수행했다.

이희건은 1956년 5월, 38세 때 재일 한국인들이 출자해서 설립한 신용조합인 '오사카흥은'의 제2대 이사장으로 취임하면서 금융인으로서의 첫발을 내디뎠다. 경영상에서 그는 이전 암시장에서 배운 상술과 사활을 걸고 암시장의 상인들을 하나로 단결시킨 리더십을 유감없이 발휘했다. 그는 항상 독특한 경영 전략을 도입하였으며 그 성과는 동 업계의 화제가 되었다.

재일 기업인들의 대표로서 조국에 진출 | 1965년 한일 국교 정상화 이후 많은 재일 기업인들이 모국의 경제 발전에 기여하고자 한국에 진출했다. 한국에 진출한 재일 기업이 증가함에 따라 기업 경영상의 문제가 부각되었다. 하나는 한국과 일본의 비즈니스 스타일의 차이, 그리고 한국 경제 사정에 대한 정보 부족이었다. 이러한 문제를 해결하기 위해 재일 기업인들은 재일 기업의 대표 기관으로서

'사단법인 재일 한국인 본국투자협회'를 설립하여 이희건을 대표로 추대하였다. 동 협회는 재일 한국인 및 일본인들의 한국 투자 사업 전반에 걸쳐 원활한 편의 제공을 도모하는 역할을 했다. 또 하나는 기업 자금의 유통 문제였다. 한국의 금융기관은 재일 기업이 경영상 긴급 자금을 필요로 할 때 재정적 지원을 하지 않았다. 이 문제를 해결하기 위해서 단자 금융회사인 '재일투자금융 주식회사'를 설립하여 이희건이 대표로 취임했다. 재일 기업인들은 이희건의 경영 능력과 리더십을 신뢰하고 재일 기업의 대표 기관을 그에게 맡긴 것이다. 이희건은 이러한 재일 기업인들의 기대에 부응하여 두 조직을 재일 기업의 지원 기관으로 성장시켰다. 재일 한국인 본국투자협회에 회원이 된 기업은 200여 개나 되었다. 재일투자금융은 1977년 자본금 5억 원으로 설립되었으나 1979년에는 수신고와 여신고 모두 총액 1,000억 원을 돌파하는 등 재일 기업의 금융 재정 부분을 떠받치는 중요한 역할을 했다.

선진 금융 기법의 도입으로 한국 금융 근대화에 공헌 | 1980년 전두환 정권의 출범과 함께 '외국인계의 은행 설립' 검토가 발표되었다. 이희건은 이것을 재일 한국인들이 은행을 설립할 수 있는 절호의 찬스라고 생각하고 은행 설립 추진위원회를 설립하였고, 1981년 재무부에 청원서를 제출했다. 이런 과정을 거쳐 정부 당국의 긍정적인 회답에 의해 설립된 것이 바로 '신한은행'이다. 동 은행은 1982년

250억 원으로 설립되어 현재까지 지속적인 성장을 이루고 있으며, 1990년대 후반부터 기업의 다각화를 추진하여 2009년 현재 14의 금융 자회사를 거느리는 금융 그룹으로 성장했다. 그룹(신한금융 지주회사)의 자산 규모는 금융기관 중 1위를 기록하고 있다. 더욱이 금융 서비스 혁신으로 통하는 신한은행의 독특한 경영 방식은 '신한 웨이(Way)'로 불리며 금융 업계만이 아니라 다른 업계에서도 벤치마킹의 대상으로 주목을 받고 있다.

이희건은 2001년에 경영 일선에서 물러나 현재는 신한금융 지주회사 명예회장직을 맡고 있다. 각종 미디어에서는 이희건이야말로 신한금융 그룹의 영원한 정신적 지주라고 보도하고 있다. 그는 신한은행을 통해 선진 기법의 수많은 금융 시스템을 금융 업계에 보급함으로써 한국의 금융 근대화 및 경제 발전에 이바지했다.

【참고 문헌】
· 오사카흥은(大阪興銀) 『오사카흥은(大阪興銀) 30年 史』, 1987年.
· 신한은행 『신한은행 20년사』, 2002년.
· 재일 한국인 본국투자협회 『재일 한국인 본국투자협회 30년사(1974~2004)』, 2005년.

8. 박 종(朴 鍾)

부관페리 개설과 한일 가교 역할(1924년 경기도 용인 출생, 재일 1세)

박 종은 비교적 부유한 가정에서 장남으로 태어났다. 그는 경성(현재의 서울)에서 중학교를 졸업하고 1943년에 일본으로 건너갔다. 다음해 일본군에 징집되어 중국에서 종전을 맞이했다. 종전 후에는 얼마간 한국에 귀국했으며 46년에 다시 일본으로 갔다. 그러고 나서 다쿠쇼쿠대학(拓殖大學)정경 학부 3년을 수료한 뒤 51년에 시모노세키로 옮겨 살았다. 사업은 시초에 연달아 실패했지만, 53년경부터 유기업과 음식점 경영을 시작으로 성공의 가도를 달릴 수 있었다.

한일 국교 정상화 후 1967년에 개최된 한일 경제 각료회의에서는 '부관 연락선'부활의 구상이 논의되었다. 그러나 당시 정치 상황에서는 정부가 주도하기는 곤란했다. 시모노세키(下關)시장을 중심으로 민간 주도의 항로 개설을 위한 전문 위원회가 설치되어 박 종도 참가하게 되었다. 당초 의제에는 한일 합작회사를 설립한다는 구상이었지만, 당시의 한국 법률은 외국인 출자 비율이 50%를 넘는 회사의 설립을 허가하지 않았다. 그래서 한국 법인과 일본 법인을 별도로 설립하고 공동 운영을 하기로 하고서 일본 측은 69년 6월에 간푸(關釜)페리를, 한국 측은 같은 해 8월에 부관(釜關)페리를 각각 설립하여 70년 6월 16일에 취항했다.

취항으로부터 약 4년 지난 뒤 경영이 궤도에 오르기 시작한 무렵, 74년 8월 15일, 재일 한국인 청년에 의해 박정희 대통령 부인이 살해되는 '문세광 사건'이 일어났다. 이로 인해 1974년 10월부터 일본 승용차의 한국 입국이 금지되었고, 그 때문에 당시 자동차 요금을 큰 수입원으로 하고 있었던 페리 경영이 큰 타격을 입게 되었다. 그러자 박 종은 76년 10월에 부관페리의 대표이사 사장으로 취임하여 승용차 입국이 해금되도록 노력을 기울였고, 1981년 8월에 마침내 그 문제를 해결할 수 있었다. 83년에는 페리 한 척을 더 구입해 2척으로 토요일을 제외한 모든 요일 상호 운항을 했으며, 88년부터는 매일 운항했다. 이에 따라 관부·부관페리의 수송 능력과 편리성이 비약적으로 높아졌고, 관광객뿐 아니라 섬유 제품과 계절 과일 등의 수송에도 시모노세키를 한일 항로의 주된 거점으로 만들었다.

1988년의 서울올림픽과 일본의 버블 경기로 인해 아시아 역내 무역과 화물 수송이 활성화되었다. 이것을 계기로 간사이(關西), 규슈(九州), 쥬고쿠(中國) 지방의 도시 및 기업이 새로이 한일 항로에 가담하여 과잉 경쟁이 일어났다. 80년대의 후반부터 90년대 초까지 부산-오사카(大阪), 나가사키(長崎)-제주, 하카타(博多)-여수, 후쿠오카(福岡)-부산 사이에 항로가 개설되었으나, 버블 붕괴와 함께 차례로 폐업 또는 휴업하는 상태가 이어졌다. 박 종도 이 때문에 91년 7월에 취항시킨 고속선 '제트 라이너'를 불과 1년 4개월 만인 92년 12월 1일에 운항을 중지시켜야 했다. 하지만 이러한 실패가 있었음에도 관부·부관페리는 현재도 운항하고 있으며 시모노세키는 한일 교류의 현관문 역할을 하고 있다.

한국 경제에 대한 박 종의 공헌은 관부 항로에만 그치지 않았다. 그는 TV 튜너 부품의 제조 및 수입뿐 아니라 부산시의 도시가스, 각지 골프장 투자까지 사업 영역을 넓혔다. 재일 한국인 본국투자협회는 설립 때부터 그와 관련을 맺어 왔는데 1989년부터는 회장을 맡았으며, 1991년에는 신한은행 부회장으로도 취임했다. 박 종은 99년 1월 2일, 부산시의 한 병원에서 향년 74세로 사망했다. 시모노세키에서 거행된 합동 고별식은 그의 라이프워크라고 볼 수 있는 간푸페리의 기적 소리로 개시되었다.

【참고 문헌】
· 이케자와 요지(池澤洋之) 『장거리 페리를 만들다 ― 이리에 도요수전(入谷豊州傳)』, 내항(內航)저널, 1986年
· 세도 유죠(瀨戸雄三) 『장거리 페리 10年의 발자취 ― 파이오니아 이리에 도요수전(入谷豊州傳)』, 내항(內航)저널, 1980年
· 『야마구치신문(山口新聞)』, 1999年 1月 11日

4. 금융 재정 면에서 재일 기업인들의 공헌

양경희

들어가며

2006년 4월 3일, 출근을 서두르던 서울 시민들은 주변에 있던 조흥은행의 간판이 하룻밤 사이에 신한은행 간판으로 변해 버리자 어리

둥절한 표정을 숨길 수 없었다. 조흥은행은 100년 이상 한국의 은행업을 이끌어 온 한국 최초의 은행으로 알려져 있다. 그처럼 유구한 역사를 자랑하는 조흥은행이 설립된 지 불과 24년밖에 되지 않은 신생은행에 흡수되어 사라져 버렸으니 시민들이 당황스러워 한 것은 어쩌면 당연한 것일지도 모른다.

2006년 4월 1일, 역동의 은행으로 불리는 신한은행과 전통의 조흥은행이 합병하여 통합 신한은행으로 출범하였다. 이는 총자산 172조 원, 982개의 영업점(해외 포함), 14,000명의 임직원과 1,600만 명의 고객을 자랑하는 대형 우량 은행의 탄생이었다. 매스컴에서는 '불과 24년의 청년 은행이 109년의 전통을 자랑하는 조흥은행을 집어삼켰다'는 제목으로 보도하였다. 주된 내용은 신한은행이 설립 후 24년간 연속 흑자라는 비약적 발전의 발자취와 이러한 성장의 토대가 된 경영 방식, 기업 조직 문화 그리고 설립자인 재일 한국인 기업인(이하, 재일 기업인)들의 도전 정신 등이었다.

1982년 여름, 재일 기업인들이 10년 이상 갈망해 온 은행 설립의 꿈이 한국에서 실현되었다. 재일 한국인 투자가(이하, 재일 투자가) 341명이 모은 금액은 총 250억 원으로 은행 설립에 필요한 최소한의 자본이었다. 이렇게 설립된 은행은 24년이라는 짧은 기간에 자산 규모 한국 제2위의 은행으로 성장했다. 조국의 경제 발전에 기여하고 싶다는 재일 기업인들의 염원에 의해 설립된 소규모 은행이 현재 한국 금융 업계를 선도하는 위치에 선 것이다.

2005년 신한은행의 창립 기념일 인사에서 신상훈 은행장이 "오늘의 신한은행이 가능했던 것은 '한국 금융의 역사를 새로 쓰고 싶다'는 재일 기업인들의 꿈이 있었기 때문입니다. 또한 살아남기 위해 남보다 한발 앞서 변화하고 끊임없이 도전해 온 필사즉생의 실행력이 가져온 결과입니다"라고 말했듯이, 오늘의 신한은행을 논하기 위해서는 재일 기업인들의 역할을 빼놓을 수 없다.

이번 장의 목적은 재일 기업인들이 한국 사회 및 금융 업계에 미친 영향을 파악하는 것이다. 구체적으로 다음과 같은 구성에 의해 검토해 보고자 한다. 첫째로, 재일 기업인들의 경제 환경과 신용조합 오사카흥은에 대해서 고찰할 것이다. 둘째로, 한국에 진출한 재일 기업의 대표 기관인 재일 한국인 본국투자협회와 재일 기업가 단자회사인 제일투자금융에 대해서 검토할 것이다. 셋째로, 신한은행의 설립에 대해 검토한 다음 눈부신 성장으로 한국 사회에 새로운 바람을 일으킨 신한은행의 경영 방침, 조직 문화 등을 분석하여 재일 기업인들이 한국 사회 및 금융 업계에 미친 영향을 밝히고자 한다.

(1) 신용조합 오사카흥은(大阪興銀)의 탄생

2차 대전 패망 직후, 일본 제일의 상공업 도시였던 오사카(大阪)는 잿더미로 변했다. 물자 부족으로 인한 극단적인 인플레 및 식량난으로 앞날이 암울했고, 패전의 쇼크로 사람들은 망연자실하였다. 이런 상황 속에서 재빨리 경제활동을 개시한 것이 재일 한국인이었으며, 그들의 활동 무대는 주로 암시장이었다. 당시 해방 국민이라는 이유로 일본의 치외법권이 적용되었고 이것이 암시장의 경제활동에 유용하게 작용했다.

암시장의 출현은 일본의 전국적인 현상으로, 오사카에서는 종전 1개월 후 우메다(梅田), 쓰루하시(鶴橋), 덴로쿠(天六), 아베노(阿倍野) 등에 큰 시장이 형성되었다. 물자 부족에도 불구하고 돈만 있으면 먹을 것은 물론이고 의류에서 통제품인 술, 담배에 이르기까지 뭐든지 구할 수 있었다. 그중에서도 쓰루하시 암시장은 쓰루하시 국제시장으로 불리며 상인들 수가 2,000명을 넘어서고 있었다. 방문객도 하루 약 20만 명으로 오사카에서도 가장 큰 교역 시장이었다. 이 쓰루하시 암시장의 상인 중 약 40%가 재일 한국인이었으며, 이 중 많은 사람들이 여기에서 부의 기반을 쌓아 훗날 재력을 가진 기업가로 성장하였다.

1950년대 중반, 일본 경제는 고도 성장기에 접어들었다. 일본의 고도성장은 재일 한국인 사회에도 파급되어 암시장에서 부의 기반을 쌓은 많은 재일 한국인들이 합법적인 기업 형태로 체제를 정비하였다. 그러나 기업 형태를 합법적으로 갖춘 후 그들은 경영상에 있어서 민족적인 핸디캡을 강하게 느꼈다. 예를 들면, 경제활동이 활발해지면 당연히 자금 수요가 증대하는데 당시 일본 정부계 금융기관은 재일 기업에 대해 융자를 해 주지 않았다. 중소 금융기관에서는 얼마를 융자해 주었지만 충분한 담보 저당권의 설정, 일본인의 보증인, 귀화의 권유, 납세증명서, 외국인등록증 제출 등 번거로운 수속 절차와 차별적 융자 조건을 요구하는 경우가 많았다. 금융 면에서의 이러한 차별은 많은 재일 기업의 경영을 압박하고 성장 발전을 저해하는 요인으로서 가시화되었다.

이러한 문제를 해결하기 위해 1953년 도쿄의 한성(漢城) 신용조합을 시작으로 일본 전국에 재일 한국계 신용조합이 설립되었다. 이들 조합이 각지에 설립되자 자금 융통이 원활해지고 경제활동이 활발해졌다. 1956년 6월에는 일본 전 지역의 재일 한국계 신용조합을 회원으로 하는 '재일 한국인 신용조합 협회(이하, 한신협)'가 발족되었다. 그리하여 재일 한국인들이 운영하는 신용조합의 증가와 함께 재일 기업인들에 대한 금융 지원이 크게 확대되었다.

오사카에서도 금융기관을 설립하면 자금 융통에 어려움을 겪는 재일 기업인들을 구제할 수 있을 뿐만 아니라 재일 한국인 사회의 경제적 지위 향상도 기대할 수 있다며 재일 기업인들 사이에 한국인에 의한, 그리고 한국인을 위한 금융기관 설립의 기운이 높아졌다. 이렇게 해서 1955년 11월 발기인 73명, 조합원 수 340명, 출자금 1,853만 3,500엔으로 1개의 점포, 임직원 15명이라는 조그마한 신용조합 오사카흥은이 설립되었다.

신용조합이란 본래 회원 또는 조합원의 상호 부조를 기본 이념으로 하여 구성원인 중소 영세 기업이나 개인에게 금융 서비스 제공을 목적으로 설립된 비영리 법인 기업이다. 즉 회원과 조합원이 일체가 되는 점에서 회원의 입장에 선 운영이 결과적으로 거래자의 편익을 도모하게 되는 시스템인 것이다.

오사카흥은은 소규모 금융기관으로 출발하였지만, 재일 오사카 기업의 활로를 열어 줄 것으로 기대를 모았다. 얼마 후 오사카흥은은 순조로운 업적으로 창립 초년도 제1기 결산에서 총예금액 1억 6,464만 엔, 조합원 수 559명, 출자금 4,931만 엔을 달성함으로 기대에 부응할 수 있었다.

일본의 지방 은행의 경영 방식은 1)고객의 편리성 및 서비스 향상 2)마케팅 중시, 고객 본위와 적극적인 시스템 개발 3)채산 관리 시스템의 구축, 경영 자원의 중점 투입을 주된 전략으로 하고 있다.

오사카흥은도 이러한 지방 은행으로서의 경영 전략을 토대로 영업 활동을 전개해 왔는데, 제2대 이사장으로 이희건이 취임하고부터는 이와 같은 전략과 더불어 그가 쓰루하시 암시장에서 배운 상술과 암시장 폐쇄 직전 상인들을 하나로 결합시킨 그의 리더쉽 그리고 쓰루하시 암시장이 합법적인 시장으로 재출발한 후 쓰루하시 국제상점가 연맹 회장으로 14년간 역임한 그의 경험을 살려, 언제나 독특한 경영 전략을 영업 활동에 도입했다.

오사카흥은의 예금 획득 전술의 가장 기본이 된 것은 철저한 고객 제일주의였다. 재일 한국인들이 집중되어 있는 쓰루하시 국제상점가, 모모다니(桃谷) 상점가를 영업 기반으로 재일 한국인들이 경영하는 음식점, 유기업, 상점, 공장 등을 중심으로 치밀한 예금 획득 운동을 전개했다. 오사카흥은의 임직원들은 거래처를 호별 방문하여 세무 관련 상담을 하는 등 빈틈없는 서비스를 실시했다. 이러한 고객 제일주의는 후일 신한은행에 도입되어 신한은행의 가장 중요한 경영 원리 가운데 하나가 되었다. 구체적인 경영 전략을 보면, '외무원에 대한 능률제', '복권당첨 정기예금', '생일선물 예금(이 예금을 계약하면 생일에 선물이 도착됨)', '1인당 1,000건 방문 운동(외무원은 2개월 동안 1인당 1,000명을 무차별 방문해 신규 거래를 개척해야 함)' 등을 계속해서 도입하였다.

1970년에는 신용조합 업계에서 처음으로 예금 총액 1억 엔대를 달성했고, 1978년에는 1,000억 엔을 달성했다. 그때 이희건은 "우리들에게 현상 유지라는 말은 없다. 전진하지 않는 것은 후퇴를 의미한다. 확대되지 않는 것은 축소를 의미한다. 이 성과를 지키는 것은 여기에 머무르는 것이 아니라 새롭게 2,000억, 3,000억이라는 더 높은 목표를 향해서 전진의 제일보를 내딛는 것이라고 생각한다"며 끝없는 도전 정신을 강조했다.

오사카흥은은 선진 금융 시스템 도입에도 적극적이었으며, 1982년에는 종합 온라인 시스템을 구축하여 재일 한국계 신용조합 온라인화에 선구적 역할을 하였다. 성력화, 무인점포(ATM) 모델도 앞서 개설하였다. 또한 여성 직원의 전력화를 위해서 여성 리더 조직인 '겔 포스(GAL FORCE) 제도'를 도입하였으며, 뉴미디어 사회에 대비한 CSS(고객 지원 시스템)의 개발 추진 등 차례로 도입되는 새로운 시책들은 그 참신함과 선견성이 신용조합 차원을 넘어 일본의 많은 금융 기관 및 매스컴의 주목을 받았다. 1987년 32주년을 맞이한 오사카흥은은 본점과 지점 수 21곳, 임직원 566명, 예금 총액 3,801억 엔이라는 비약적인 성장을 이루어 일본 전국 448곳의 신용조합 중 규모 면에서 제2위를 기록하였다.

오사카흥은은 전후에 맨손으로 출발한 재일 기업인들이 쌓아올린 성과이며 재일 한국인의 경제 환경 변천의 축도라고 할 수 있다. '한국인에 의한 한국인을 위한 금융기관'으로서의 독자성을 견지하면서 일본의 마이너리티로서의 재일 한국인들의 단결력으로 유지·성장해 온 오사카흥은의 경영 방식은 바다 건너 한국의 금융 업계에 이전되었다.

(2) 재일 한국인 기업의 한국 진출과 그 대표 기관

① 재일 한국인 본국투자협회의 설립

재일 기업인들이 본격적으로 한국 진출에 뛰어들기 시작한 것은 1965년 한일 국교 정상화 후이다. 한국 정부는 외자 도입 정책의 일환으로 외국인 투자자에게 문호를 개방하면서 재외 한국인의 본국 투자를 장려했다. 행정상으로 업종 투자 금액 및 투자 비율 등의 제한을 완화하여 재외 한국인들의 본국 투자를 위한 환경 조성에 힘썼다. 특히 1964년에 조성된 서울 구로 수출 공업단지에 재일 한국인 기업의 입주를 장려했다. 재일 기업인들의 본국 투자는 모국의 경제 발전에 기여하고 싶어 하는 그들의 생각과 한국 정부의 적극적인 외자 유치 정책이 맞물려 순조롭게 진행되었다.

그러나 한국에 진출한 재일 기업이 증가함에 따라 기업 경영상의 문제가 부각되었다. 일본에서 기업을 시작해 일본식 경영 스타일에 익숙한 그들에게 한국의 경영스타일은 익숙하지 않았다. 또한 한국의 경제 사정을 일본에서 충분히 파악할 수 없었고 한국 정부의 경제 정책에 대한 잘못된 분석도 많았다. 그리고 한국 금융기관의 금융 지원이 한국 기업과는 달리 재일 기업인들에게 차별 대우가 있는 것 등도 문제점으로 표면화되었다. 그런 문제점 가운데는 복잡한 투자 수속, 기계 및 부품 수입에 대한 통관 수속의 지연, 담보 제공을 필요로 하는 금융 제도, 기업 증자 시의 각종 제약, 세무와 출입국 업무에 관련된 불이익 등이었다.

이와 같은 문제들을 해결하기 위해서 한국 내에 재일 기업을 대표하는 협의 기구와 향후 한국 진출을 고려하고 있는 재일 기업에 정보를 제공할 수 있는 기구의 설치가 필요하다는 인식이 공유되었다. 또한 재일 기업의 활성화를 위해서는 원활한 금융 지원을 제공할 수 있는 교민 은행 설립이 시급하다는 결론에 이르렀다.

위와 같은 인식을 공유한 재일 기업인들은 1973년 '본국사무소설립 추진위원회'와 '교민은행설립 추진위원회'를 구성했다. 다음 해 2

월엔 '재일 한국인투자 기업연합회'를 발족하여 200사가 넘는 재일 기업들이 가맹했다. 1976년 6월에는 서울무역회관 내에 '본국 투자 협회 설립준비 위원회 사무소'가 설치되었다. 한국 경제계에서도 이를 적극적으로 지원하여 정부에 '재일 동포 투자촉진 협의기구'의 설치를 건의했다. 정부도 재외 동포 투자가의 보호 육성이 필요하다는 인식을 갖게 되었다.

이러한 다방면의 지원에 의해 1977년 5월 '사단법인 재일 한국인 본국투자협회(이하, 재일본국투자협회)'가 설립되었고, 초대회장에는 당시 한신협의 회장이던 이희건이 추대되었다. 동 협회의 임무는 재일 기업의 대표 기구로서 한국에 대한 투자 사업 전반에 걸친 편의 제공의 원활화를 꾀하는 것이다. 구체적으로는 200여 사에 이르는 기업 회원의 각종 규제(외화 송금 인허가, 통관 업무, 과세 문제 등)를 둘러싼 각종 트러블의 조정과 알선 등을 담당했다. 1978년 한국 정부는 한일 국교 수립 후 재일 한국인에 의한 본국 투자 총액이 10억 달러를 돌파했다고 발표했다. 이 시점에서 일본을 제외한 외국인의 투자 총액은 9억 3천 7백만 달러였으며 재일 한국인들에 의한 본국 투자는 외국인 투자 총액을 능가했다. 이 수치만 보아도 재일 한국인들이 한국 경제 발전에 얼마나 공헌했는지를 추측할 수 있을 것이다.

② 제일투자금융의 설립

재일 기업인들의 숙원은 경영 자금 융통 문제를 해결하는 것이었다. 하지만 경영상 긴급한 자금이 필요할 때 한국의 금융기관은 전혀 도움이 되지 않았다. 원래 한국의 은행은 융자 조건 자체가 까다로웠지만, 재일 기업들에게는 한국 기업들보다 조건이 더 까다로웠다. 재일 기업인들은 일본에서 경험한 금융 차별을 조국인 한국에서도 받았던 것이다.

재일 기업인들은 이러한 금융 문제를 해결하기 위해서 재일본국투자협회의 설립과 함께 교민 은행 설립을 추진하였다. 그러나 교민 은행 설립을 위한 진정서를 몇 번이나 제출하여도 허가를 받을 수 없었다.

그러던 어느 날 이희건을 포함한 재일 기업인들은 박정희 대통령과 면담 기회를 가질 수 있었다. 그 자리에서 이희건은 "각하, 본국에 투자한 우리 재일 동포들은 금융 지원과 자본 확보가 가능한 상태가 되기를 원하고 있습니다. 그러려면 금융사를 설립하도록 허가해 주셔야 합니다. 재일 동포가 본국 경제 발전을 위해 힘쓰기 위해서도 반드시 필요한 일입니다(『모국을 향한 재일 동포의 100년 족적』 99쪽)"고 간청했다. 이에 대해 박정희 대통령은 은행 대신에 다른 형태의 금융 회사 설립을 허락했다. 재일 기업인들이 지향한 것은 은행이었지만, 은행 설립은 어렵겠다는 판단에 의해 목표를 단자 금융회사 설립으로 변경했다.

그리하여 1977년 7월 자본금 5억 원, 임직원 55명의 단자 회사 제일투자금융이 설립되었다. 재일본국투자협회의 모든 회원이 제일투자금융의 투자자가 되었으며 대표이사에 이희건이 취임하여 재정 면에서 재일 기업의 창구 역할을 맡았다. 경영관리는 오사카흥은의 경영 방식을 답습함으로써, 후발 금융기관이었음에도 한국 금융업계 최초로 온라인시스템을 구축하는 등 선진 금융 시스템을 갖추었다. 그 결과 설립 초년도에 총수신고 489억 원, 당기 순이익 2억 9,200만 원을 달성했다. 1979년에는 총수신고 및 여신고가 1,000억 원을 돌파하여 금융기관으로서의 성장 기반을 구축했다.

재일 기업인들은 일본에서 외국인이라는 이유로 은행설립을 할 수 없었기에 본국에서는 반드시 은행을 설립하겠다는 소망을 가지고 있었다. 그러므로 그들은 단자 회사의 눈부신 성장에도 불구하고 은행을 설립하는 일을 목표이자 숙원으로 여겼다.

(3) 신한은행의 설립과 배경

① 한국의 은행 민영화와 재일 기업인들의 은행 설립의 꿈

1961년 군사 쿠데타로 정권을 잡은 박정희는 전 국민의 '빈곤 탈출'을 슬로건으로 내걸고 경제 발전 정책에 박차를 가했다. 그는 경제 발전을 추진하기 위해 취약한 국내 자금을 집중시킬 필요가 있다고 판단하고 모든 은행을 국우화했다. 그리고 경제 개발 계획을 적극적으로 추진해 급속한 경제성장을 이루었다. 그런데 1960년대 후반, 기업의 과잉 투자에 의해 재무 구조가 악화되면서 금융시장의 불안이 표면화되었다. 금융시장의 안정을 위해서 1969년 11월 '금융 정상화 대책'이 발표되었다. 주된 내용은 단기 자본 육성, 은행 민영화, 외국 은행과의 합작 은행 설립 허용, 국내 은행의 해외 진출 확대 등 전반적으로 은행 민영화를 향한 것이었다. 이로 인해 1972년 한국 상업은행이 최초로 민영화되면서 민간인이 은행 업계에 진출할 수 있는 길이 열리게 되었다.

1979년 재일본국투자협회는 재일 한국인들의 오랜 숙원을 실현하기 위해 정부 계열 시중 은행 중 하나를 매수하고 싶다는 의사를 정부에 전달했다. 당시 5개의 시중 은행이 있었으나 모두 반관반민의 형태로 100% 민간 자본의 시중 은행이 없던 시기였다. 재일본국투자협회의 요청에 대해서 정부는 오히려 은행 대신 국민은행 산하의 부국신용금고를 인수하라고 역제안했다. 재일본국투자협회는 시중 은행의 매수를 단념하고 대신에 은행을 신설하기로 하였다. 그래서 1980년 4월 재일본 대한민국민단(이하, 한국민단)이 한국 정부에 교민 은행 설립 허가를 청원했는데, 그 회답은 불가하다는 것이었다. 은행을 매수하는 일도 신설하는 일도 불가능에 가까웠으며, 재일 한국인들의 은행 소유는 이룰 수 없는 이상으로만 느껴졌다.

그런데 전두환 정권의 출범과 동시에 '외국계 은행 설립'의 검토가 발표되었다. 1980년 12월에는 금융의 '국제화·대형화·자립화'를 기본 방향으로 한 '일반 은행 경영의 자립화 방안'이 확정 발표되었다. 그 골자는 시중 은행의 정책 금융의 비중을 점차 축소하고 은행의 민영화를 단계적으로 추진한다는 것이었다. 시중 은행 중에서 1981년 6월에 한일은행이 민영화되었으며 그 후 1984년까지 다른 모든 시중 은행들도 민영화되었다.

'외국계 은행 설립'의 검토가 발표되자 이희건은 지금이야말로 재일 한국인들이 은행을 설립할 수 있는 마지막 찬스라고 직감했다. 그래서 재일 기업인들은 은행설립 추진위원회를 설립하고 1981년 4월 재무부에 청원서를 제출했다. 한국민단과 한신협도 적극적으로 측면 지원 활동을 전개했다. 재일 한국인들은 오랜 숙원인 본국의 은행 설립을 위해서 일치단결했다. 1981년 5월 14일 이희건은 오사카흥은의 제26회 총회에서 "재일 동포의 힘으로 본국에 시중 은행을 설립해 동포나 일본인들이 조국에 진출할 때 지원하는 길이 실현될 수 있다"며 조합원들에게 본국의 교포 은행 설립 취지를 밝혔다.

1981년 5월 교민 은행 설립을 위한 청원서에 대해 정부 당국으로부터 긍정적인 회답을 받았다. 1981년 7월 20일 재일 기업인들은 교민 은행 설립을 위한 발기인 대회를 개최하고 은행 설립의 첫걸음을 내디뎠다. 1973년 '교민은행설립 추진위원회'를 구성한 이래로 10년에 가까운 세월이 흐르고 있었다. 교민 은행의 실현은 한국의 은행 민영화 정책과 더불어 오랜 세월에 걸친 재일기업인들의 끊임없는 노력 그리고 한국민단을 비롯한 재일 교포 사회의 일치단결된 측면 지원의 결과로 얻어진 산물이었다.

② 한국 최초의 순수 민간은행인 신한은행의 설립

재일 투자가 34명의 위원으로 구성된 은행설립위원회는 창업을 위해서 제일투자금융 사원 중 일부를 차출하여 사무국을 결성했다. 한편 오사카흥은에서는 신용조합 업무 경험만으로는 은행 업무 대처에 어려움이 있을 것으로 생각하고 직원 중 5명을 선발하여 다이와(大和) 은행에 업무 연수를 의뢰했다. 다이와 은행은 흔쾌히 받아들였고 오사카흥은에서 차출된 5명은 다이와 은행의 각 분야에서 3개월간 연수를 받게 되었다. 1982년 2월 11일 다이와 은행에서 연수를 받은 오사카흥은 직원 5명은 신한은행 설립 사무국에 합류했다. 은행 개설 업무에 필요한 제반 사항에 대해서는 다이와 은행의 주관직과 관리직의 자문을 받으면서 개점 준비를 추진하는 등 신설과정에서 다이와 은행의 시스템을 거의 받아들이는 형태로 추진되었다.

은행 운영을 위한 가장 큰 과제는 은행을 이끌어 갈 우수한 인재를 확보하는 것이었다. 자원이 풍부하지 않은 후발 은행으로서, 전국적인 영업망을 갖춘 5개의 시중 은행과 경쟁하기 위해서는 소수 정예의 인재 확보가 필수불가결한 일이었다. 이를 위해 1982년 1월 당시 한국증권거래소 전무이사였던 이세창을 은행개설준비 위원회 위원장으로 영입했다. 또한 금융 업계에서는 파격적인 조건을 내세워 우수한 경력 사원과 신입 사원을 확보했다. 채용된 임직원에게는 다양한 연수 프로그램과 학습 연수회 등을 준비해 철저한 교육으로 인재를 양성하였는데, 이것이 신한은행 기업 문화의 토대가 되었다.

1982년 7월 7일, 재일 한국인들의 오랜 숙원이었던 교민은행이 드디어 개설되었다. 은행 이름은 '대한민국에 새로운 바람을 불어넣는 은행'이라는 의미로 '신한은행'으로 지었다. 이 은행은 재일 한국인이 100% 출자한 한국 최초의 순수 민간자본 은행이었다. 자본금은 은행 설립에 있어 최소한의 필요 금액인 250억 원이었고, 임직원 279명과 3개의 영업점을 둔 소규모 은행으로 출발했다. 투자자는 341명에 달하는 공동체적인 성격을 지닌 재일 한국인 기업이었다.

당시 한국의 은행은 대부분 국유 은행이었고, 정부의 규제와 보호 속에서 독점적인 지위를 누리며 관료 조직으로서의 성격이 강했다. 은행의 역할은 나라의 기간 사업으로서 이용 가능한 자금을 각 기업에 배분하는 기능을 담당하는 경우가 많았다. 이처럼 보호된 경영에 의해 선진 금융 기법을 도입하는 일도 없었고, 고객 만족이나 고객 서비스라는 개념조차 존재하지 않았다. 이러한 상황 속에서 한국 최초의 민간 자본에 의해 설립된 신한은행에 대한 한국 사회의 기대는 매우 컸다. 신한은행의 개업일인 1982년 7월 7일자 〈한국경제신문〉의 사설에는 다음과 같은 글이 실렸다.

'건국 후 최초의 교포 민간 자본으로 설립되는 신한은행이 우리 나라 금융 산업의 나아가야 할 방향을 제시해줄 것으로 기대할 수 있기 때문에 동 은행 발족의 의의는 실로 크다 하지 않을 수 없다. 다시 말하면 우리가 지금 부르짖고 있는 은행의 민영화 자율화가 무엇을 뜻하는 것이며 그것이 금융 산업의 효율성을 얼마나 제고할 수 있느냐를 실제로 보여 줄 것이라는 점에서 신한은행의 발족은 큰 의의를 가지고 있는 것이다. 우리는 그동안 금융 산업의 낙후성을 여러 가지 측면에서 확인하였다. 금융의 발전이 원활히 진행되지 못하는 경우 실물경제의 발전이 저해되기 때문에 경제 발전을 촉진시키는 데 있어서 금융의 역할은 그 중요성을 아무리 강조해도 지나침이 없는 것이다. … 새로운 감각과 금융 원리가 적용되는 새로운 은행은 분명히 기존 은행의 경영 쇄신에 큰 자극제가될 수 있고 자체 내에 체질화되어 있는 비능률 불합리한 모든 요인을 떨쳐 버릴 수 있는 전환점이 될 수 있을 것이기 때문이다.'

(4) 금융계에 신풍을 일으킨 신한은행의 경영 방침

① 신한은행의 조직 문화의 형성

사회에는 문화가 있고 개인에게도 개성이 있듯이 기업에도 각각의 문화적인 특성 즉 기업 문화가 있다. 어떤 사회를 이해하기 위해서 그 사회의 문화를 알아야 하듯이 어떤 기업을 이해하기 위해서는 그 기업의 문화를 이해하지 않으면 안 된다. 기업이 얼마나 우수한 기업인지를 알기 위해서는 그 기업의 경영 방식과 조직 행동을 지배하는 기업의 문화적인 특성을 분석할 필요가 있다. 기업 문화는 기업의 기본 가치와 신념으로서 경영 전략과 조직 경영에 반영되어 구성원의 생각과 태도 그리고 행동 형성에 영향을 주기 때문이다. 따라서 신한은행을 알기 위해서는 신한은행이 어떻게 기업 문화를 형성해 왔는지 고찰할 필요가 있다.

후발 은행으로 출범한 신한은행은 먼저 전 임직원이 일치단결된 강한 조직 만들기에 진력했다. 신생 은행은 다양한 경력의 소유자들이 모여 구성된 조직이므로 직원들 간의 벽을 없애 일체화시키는 것이 무엇보다 급선무라고 생각했다. 이전 직장에서의 습관이나 타성 등을 과감히 청산시키고 소수 인원의 은행으로서 모든 임직원을 일체화시켜 정예 요원으로 양성하는 것이 목표였으며, 그를 위해 철저한 연수를 실시했다.

신한은행에 입사한 전 직원들은 먼저 4박 5일의 연수를 받아야 했다. 연수 프로그램 가운데는 전 직원들을 감성 공동체로 만들기 위한 '감수성 훈련' 프로그램이 있다. 이것은 집단 대화를 통해 개인이 말하기 어려운 심층 내면까지 솔직하게 털어놓음으로써 감성적인 일체감을 극대화시키는 것이다. 깊은 내면까지 함께 나눈 직원들은 강한 일체감을 형성하게 된다. 이 훈련의 또 다른 목적은 한국 사회의 뿌리 깊은 파벌주의를 타파하는 것이었다. 신한은행은 동창회 등의 사 조직을 철저하게 금지함으로써 학교별, 지역별, 출신 은행별 등의 파벌이 생기지 않도록 하였다. 그 대신에 임직원 상하 간 동료들끼리의 모임은 적극적으로 장려하여 '신한인'이라고 하는 공동체 의식을 발전시켰다. 신한은행의 강한 일체감과 팀워크 문화는 감수성 훈련에 의해서 만들어졌다.

또 하나의 연수 프로그램은 '맹폐 훈련'이다. 이것은 직원 두 사람이 짝이 되어 서로 상대방을 노려보며 큰 소리로 "너 나가!" "못 나가!" "자신 없으면 나가란 말이야!" "안 나가! 나는 죽어도 안 나가!" 라고 수십, 수백 번을 외치는 것이다. 그리고 마지막에는 두 사람 다 힘든 훈련을 견뎌 냈다는 충족감으로 눈물을 흘리기도 한다. 도전 의식과 투지를 육성해서 소수 정예 요원으로 키우기 위해 도입된 이 프로그램은 '맹렬히 짖는다'는 의미에서 맹폐(猛吠) 훈련이라 부른다.

그리고 신한은행의 조직 문화 형성에 큰 역할을 담당한 것이 '종합업적 평가대회'일 것이다. 이 제도는 열심히 일한 직원들의 공로를 보상한다는 의미로 도입되었다. 당시 한국에서 업적 평가 대회의 실시는 파격적인 것이었다. 이는 최고의 실적을 달성한 지점과 개인을 뽑아 상을 주는 것인데, 리테일 왕 등 개인 실적 우수자에게는 특진이나 해외 연수 등을 부상으로 수여하는 파격적인 포상 제도였다. 이러한 제도는 신한은행에 성과주의 문화를 정착시켰다. 이는 한국에서 성과주의가 도입된 것이 1998년 IMF 위기 이후인 것을 고려하면 거의 20년이나 앞선 것이었다.

성과주의 제도를 유용하게 활용한 것이 상업고등학교(이하, 상고) 출신의 수재들이었다. 경제 개발이 뒤쳐져 있던 1970년대까지 전국의 명문 상고에는 가난하지만 성적이 좋은 수재들이 많이 있었다. 그들은 환경이 좋은 사람보다 성공에 대한 갈망이 강했으며, 성공을 잡으려고 체면을 내세우지 않고 열심히 일했다. 그들이야말로 신한 은행의 성과주의 문화에 적합한 인재들이었다. 그래서 신한은행에는 상고 출신자가 두각을 나타내는 케이스가 많고 은행장만 보더라도 2009년 2월에 취임한 이백순 은행장을 포함해 3명이나 배출되었다. 그들의 재임 기간을 합치면 신한은행의 27년 역사 중 거의 20년이나 된다. 한국의 시중 은행 가운데 상고 출신 은행장을 배출한 곳은 신한은행뿐이며, 이것은 신한은행의 조직 문화 특징 중 하나이다. 파벌주의 사회라고 일컬어지고 있는 한국에서 성과주의 문화를 정착시킬 수 있었던 이유 가운데 하나는 신한은행의 소유자가 재일 한국인들이며 그들이 한국 내의 학연이나 지연 등의 영향을 받지 않는 환경에 놓여 있었기 때문이라고 할 수 있다.

기업 문화는 구성원들의 공유 가치를 의미하는 것으로 창업자 및 경영자 등의 경영이념과 욕구 동기에 의해 크게 달라진다. 신한은행은 언어도 생활 습관도 다른 타국에서 맨몸으로 경제 기반을 이룩한 재일 한국인에 의해 설립된 은행이다. 이러한 창업자 및 경영자들의 도전 정신 그리고 살아남기 위해 소수민족으로서 일치단결한 결속력은 신한은행의 기업 문화로 전승되어 오너 의식, 도전 정신, 팀워크로 대표되는 조직 문화에 깊이 뿌리 내려져 있다.

② 신한은행의 경영 방침

한국 최초의 민간은행으로 설립된 신한은행은 한국 사회의 기대에 부응하기 위해 기존 시중 은행과의 차별화된 경영 전략을 모색했다. 앞에서 서술했듯이 1980년대 초는 한국의 은행들이 반관반민의 영업으로 고객 서비스 개념이 도입되지 않았던 시기였다. 은행원들은 고객에게 서비스를 제공하는 사람이 아니라 고객의 편의를 도모하는 일종의 정부 기관의 인간이라는 관료주의적인 생각이 보편적이었다. 고객들은 "은행 문이 너무 높다"며 불만의 소리를 토했고, 은행에서 융자를 받을 때는 은행원들의 고압적인 자세를 감당해야 했다. 그러한 상황 속에 소규모의 후발 은행으로 설립된 신한은행은 '고객 만족 제일주의'를 경영의 제1원칙으로 채택했다. 이것은 오래 전 오사카흥은이 도입해 성공을 거둔 경영 방식의 하나이며, 이것을 경영의 제1원칙으로 내세운 것이다.

고객 만족 제일주의의 시발점은 인사 문화였다. 은행원으로서의 고압적인 자세를 버리고, 고객이 제일이라는 것을 나타내는 인사 문화를 정착시키는 것이 목적이었다. 전 임직원들의 인사 방법, 말씨, 태도, 표정 등 모든 것을 바꾸는 철저한 훈련이 실시되었다.

인사 교육에 있어서 빼 놓을 수 없는 공로자는 오사카흥은의 여성 리더 조직인 겔 포스(Gal-Force)였다. 겔 포스는 지성, 인격, 아름다움을 겸비한 여성 리더를 의미하는 그리스 말이다. 신한은행은 오사카흥은의 겔 포스를 초빙하여 고객에 대한 서비스 전반의 교육 연수를 실시했다. 교육을 받은 직원 중에서 4명의 여성 직원이 제1기 신한 겔 포스로 선발되어, 이후 전 직원의 인사 교육을 담당하게 되었다.

동 업계로부터 '은행원의 품위를 떨어뜨린다'는 비난을 받기도 했지만, 오사카흥은에서 이러한 경영 방식으로 이미 금융 경영의 성공을 경험한 재일기업인들은 주위의 비판을 무시하고 철저한 고객 서비스를 신한은행의 마케팅 제1원칙으로 내세웠다.

고객이 영업점에 들어서면 전 직원이 큰 소리로 "안녕하십니까!"라고 외쳤다. 당시 이러한 인사 문화는 신선함 그 자체였고 충격적인 것이었다. 현재도 신한은행의 영업점에서의 고객 대응, 사무 처리 방법, 전화 응대 방법, 영업 상담 방법 등을 포함한 신한은행 직원 서비스 교육은 높이 평가되고 있는데 이는 오사카흥은의 겔 포스로부터 전승된 것이다.

그러나 인사 문화만으로 고객 만족 제일주의라고 말할 수 없다. 업무 내용도 고객의 입장에서 생각해야 했다. 금융 업계에서는 처음으로 로우코너(상담 창구)와 하이카운터(출입금 및 공공요금 등을 처리하는 창구) 제도를 도입했다. 이 제도의 목적은 각각 다른 목적으로 은행을 방문하는 고객을 세분화하여 고객의 대기 시간을 최소한으로 단축하는 것과 소요 인원을 최소화하여 업무의 효율성을 높이는 것이었다. 지금은 모든 은행에서 실시되고 있지만 당시로는 혁신적인 제도의 도입이었다.

또한 은행 창구에 앉아서 '찾아오는 손님을 기다리는 것이 아니고 고객을 직접 찾아가는' 공격적인 영업을 하도록 은행원들을 훈련시켰다. 이것도 지역에 기반을 둔 신용조합 특유의 '발로 뛰는 영업'

을 정착시킨 오사카흥은의 경영 방식의 하나였다. 고압적이라고 생각하던 은행원들이 매일 동전 상자를 들고 시장으로 가서 상인들에게 동전을 교환해 주면서 통장 개설을 권했다. 고객이 찾아오기만을 기다렸던 종래의 영업 방식을 바꾸어 고객을 직접 찾아가는 경영 방식을 도입한 것이다.

이러한 경영 방식은 큰 효과를 거두었다. 1986년 10월 창립 4주년을 맞이하여 수신고 1조 원을, 1988년에는 2조 원을 달성하는 등 순조로운 성장을 이룩했다. 1989년에는 기업 주식을 공개하여 자기 자본을 1조 원 규모로 확대했으며 전국 영업망을 갖춘 시중 은행으로 출발했다. 그러나 이것은 재일 기업이라고 하는 특정 집단으로부터의 이탈이기도 했다. 신한은행은 100% 재일 한국인 소유였지만 주식 공개로 인해 그들의 주식 소유 비율은 매년 감소를 거듭했다. 기업 경영에 대한 발언권은 주식의 소유 비율에 의해서 좌우되는데, 신한은행의 주식 공개는 재일 한국인들의 발언권이 약해짐을 의미하는 것이기도 했다.

(5) 재일 기업으로부터의 탈피와 리딩뱅크 신한은행의 도전

① 한국의 리딩뱅크 신한은행
1991년, 수신고 5조 원의 기록적인 성과를 올린 신한은행은 순이익 부문에서 국내 금융 업계 제1위를 차지하여 한국의 리딩뱅크로

부상했다. 그해 은행감독원 평가에서 은행 업계의 최고 등급인 AA 도 획득했다. 그러나 신한은행은 이러한 결과에 만족하지 않고 선진 금융시스템을 적극적으로 도입했다. 선진 금융 시스템의 도입이라 고 해도 대부분이 오사카흥은에서 이미 시행하고 있었던 제도들이 기 때문에 그 효과에 대해서는 시간을 들여 검토할 필요가 없었다. 그렇기 때문에 다른 은행보다 앞서 도입할 수 있었다. PC 온라인 뱅 킹(1991), 무인점포(ATM) 설치(1993), 폰뱅킹(1994), 우수 고객 전용 창 구 설치(1994), 일체의 금융 서비스를 제공하는 프라이빗 뱅킹 개념 의 도입(1994) 등 현재는 모든 은행에서 볼 수 있는 제도들이지만 이 러한 것들 대부분은 신한은행에 의해 처음 도입된 제도들이다.

한편 1997년 외환 위기를 맞은 한국의 각 금융기관은 대량의 불량 채권을 껴안게 되었고, 1998년 한 해 일반 은행들의 적자 규모만 해 도 12조 5,000억 원에 달했다. 1997년부터 2003년 사이에 금융기관 수는 2,101개에서 1,363개로, 은행 수는 33개에서 19개로 감소할 정 도의 대격변이 일어났다. 신한은행의 모체인 제일종합금융(구 제일투 자금융)도 대량의 불량 채권이 발생하여 청산되었다. 그런데 신한은 행은 이러한 대격변의 상황 속에서도 1998년 590억 원의 흑자를 기 록했다. 그 요인은 금융 위기 이전부터 선진 금융 시스템을 도입하 여 자기 방위 관리를 충실히 해 온 점, 타 은행들이 대기업 중심으로 영업 활동을 해 온 것에 반해 신한은행은 창업 초기부터 영업 대상 을 대기업, 중소기업, 개인영업으로 분산해 온 점을 들 수 있다.

또한 외환 위기 이후에도 어려운 경영 환경을 극복하기 위해 선진 금융 시스템 도입에 박차를 가했다. 그것들 가운데는 시장별 사업 본부 마련, 개인 신용 평가 시스템, 기업 여신 리스크 관리 시스템, 기업별 신용 평가 시스템, 이사회 중심의 책임 경영제, 인터넷뱅킹 서비스, 전사적 목표 관리 시스템 등이 포함된다. 이러한 시스템도 대부분 금융 업계에서는 처음으로 도입되었고, 그 후 다른 금융기관으로 파급되었다.

이희건이 재일투자협회와의 인터뷰에서 "눈에 보이는 형태는 아니지만 선진 기술, 인사 관리 등 선진국의 노하우를 많이 들여왔습니다. 이것들이 통계 수치로는 나타나지 않지만, 한국의 근대화와 경제발전에 얼마나 큰 힘이 되었는지 모릅니다"(『재일 한국인 본국투자협회 30년사』 111쪽)라고 말한 것처럼 신한은행은 고객 만족 제일주의를 중심으로 한 일본식 경영, 성과주의를 중심으로 한 구미식 경영, 선진 기법 등 다양한 금융 시스템을 한국 금융 업계에 보급시킴으로서 한국의 금융 근대화 또는 경제 발전에 크게 이바지했다.

② 재일 기업으로부터의 탈피와 글로벌 리딩뱅크로의 도전

외환 위기에 의해 금융 업계에서는 금융기관의 청산과 합병 등 구조 조정의 대변동이 일어났는데, 무엇보다도 가시화된 현상은 금융기관의 겸영화와 대형화였다. 1998년 금융감독원에 의해 합병 대상 은행으로 분류된 동화은행의 인수 은행으로 선정된 신한은행은 대

형화를 향한 절호의 기회라고 생각하고 이를 적극적으로 수용했다.

신한은행은 대형화 및 겸영화를 적극적으로 추진하기 위해 2001년 9월 지주회사인 신한금융지주회사(이하, 신한금융)를 설립하고 그 회사의 100% 자회사가 되었다. 지주회사 형태로 하면 기업 합병이 이루어져도 각각의 기업을 지주회사 산하의 자회사로 만들어 경영할 수 있다. 이 형태는 두 개의 기업 문화가 갑자기 충돌할 때 생기는 부작용을 방지하고, 각각의 기업이 가지고 있는 장점을 살린 경영을 할 수가 있다. 그러나 신한은행이 기업 형태를 바꾼 진짜 이유는 1998년 대량의 불량 채권이 발생하여 청산된 제일종합금융 그리고 1990년대 잇따른 합병으로 파탄에 몰린 간사이상은(구 오사카흥은)으로부터 배운 교훈 때문이 아닐까?

신한금융은 2002년 굿모닝증권에 이어 2006년 조흥은행과의 합병 그리고 2007년 천만 명의 고객을 자랑하는 LG카드를 흡수하여 증권, 카드, 보험, 캐피탈 등 14개의 금융회사를 거느리는 금융 그룹으로 성장했다.

2009년 2월 신한금융의 발표에 의하면(「MONEY TODAY」 2009. 2. 2), 금융기관 중에서 신한금융그룹이 2008년 시가 총액 1위 그리고 2년 연속 순이익 2조 원 초과를 기록했다. 우리나라에서 순이익이 2조 원을 초과한 기업은 손으로 셀 수 있을 정도이다. 1982년 자본금 250억 원으로 설립된 신한은행이 2008년 현재 1,000배를 넘는 지속 성장을 이룩한 것이다.

신한은행은 2007년 '월드 클래스 뱅크'로 거듭나는 것을 비전으로 선포했다. 2008년 비전에는 'THE Bank of Asian Pride'를 내걸고 2012년 아시아권 10위 내를 목표로 글로벌 은행을 지향하고 있다. 2009년 7월 현재, 세계 13개국에 46개의 해외 영업망(지점 10, 현지 법인 8, 현지 법인 지점 27, 대표 사무소 1개소)이 있다.

그러나 위와 같은 신한금융의 성장에 의해 재일 투자가들의 주식 소유 비율이 크게 감소되어 2007년 현재 20% 이하로 떨어졌다. 재일 투자가들의 대변자였던 이희건도 2001년부터 경영 일선에서 물러남으로써 재일 투자가 주주들의 발언을 대변할 인물도 사라졌다. 신한금융의 최대 주주는 9.01%를 소유하고 있는 BNP Paribas라는 외국 금융 그룹이며, 전체 주식의 60.89%가 외국인 소유로 외국인의 발언권이 크게 높아진 상태이다. 이것은 신한금융이 재일 기업으로부터 탈피하고 있음을 의미하며 동시에 글로벌 금융기관으로 성장해 있는 것을 의미하는 것이기도 하다.

끝맺으며

전후 일본에서 성공을 거둔 재일 기업인들은 한일 국교 정상화와 함께 조국의 경제 발전에 기여하고자 하는 마음으로 한국에 진출하였다. 그러나 한국의 금융기관은 기업 경영상 도움이 되지 않아 재일 기업인들은 재일 기업에게 필요한 은행을 독자적으로 설립하고자 하였다. 이런 염원이 한국 정부의 은행 민영화 정책과 맞물려 실현 가능하게 되었다. 1982년 250억 원의 자본금으로 출발한 후발 은행인 신한은행이 불과 26년 만에 14개의 금융 자회사를 거느리는 금융 그룹으로서 금융기관 중 시가 총액 1위, 순이익 2조 원 초과를 기록하는 성장을 이루었다.

신한은행의 창업자들은 맨손으로 언어와 생활 습관이 다른 타국에서 성공을 거둔 재일 기업인들이다. 그들은 일본 사회의 소수민족으로서 일치단결하고 끊임없는 도전에 의해 성공을 이뤄 낸 것이다. 재일 기업가들의 이러한 경험에 의한 경영 신념은 신한은행의 기본 가치로 전승되고 있다. 금융 서비스 혁신으로 통하는 신한은행의 독특한 경영 방식은 '신한 웨이(Way)'로 불리며 금융 업계만이 아니고 타 업종에서도 벤치마킹 대상으로 주목을 받고 있다.

그러나 신한은행이 커지면서 재일 한국인들의 주식 소유 비율은 감소하였고, 재일 한국인도 경영 일선에서 물러났다. 그 결과 재일 한국인들의 발언이 경영의 중심에서 멀어지고, 재일 기업이라는 이미지도 사라졌다.

조국의 경제발전에 기여하고 싶다는 마음으로 한국에 진출한 재일 기업인들 중 본국 출생 1세들은 대부분 타계하였으며, 2세들도 경영의 제일선에서 물러나고 있다. 현재는 대부분 3세와 4세들이 경영 일선에서 활약하고 있는데, 그들은 선행 세대와는 달리 본국에 대한 특별한 감정을 가지고 있지 않다. 그들은 이익이 있으면 한국에 투자하지만 조국이라는 것 때문에 투자하지는 않는다. 현재 한국은 일본과 거의 비슷한 경제 성장으로 투자의 매력이 그리 크지 않다. 한국 및 재일 사회의 이러한 변화도 신한은행의 재일 한국인 주식 소유 비율의 감소 원인 중 하나라고 생각된다.

그러나 재일 한국인들의 신한은행의 주식 소유 비율이 감소했다고 하지만 그들이 남긴 신한은행의 기업 문화는 앞으로도 변함없이 전승될 것이다. 강한 기업 문화는 한 번 형성되면 기업의 창업자나 경영자 등 중심인물이 바뀌어도 존속되어 간다. 왜냐하면 강한 기업 문화는 구성원들 간의 학습과 사회화 과정을 통하여 자연스럽게 강화·유지되어 가는 자생력을 가지고 있기 때문이다(이학종 83쪽). 한국 사회와 금융 업계에 큰 영향을 미친 재일 기업인들의 도전 정신 그리고 신한은행의 조직 문화와 경영 방식은 앞으로도 한국 사회에 계속 전승되어 갈 것이다. 또한 신한은행의 설립자인 재일 기업인들의 공로도 잊히지 않고 오래도록 전해져 갈 것이다.

【참고 문헌】
· 가미바야시 다카노리(上林敬宗) 『금융(金融)시스템의 구조변화(構造變化)와 은행경영(銀行經營)』 동양경제신보사(東洋經濟新報社, 1998年)
· 오사카흥은(大阪興銀) 『오사카흥은 30년사(大阪興銀 30年史)』1987年)
· 재일 동포 모국 공적 조사위원회 『모국을 향한 재일 동포의 100년 족적』, 재외 동포 재단, 2008.
· 재일 한국인 본국투자협회 『재일 한국인 본국투자협회 30년사(1974~2004)』, 2005.
· 정동일(김재협 번역) 『한국의 은행을 바꾼 신한은행 방식』, 김영사, 2005.
· 이승재 『조직론』, 북프로네시스, 2007.
· 이학종 『한국 기업의 문화적 특성과 새 기업 문화의 개발』, 박영사, 2001.

5. 재일 한국인들의 조직적 모국 지원 활동

가사이 노부유키

들어가며

재일 한국인들(이하, 재일 교포)의 조국 지원에는 개인적으로 자기 재산을 사용한 사적인 방법과 단체나 금융기관 등을 매개로 다수가 공통 목적을 위해서 자금이나 물품 등을 지원하는 공적 방법이 있다. 여기에서는 공적 방법으로서의 조국에 대한 지원 활동과 지원 운동에 대해 살펴보고자 한다. 집단적인 지원 행동에서 중추적인 역할을 해 온 단체가 바로 재일본 대한민국 거류민단(이하, 민단)이다. 1946년 창설이래, 중앙 본부를 두고 이를 기반으로 전국적으로 지부를 확대하여 뿔뿔이 흩어져 있던 재일 교포들을 하나로 뭉치게 하는 구심적 역할을 해 왔다. 이러한 재일 교포들의 민족적 단합은 조국 발전과 민족 번영에 대한 재일 교포들의 애국심과 향수를 불러일으 켰고 조국에 대한 지원 활동이 구체적으로 실현되었다.

여기서는 지금까지 재일 교포들이 벌여 온 본국 지원 활동을 정리 하고, 그 특징을 살펴보고자 한다. 조국 지원 활동은 민단이라는 단 체를 통해 조직적으로 이루어졌지만, 그것은 재일 교포들 한 사람 한 사람의 마음과 열망이 하나로 모아져서 이루어진 지원 활동이었 다. 역사적 배경으로 인해 타국에서 살아온 이들의 본국에 대한 지원 활동은 그들에게 어떤 의미를 지니는 것일까? 이 점에 주안점을 두면서 지금까지 다양하게 이루어진 각각의 지원 활동을 사례로 재일 한국인의 '마음의 분석'을 시도해 본다.

(1) 재일 교포들의 본국 지원의 특징

재일 교포들은 조국에 대해서 어떤 방식으로 조직적인 지원을 해 온 것일까? 우선 일본으로부터 독립 후 60년 동안 이루어진 지원 활동을 살펴보도록 하자. 전후 재일 교포들이 조직적 지원에 처음으로 뛰어든 것은 1948년 7월 29일에 개최되었던 런던 올림픽 때부터였다. 이 활동을 주도적으로 이끌어 온 단체는 재일 조선체육협회였다. 이 사업이 한국에 물질적인 이득을 남긴 것은 아니었지만, 일본의 각지에 흩어져 살고 있는 재일 교포들이 하나의 목적을 위해서 조직적으로 힘을 모았다는 점에서 큰 의미가 있다. 또한 재일 교포들의 조국지원운동을 통해 재일 단체들도 단결과 통합을 할 수 있었다는 점이 주목할 만하다.

그다음으로 주목할 만한 지원은 한국 전쟁으로 황폐화된 고향을 부흥시키려는 목적으로 이루어진 지원과 그 연장선상에서 행해진 새마을운동 관련 지원 활동이다. 이 운동에 의해 재일 민단 자체가 새로운 단체로 개편된 점도 주목받고 있다. 민단은 1946년 10월 3일 '재일본 조선거류민단'이란 이름으로 설립된 후, 1948년 8월 15일

[표 1] 전재민의 내역 (1950년 6월 25일 ~ 1952년 3월 15일)　　　　　　　　(단위: 명)

항목	각도 피난민	월남 피난민	전재 빈민	원주민	전재고아	그 외	총계
세대수	421,228	135,745	656,949	890,739	–	–	2,104,661
인원수	1,714,992	618,721	3,419,996	4,375,413	48,322	11,857	10,189,301

[표 2] 구호자의 상황 (1953년 3월 15일 현재)　　　　　　　　(단위: 명)

항목	피난민	전재민	원주 빈민	총계
세대수	508,795	530,205	834,441	1,873,441
인원수	2,379,385	2,683,171	4,065,795	9,128,351

출처 : [표 1]과 동일.　　　　　　　　　　　*원주 빈민은 자력 생계 불능자를 가리킨다.

대한민국 정부 수립과 함께 동년 10월 한국 정부로부터 유일한 재일
동포 단체로 인정받았다.

　하지만 이후의 사정은 그렇게 순탄하지 않았다. 재일 교포들에게
조국으로 상징되는 남한과 북한의 보이지 않는 마찰은 1950년 6월
25일에 이르러 북한군의 남침으로 이어졌다. 개전 초기에는 북한군
이 순식간에 이남을 침공해 불과 개전 2개월 만에 부산 주변을 제외
한 전토를 점령해 버렸다. 한반도가 전장(戰場)이 되어 국토가 전쟁
으로 인해 황폐화되었다. 전쟁이 소강상태가 된 1953년에는 많은 국
민이 가옥을 잃고 생활의 터전을 잃었다. 한국 전쟁은 단기간에 전
쟁으로 인한 대량의 난민을 만들어 냈다. 남한뿐 아니라 북한에서도

난민이 발생하였는데, 피난민이 62만 명에 이르렀으며 전쟁으로 집을 잃은 전재민(戰災民)도 무려 천만 명이 넘었다고 전해진다. 이들은 자신들의 생활 터전을 잃고 소식이 끊긴 가족의 안부를 걱정하면서도 적군의 공습에 대한 두려움을 이후에도 계속 견뎌 내야 했다. [표 1]과 [표 2]는 초기 전재민의 상황을 나타낸 것이다.

이러한 참상을 직접 목격한 재일 교포의 첫 지원 활동은 민첩하게 이루어졌다. 북한군의 침공이 이루어진 지 불과 2개월 후인 1950년 8월 17일부터 민단 도쿄본부 주최로 '한국 전쟁 전재민 구호 가두모금 운동'이 시작되었다. 민단이 통합된 지 2년밖에 되지 않았음에도 불구하고 도내 50개 지부로 나뉘어 각각 10명 정도의 인원으로 가두모금을 실시했던 것이다. 무더운 날씨에 어린이와 여자까지 동원하여, 일본의 전통적인 붉은 날개(赤い羽根) 공동 모금이나 초록 날개(綠の羽根) 모금 운동의 사이에 끼어들어 전쟁으로 궁핍해진 조국의 부흥을 위한 모금 운동을 전개했다. 전재민 구호 모금 운동은 점차로 확대되어 각 현(縣) 지부 단위로 확대되었고 전국적인 규모로 전개되었다. 1952년에는 재일 대한부인회 중앙본부가 모금 운동을 시작하여 중앙 본부에서 지방 지부로 확대되어 가는 양상을 보였다. 소수의 단원에 의해 이루어진 이러한 운동은 재일 교포들의 존재를 일본 사회에 알리는 동시에 전쟁으로 피폐해진 한국의 참상을 알리는 효과도 있었다. 그리고 무엇보다도 재일 교포들이 이 모금 운동을 통해 연대감을 강화하고 일체감을 느끼게 되었으며 나아가서는 민단

조직과 부인회 등의 단체 내에서의 결속을 다진 점에 의의가 크다고 할 수 있다.

이처럼 재일 교포들의 모국 사랑에 가득 찬 조국 지원 활동은 이후에도 고향 발전 사업이나 국가적 재해 및 재난을 당한 시기와 식량난에 빠졌던 시기에도 계속되었다. 그리고 혈연이나 지연으로 맺어진 이들에 대한 생활 지원은 당초의 생활에 대한 지원에 그치지 않고 점차로 확대되어 생활환경 정비 협력으로까지 이어졌으며, 도로·교량·상하수도·전력·학교·병원 등의 사회 간접 자본 건설 및 장학회 등 교육 분야에도 투자는 계속되었다. 이것이 70년대 초의 새마을운동 지원으로 연결된 것이다.

이러한 재일 교포들의 전후 60년에 걸친 모국지원을 유형·연대별로 정리 종합한 것이 [표 3~5]이다. 재일 교포들의 본국 지원 활동을 총괄적으로 정리해 공표된 자료가 그동안 존재하지 않았으나 2008년 한국 재외동포 재단의 지원으로 재일 동포 모국 공적 조사위원회에서 재일 교포들의 주요한 지원 활동을 수집 정리하여 『모국을 향한 재일 동포 100년 足跡』이라는 서명으로 공표하였다. 본 표는 이에 덧붙여 『민단신문』 및 그 외의 자료로 추가 작성한 것으로 본고에 있어서의 조직 및 단체에 의한 재일 교포들의 지원을 정리한 핵심적 자료가 되고 있다.

재일 조직에 의한 본국 지원 활동을 정리해 보면, 다음과 같은 특징을 지적할 수 있다.

[표 3] 단체·조직에 의한 모국 지원 활동의 개요(1950~1960년대)

연도	지원 사업	금액 및 물품 종류
1948년	런던 올림픽 지원	693,031엔(유니폼, 스포츠용품, 기념품 등)
50~53년	한국전쟁 의연 활동	2,030,000엔, 4,532,712원(의료, 모포, 비누, 학용품, 재봉틀, 축음기 50대, 생활필수품 수십만 점, 오르간 10대 두부기계 등)
	고향 발전사업	9,350,000엔(전주 90기, 피아노 6대, 영사기, 학교 건설 등)
62년	순천 수해구호기금사업	5,214,454엔(3회로 분할해 주일 대표부에)
	고향발전사업	30,914,400엔, 539,127,000원(재봉틀 46대, 오르간·피아노 8대, 가로등 120기, 경비정, 자동차, 콜레라 아쿠친, 텔레비전, 의료 수만 점, 학교와 마을회관 건설, 묘목 수십만 주)
63년	본국 식량난 구호사업	41,440,000원
	꽃과 호박 종자 기증사업 (재향군인회 본부)	꽃과 호박 종자 60kg
	라디오 보내는 운동사업	일제 라디오 1,337대
64년	농어촌 문고 만들기사업	한 마을에 1문고(1문고 30권 혹은 6,000엔 기증)
65~66년	본국 수해 의연사업	9,284,554엔(강원·서울·경기)
	모국 가족부양 송금사업	12,856,520엔, 2,917,778,000원(65년, 67년의 2회분)
	재외 의연 활동사업	131,174,292엔, 8,090,595원(수량계, 쌀, 밀, 의료, 모포 등)
67년	본국 한해 재해민 구원사업	6,645,369엔(68년 1월말), 17,235,730엔(68년 9월 26일) (호남·영남)
	방위성금사업	524,000엔

출처 : 『모국을 향한 재일 동포의 100년 足跡』, 재일 동포 모국 공적 조사위원회, 재외 동포 재단 2008년, 『한국 신문』 축쇄판(I, II, III.) 『도표로 보는 한국민단 50년의 발걸음』 재일본 대한민국민단 중앙본부편, 5월 서점, 1997년에 작성.

① 구호·구조형 지원(1950년대~60년대)

구호·구조형 지원은 한반도를 전쟁터로 만든 한국 전쟁이라는 역사적 배경 아래 재일 교포들이 본국 국민인 한국인들에 대해 벌인

한국의 경제 발전과 재일 한국 기업인

구호 활동 및 구조 지원이다. 전후에 볼 수 있는 전형적인 지원 형태에는 구체적으로, 6.25 의연금과 초기의 고향 발전 사업 등이 있는데 고향 발전 사업은 그 후에도 계속 이어져 1970년대의 새마을운동 지원으로 발전해 갔다.

② 망향형(望鄕型) 지원(1970년대~1980년대)

1950~1960년대의 구호·구조형 지원은 이후 재일 교포들의 모국 지원 활동에 있어서 기초적인 토대를 마련함과 동시에 이를 기점으로 지원 활동을 활발하게 하는 촉매 역할도 했다고 볼 수 있다. 재일 교포들은 이 지원 활동을 통해서 자신들의 정체성을 확실히 확립할 수 있었고 나아가서는 조국애를 갖게 되었다. 이러한 활동을 통해서 자신이 직접 조국 발전에 공헌한다는 사실을 인식하게 되면서 지원 활동은 더욱더 다각적으로 이루어지게 되었다. 70~80년대에는 일본뿐만 아니라 멀리 떨어진 타국에서도 지원 활동이 전개되면서 당시 고도 성장기에 접어든 대한민국의 경제적 발전에 큰 공헌을 하였다.

아무런 정보를 얻을 수 없었던 과거와는 달리 본국의 최신 정보나 실정을 알 수 있게 됨에 따라 지원 내용도 본국에서 필요로 하는 것에 집중해서 조달할 수 있게 되었다. 그리하여 지원 효과도 커져 새마을운동을 지원하는 성격을 띠었던 지원 활동은 그 자체뿐 아니라 '새 마음 운동'에도 지대한 영향을 미치게 되었다.

새마을 지원 활동의 일환으로 이루어진 새 마음 운동은 재일 교포

[표 4] 단체 · 조직에 의한 모국 지원 활동의 개요(1970~1980년대)

연도	지원 사업	금액 및 물품 종류
70년	고향 발전사업	392,644,150엔, 34,880,546,300원(농약 살포기 2대, 경비정, 소방차, 구급차, 농기구, 오토바이 1,100대, 경찰 사이드카 67대, X-RAY기, 텔레비전, 비디오, 피아노, 회전의자, 복사기, 영사기, 묘목 수백만 그루, 학교와 마을회관 및 경로회관 건설, 방앗간, 도로포장, 경기장 건설, 교량 건설)
	재외 의연 활동사업	127,843,238엔, 725,513,863원(구호물자 수만 점)
	부산시(경남 진주) 중건기금	600,000,000원
76년	망향의 동산 건설기금사업	500,000,000엔
72~83년	방위성금사업	11,076,000엔, 517,308,663원
72~81년	새 마음 운동 식수기금	36,247,600원
73~82년	새마을 자매결연 지원성금	516,930,000원
	고향 발전사업	388,800,000엔, 14,388,531,000원(도서 수만 권, 피아노, 텔레비전, 농기구, 회전의자, 복사기, 버스, 경찰 사이드카, 소방차, 학교/장학회 설립, 마을회관/관공서 등 신축)
	재외 의연 활동사업	18,405,000엔, 440,730,000원
77년	본국 수재민 구호기부금	114, 643,218원
78년	이리(裡里) 3차 구호성금사업	124,719,700원
79년	본국 수재민 구호기부금	235,000,000원
81년	새 마음 운동 지원성금(오사카 경제인단)	100,000,000원
	5.18 광주시민 기부금사업	100,000,000원
83년	독립기념관 건립기금사업	15,830,000엔, 1,133,570,000원(독립운동가 이봉창 초상화)
	무연고 유골 안장사업	15,000,000엔
87년	평화의 댐 건설 기금사업	5,400,000엔, 1,087,846,000원
87~88년	올림픽 성금사업(후원회)	52,456,654,879원
	올림픽 성금사업(민단 부인회)	121,000,000원
	수세식 화장실 기증사업(민단 부인회)	1,300,000,000원
88년	패럴림픽 후원성금(민단 부인회)	109,446,000원
89년	동의대 참사 조위성금	20,000,000원
89~91년	치안본부 민생치안 위문금	20,000,000원

출처 : [표 3]과 동일.

한국의 경제 발전과 재일 한국 기업인

1세가 묘목을 모으고 그의 자손들인 2세와 3세가 새로운 마음으로 고향에 그 묘목을 심으러 가는 것이었다. 이는 망향형 지원의 전형적인 예로서 서울올림픽 개최를 계기로 대규모적인 지원 활동으로 발전한다. 이 지원은 그 후 국제 이벤트의 지원 모델이 되었으며, 이러한 형태의 지원이 눈에 띄게 많아진 것은 1990년대 이후였다.

③ 국제 이벤트형 지원(1990년대~2000년대)

국제 이벤트형 지원 활동이란 한국이 국제적으로 발돋움하는 데 계기가 된 국제적인 이벤트를 재일 교포들이 물질적으로 지원한 일을 의미한다. 규모에서 보면 8년간에 걸쳐 이루어진 서울올림픽 성금 사업이 가장 컸다고 할 수 있다. 1981년 9월 30일 당시 서독의 바덴바덴에서 개최된 IOC총회에서 1988년의 하계 올림픽 개최지가 서울시로 결정되었다. 이후 8년간 재일 교포들은 민단을 중심으로 88 올림픽 준비 기금 마련에 부단한 노력을 기울여 왔고 총50억 엔에 달하는 자금을 본국으로 보내왔다. 뿐만 아니라 대전시의 엑스포 개최 지원, 2002년 한일 월드컵 공동 개최 지원 등은 이러한 이벤트형의 전형적 사례라고 할 수 있다.

④ 위기 대응형 지원 (1990년대 이후)

재일 교포들은 위기에 강했다. 90년대에 들어서면서 대한민국은 WTO 가입, OECD 가맹 등 국가를 브랜드화하면서 이전보다 국제적

[표 5] 단체 · 조직에 의한 모국 지원활동의 개요(1990~2000년대)

연도	지원 사업	금액 및 물품 종류
90~93년	고향 발전사업	44,000,000엔, 31,051,611,000원(장학회 설립, 건물 신축, 가전제품, 묘목 수만 주)
	북한동포구제 성금사업	17,011,541엔, 683,350,000원
	재외 의연 활동사업	205,534,111엔, 959,045,000원
	김전두 경장 조위 성금	10,000,000원
	대전엑스포 후원금사업	10,000,000엔, 171,000,000원
	서해안 헬기 여객선 침몰 사고 성금	10,000,000원
	'재외국민 학생회관' 건립 성금	1,236,000,000원
	독립기념관	독립운동가의 초상화 60점
97년	IMF 위기 지원 송금	78,063,000,000엔(1999년 1월 말)
02년	한일월드컵 후원금사업	11,500,000엔, 765,000,000원
	미술품 및 문화재 기증사업	58,000,000엔, 33,000,000원(미술품 1,593점, 문화재 1,116점, 자료 68,400점 이상)
08년	남대문 복원 모금	587,100,000원

출처 : [표 3]과 동일.

위상이 높아지게 되었다. 하지만 명목적인 수준에 비해 지나치게 시장 개방과 규제를 완화함으로써 펀드멘탈, 즉 기본적인 경제 지표의 취약성으로 인해 재벌의 잇따른 도산과 금융기관의 약체화 등을 초래했다. 고도 성장기를 쉴 새 없이 달려왔던 한국은 1997년 아시아 금융 위기의 영향을 받아 성장에 제동이 걸리게 된다. 구체적으로는 외화의 급속한 유출로 인해 통화 위기를 맞이하게 되었고 결국에는 IMF로부터 긴급 융자를 받는 조건하에 한국 정부가 IMF의 관리를 받게 되었다.

97년 외환 위기 당시에 재일 교포들은 개인 계좌를 통해 일본에서 한국으로 외화 송금을 지원하는 '일본 엔화 송금 캠페인(기간: 1997년 12월~1998년 3월 말)'을 추진하였다. 당초 송금 목표 액수를 120억 엔으로 예상하고 시작했는데 1998년 1월말에는 이미 목표액을 초과하여 139억 1,300만 엔에 달했다. 이 지원은 1998년 3월 11일에 열린 49회 민단 정기 중앙위원회에서 기간을 연장하여 한국이 IMF를 극복할 때까지 무기한 지원하는 것으로 결정되었다.

이러한 외환 위기의 경험을 토대로 재일 교포들은 2008년의 미국발 세계 금융 위기가 일어났을 때에도 재일 한국계 은행을 통해 개개인의 한국 계좌로 송금했다고 한다. 이처럼 재일 교포들은 본국이 위기에 처했을 때 하루빨리 그 위기에서 벗어날 수 있도록 신속하게 대처해 왔다고 말할 수 있다.

⑤ 재해 대응형 지원

재해 대응형 지원은 수해, 한해, 화재, 태풍 등의 천재지변에 대한 지원 형태이다. 이는 특정한 연대에 한하지 않고 이루어져 왔으며, 이러한 형태의 근원은 한국 전쟁이 발발한 이후의 지원에서 찾아볼 수 있다. 한국은 한국 전쟁 중에 사회 간접 자본이 전무한 상태로 어려움이 계속되었지만, 이후 재일 교포들의 물심양면적인 지원에 힘입어 부흥 사업을 적극적으로 추진했다. 먼저 주택·기업 시설, 공공시설 등으로 대변되는 생활 인프라와 도로, 도시, 하천, 상하수도 등의 산업 인프라에 투자해 왔다.

그러나 추가적인 재해를 막을 방재 사업은 거의 이루어지지 않았다. 게다가 도시 외의 지역에 대한 인프라의 구축이 늦었다. 60~70년대의 한국은 자연재해에 대비할 충분한 준비가 없었기에 많은 피해를 입었다. 구체적으로는 1962년 8월에 전라남도 순천 지구를 중심으로 막대한 피해를 가져온 폭풍우가 있었다. 또한 1965년 6월, 60년만의 큰 가뭄으로 마음 졸이고 있던 농촌에 7월 15일과 16일, 대폭풍이 중부 지방을 덮쳐 1925년 대홍수 이래 가장 끔찍한 대참사를 일으켰다. 치산치수 공사의 지연이 자연재해의 피해를 보다 증폭시켰던 것이다. 재일 교포들은 본국에서 일어난 이러한 참사에 각별한 경제적 모금 활동을 펼치며 지원 활동을 펼쳐 왔다.

(2) 런던올림픽 지원 활동

재일 교포들이 전후 처음으로 조직적인 모국 지원을 실시한 것은 제14회 런던 올림픽에 참가한 한국인 선수단에 대한 지원 활동이다. 1948년 7월 29일부터 8월 14일까지 개최된 런던 올림픽은 대한민국이 처음으로 참가한 올림픽이기도 하다. 한국 역사상 최초로 참가했던 올림픽은 전 국민과 모든 해외 동포들의 염원으로 이루어진 것이라고도 할 수 있다. 하지만 엄밀하게 말해, 이 당시에 한국은 하나의 국가로서 자격을 부여받아 참가한 것이 아니었다. 1948년 5월 총선거에서 국회가 구성되고 대통령이 당선되었지만 독립적인 국가로서의 대한민국은 건국되지 않았었다. 구체적으로는 국가 건국 선언과 건국식이 거행된 것은 올림픽 폐막식 다음 날인 8월 15일이었다. 따라서 정식 국가로서의 올림픽 참가를 위한 조건을 충족시키는 것은 아니었지만, 실질적으로는 헌법 제정 등 국가 체제는 이미 갖추어져 있었기 때문에 IOC가 참가를 허가해서 세계 59개 참가국의 일원이 되었던 것이다.

한국 선수단 총원 67명은 서울에서 부산으로 내려가 6월23일 배로 하카타(博多) 항에 입항한 후 도쿄를 거쳐 요코하마 항에 기항했다. 그들의 방일 환영행사를 기획한 것은 재일본 조선체육협회였다. 광복 후의 혼란한 상황 속에서 남북 긴장이 고조되고 국가로서의 체계가 전혀 갖추어지지 않은 상태에서 올림픽에 참가했기 때문에 그에 대한 준비도 충분히 되어 있지 않았었다.

재일 교포들은 적극적으로 본국의 올림픽 참가 준비를 위해 힘썼다. 조선체육협회는 한국 선수단이 일본에 머물렀던 기간에 손수 접대를 했다. 동 협회는 70만 재일 교포들을 대표하여 한국 선수단이 불편함이 없도록 정성을 다했다. 선수단이 사용하는 유니폼이나 서포터, 스타킹, 국기, 대회기, 카메라 필름, 안전핀, 재봉 용구, 바셀린 등의 의약품, 먹물과 붓, 꽃다발 등의 사소한 소지품 그리고 현지 교통비, 초대 손님의 숙박비와 교통비, 선수단의 환송 및 환영 비용 등이 모든 것을 준비한 것은 일반 재일 교포들이었다. 이와 관련된 총 비용은 약 70만 엔에 달했다.

전후 처음으로 조직적인 지원 활동을 했던 런던 올림픽 당시의 지원은 이후의 본국 지원 활동에 있어서 모델케이스가 되었다. 그때까지 독립 국가가 아닌 대한민국에 대해 재일 교포들은 전후 일본 내에서 선수단이 필요로 하는 경기 관련 물품뿐 아니라 올림픽 기간 동안 필요한 생활용품에서 이동 경비나 대회기, 완장 등 사소한 물품에 이르기까지 빠짐없이 준비해 주었다. 본국으로부터 재일 교포들에 대한 직접적인 지원 요청도 있었을 거라고 추측되지만, 무엇보다도 재일 교포들은 마치 자신이 대회에 출장하는 양 금전적인 지원을 아끼지 않았고 이러한 마음이 하나가 되어 693,031엔이라는 거액을 모을 수 있었던 것이다.

그뿐만 아니라 한국은 일본 육상경기연맹으로부터도 지원을 받았다. 일본 육상경기연맹은 투척용 창, 원반, 해머(hammer) 등 당시 한국에서는 조달이 곤란한 국제 경기용 용구를 증정하는 등 한일 협력 요소도 포함되어 있었다. 당시 일본의 식민지로부터 해방된 지 불과 3년밖에 지나지 않아 한국인에게 있어 일본 육상경기연맹으로부터의 지원은 고마움보다는 굴욕감을 느꼈을 것으로 생각될 수 있다. 하지만 오히려 그러한 감정을 극복하고자 하는 의도에서 이루어진 것이 올림픽을 통해 이루어진 한일 교류였다. 게다가 선수단이 부산항에서 일본에 도착할 때까지 미 제8군이 보호해 주었기 때문에 이러한 측면에서 보면 한미 제휴의 일면도 포함되어 있다고 할 수 있다.

즉 한국의 런던 올림픽 출장 지원에는 조국에 대한 각별한 애정을 갖고 열성적으로 지원을 아끼지 않았던 재일 교포들이 중심에 있었고 대외적으로는 일본과 미국의 국제 협력이 있었기에 이루어졌다고 할 수 있다.

이 지원은 그 후 한국 정부가 활발한 국제 교류를 추진한 것과 맞물려 일본과 미국 등의 국가 대 국가로서의 관계가 더욱 깊어졌다는 점에서 한국의 국제 교류 요소의 원형이 되었다고 할 수 있다. 또한 전후 재일 교포들 역시 생활이 윤택하지 않았음에도 불구하고 본국과 본국 선수단에게 물질적인 지원을 아끼지 않았던 점은 그들의 조국 사랑이 어느 정도였는지를 충분히 가늠할 수 있다.

(3) 새마을운동 지원 활동

1970년대에 들어서면서 한국 경제는 급속한 공업화와 수출 촉진에 의해 급속히 발전했다. 그러나 이러한 고도성장 속에서 도시와 농어촌 지역과의 격차는 벌어져서 '발전하는 공업·정체하는 농업'의 구도가 매우 심각한 문제로 대두되었다. 또한 생산과 고용에서 1차 산업이 차지하는 비율이 높았고 균형적 국가 건설을 도모하기 위해서는 농어촌의 개발이 무엇보다 시급한 문제였다.

이러한 경제 상황을 배경으로 박정희 대통령은 1970년 4월 22일,

지방 장관 회의에서 "새마을 가꾸기 운동이라고 해도 좋고 알뜰한 마을 만들기라고 해도 좋을 것이니, 스스로 의욕을 가지고 노력하는 마을은 정부에서 적극 지원하는 방식으로 하라"는 지시를 내렸다(포항시 홈페이지). 이것이 새마을운동의 첫 계기였다. 그러나 이 촌락 개발이 그대로 새마을운동이 되어 전국적으로 실시된 것은 아니었기 때문에 당시 몇 개의 파일럿 프로젝트가 진행되었다.

예를 들면, 새마을운동 발상지인 경상북도 포항시 기계면 문성촌은 5.16 이후 농지가 적은 가난한 마을에 양수장과 도로 확장, 뽕나무 밭 조성, 양계 그리고 누에고치 등의 사업을 촉진하기 위해 1960년대 후반부터 독자적으로 노력해 온 촌락 개발 운동이 인정받았고, 그 후 정부의 새마을 모범 마을이 되었다. 이렇게 모범 마을로 선정된 곳들은 성공적 촌락 개발 프로젝트로 선정되어 다른 지역에도 소개되었고, 이로 인해 새마을운동이 점차 전국적으로 확대되어 간 것이다.

그러나 1972년의 10월 17일 특별 선언, 12월 27일 유신 헌법 공포, 73년 3월 12일 9대 국회 개원 등 일련의 유신 체제가 강화되는 시대적인 배경 속에서 새마을운동은 유신 체제하에서 국가 건설의 기반이 되었다. 또 농어촌 신개발 방식과 농어촌민의 정신 개발 운동으로서의 의의도 있다.

민단의 새마을운동 지원은 이러한 본국의 변화에 대응하며 전개되었다. 민단은 그 당시까지 '베트콩 사건' 등의 남북 대립에 의해 민단 자체의 경제적인 손실이 막대했기 때문에 이를 타개하기 위해서는 새로운 조직 만들기와 그에 알맞은 정신 개혁이 필요했다. 그래서 본국 새마을운동 지원을 계기로 스스로 자조·자립·협동으로 대표되는 새마을 정신을 배워 그것을 재일 사회에 전파하고 민단 그 자체의 재구성이라는 측면에서 개혁을 시도했다. 또한 민단은 새마을운동 지원과 함께 '새 마음 심기(묘목 식수) 운동'에도 착수했다.

새마을 지원은 당초 오사카 본부 등 지방 지부 단위로 이루어졌었는데, 한국의 33,267개의 리·동으로 전개되고 있는 새마을운동에 호응하기 위해서 재일 사회에서도 1973년 3월의 민단 중앙위원회에서 다음의 4항목의 기본 방침을 결정하여 4월 20일 전국 조직에 전달했다.

1. 결연 대상: 10대 도시에서는 민단 지부 단위로 본국의 모범 새마을과 결연을 맺는 것을 원칙으로 하며, 소규모 지부에서는 2~3개의 지부가 합동으로 추진한다. 그 외의 지부에서는 상황에 따라 현(縣) 본부 단위로 결연을 맺어 상호 협조하며, 조직의 통합화·단일화를 도모한다.
2. 결연의 지원 규모: 대형(400~500만 엔), 중형(200~300만 엔), 소형(100만 엔 이상)으로 분류하여 10대 도시에서는 중형 이상의 규모를 바람직한 것으로 한다.
3. 결연의 시기: 본국의 새마을 사업 추진 기간을 결연 시기로 하지

만, 본 운동의 제1단계 기간을 73년 6월 15일부터 7월 31일까지로 정하고, 이 기간 내에 결연 사업을 진행한다.

4. 결연 운동 방식: 각 지방 본부에서 결연 목표를 설정하고 수, 규모, 본국의 희망 지역을 명시하여, 73년 5월 31일까지 중앙본부에 사전 보고를 실시한다.

(김부환 편저 「재일 한국인 사회 소사」(오사카 편, 1977년)

이러한 방침에 따라 민단 중앙본부가 중심이 되었고 지방 본부는 전국적인 새마을 기부금 모금 활동을 실시했다. 그리고 각 지부의 대상 새마을 지역이 선정되었다. 구체적으로는 1973년 7월 16일에 서울의 신명여자고등학교 삼일당에서 민단 새마을 자매결연식을 거행하고, 그 후 122개 리·동을 방문하여 각 마을에 모금 총액 417,762,232원을 분배했다. 이 사업으로 총 148개 마을에 504,050,000원의 지원금을 기부했다. 이러한 자금은 새마을의 도로·교량, 상하수도, 전력, 학교, 병원, 장학회 등에 집중적으로 투자되었으며, 단기적으로는 위생·의료 환경 개선, 교육 기회의 증대를 장기적으로는 소득 상승을 도모하는 등 전반적으로 농어촌의 삶의 질 향상에 이바지하였다.

또한 민단은 독자적인 지원으로서 60만의 '새 마음 심기 운동'도 전개했다. 이것은 1973년 2월에 푸른 희망의 정원을 만드는 녹화 운동이다. 이 사업은 재일 60만 명 중 1세가 묘목을 모으고 이를 2세·3

세가 본국에 가서 식수 활동에 직접 참가하는 것으로, 실시 기간은 1973년 2월 14일부터 4월 14일까지 근 2개월간 이루어졌다. 그중 4월 2일부터 14일까지는 한국에서 정한 식수 기간이었다고 한다.(『한국 신문』1973년 2월 17일자) 이 식수 활동은 도쿄 본부가 중심이 되어 모금 운동을 통해 모든 경비를 조달했다. 재일 교포들로 조직된 청년단은 당시 발전상에 있는 조국의 모습을 보고 돌아왔다. 그리고 모국 발전은 "단순한 물질적인 자극뿐만 아니라 이보다 더 숭고한 사명감과 자기희생을 수반하는 적극적인 자세가 중요하다.……새 마음 운동의 목적은 본국의 청년 학생들의 이러한 자세를 확립하는 자극제 역할을 하며, 더불어 재일 교포들에게도 일본에서 합리적이고 문화적인 신생활을 시작하는 계기로 한다"고 활동 사항을 보고했다.(『한국 신문』 1973년 5월 19일자)

(4) 서울올림픽 지원 활동

88 올림픽 지원 활동은 재일 교포들이 본국에 지원했던 것 가운데 가장 큰 규모의 지원 형태였다.(146쪽 [표 4] 참조) 서울시가 1988년의 올림픽 개최 후보지로 등록한 이래, 재일 사회에서도 올림픽 유치에 대해 상당한 관심을 보여 왔다. 경쟁 도시로는 일본의 나고야도 있었지만, 1981년 9월 30일에 독일의 바덴바덴(Baden Baden)에서 열린 제84회 IOC 총회에서 서울시가 52표를 받고 당초 유리하다고 여겼

던 나고야는 그 절반 정도인 27표밖에 얻지 못했다. 그리하여 서울시가 제24회 하계 올림픽의 개최 도시로 확정된 것이다.

민단은 1982년 3월의 정기 중앙위원회에서 '서울올림픽대회 재일한국인후원회'를 결성하기로 정하고, 6월의 전국 지방 단장·중앙 산하 단체장 회의에서 정식으로 결정했다. 이보다 몇 달 앞서서 재일한국인 부인회는 1981년 11월 22일에 회의를 열어, 올림픽 지원을 위해서 개회 때까지 '1일 1엔 모으기 운동(돼지저금통 운동)'을 추진하

[표 6] 부인회 기증 화장실 일람표

① 경상북도(慶尙北道) 경주시(慶州市) 황성공원
② 제주도(濟州道) 서귀포시(西歸浦市) 천지연 폭포 내
③ 충청남도(忠淸南道) 부여군(扶余郡) 부소산(扶蘇山) 광장
④ 경기도(京畿道) 안양시(安養市) 석수 유원지
⑤ 경기도(京畿道) 강화군(江華郡) 전등사(傳燈寺) 입구
⑥ 강원도(江原道) 강릉시(江陵市) 경포대 해수욕장
⑦ 강원도(江原道) 원성군(原城) 치악산 국립공원
⑧ 충청북도(忠淸北道) 제원군 월악산(月岳山) 국립공원
⑨ 충청북도(忠淸北道) 중원군(中原郡) 미륵리(彌勒里) 미륵마을야영장
⑩ 전라북도(全羅北道) 순창군(淳昌郡) 강천(岡泉)산 공원
⑪ 전라남도(全羅南道) 영암군(靈岩郡) 나불리(羅佛里) 영산호 야영장
⑫ 경상남도(慶尙南道) 양산군(梁山郡) 통도사(通度寺) 경내
⑬ 제주도 남제주군 안덕계곡(安德溪谷)
⑭ 서울특별시 올림픽공원 내

출처 : 『민단 50년사』에서 작성.

기로 하고 전국적으로 전개했다. 그 결과 [표 4]에서 보는 것처럼, 올림픽 성금 사업에 1억 2,100만 원, 수세식 화장실 기증 사업에 13억 원, 그리고 패럴림픽 후원 성금 1억 944만 6천 원이라는 거액을 지원했다. 그리고 1일 1엔 모으기 성금의 대부분은 [표 6]에 나오듯이 공공시설의 구식 화장실 개조에 사용되었다.

'후원회'의 활동은 당시의 오사카흥은 이사장인 이희건의 주도로 전국의 민단 조직을 통한 협력 체제로 이루어졌다. 민단은 1983년 3월, 전국 지부와 재일 한국인 경제계를 총망라한 회합에서 지원 활동을 위한 주요 사업으로 다음의 7대 항목을 결정했다.

1)올림픽 시설 확충과 운영 자금 지원 2)일본에서의 대표 선수 강화 훈련 지원 3)우수한 재일 동포 선수의 발굴 육성 4)86 아시아경기 대회 및 88 서울올림픽 대회의 적극적인 참관 5)공산권 국가에 거주하는 해외 동포 참관 지원 및 강화 6)일본 국민에 대한 올림픽 참관 권유 7)계몽 및 참관 안내를 위한 홍보 활동.

이러한 기본 방침에 따라서 선전·홍보 활동과 모금활동이 전국적으로 전개되었다. 그러나 모금 활동을 전개하면서 성금이 일정 금액(1만 엔) 이상일 경우 세금을 납부해야 한다는 것을 알게 됐다. 다시 말해, 기부금은 과세 대상의 일반 기부와 공제 대상의 특정 기부로 구별되는데, 여기서 모은 기부금은 일반 기부로 분류되어 과세 대상이 적용된 것이다. 이에 대해 민단은 일반 기부를 특정 기부로 변경하기 위해 대책 회의를 열고 그 방법을 강구하였다. 그리고 당시 일본 대장대신(大藏大臣)에게 호소하는 직접적인 행동을 통해서 1986년 3월 예산 위원회를 통해서 타케시타 노보루(竹下登)대장대신의 긍정적인 회답을 받아냈다. 그 후 11월부터 성금이 면세 대상이 되는 특정 기부금으로 분류되었으며, 민단은 전국 단원들의 기부금에 대해서 증명 서류(영수증 등)를 발행하고 기부자는 세금 신고 시에 그것을 첨부하는 것으로 해당 연도의 소득액으로부터 1만 엔 이상 기부금도 공제받을 수 있게 되었다.

이러한 노력을 통해서 기부금은 예상보다 큰 성과를 거둬 각종 올림픽 시설의 건설 자금에 투입될 수 있었다.

(5) IMF 통화 위기 지원 활동

1996년 10월, OECD 이사회는 한국의 OECD 정식 가입을 인정했다. 이것으로 한국은 아시아에서 일본 다음 가는 선진국임을 공식적으로 인정받은 것이다. 그러나 OECD 가입에 관한 심사 과정에서 규제 완화를 요구함으로 한국의 경제법이 개정되었다. 이로써 금융 부문이나 외국 자본법 등이 완화되어 한국의 취약 부문이 외국 기업과의 경쟁에서 한층 더 불리한 입장에 놓이게 되었다. 급기야 "OECD에 들어가고 싶은 사람은 대통령뿐이다"고 할 정도로 정부를 제외한 모든 경제 주체가 당시의 경제 상황에 대해 비판적인 시각을 가지고 있었다.

그로부터 1년 후 11월 20일 미명에 한국은 돌연 IMF에 긴급 자금 융자를 신청하였고, 다음 날인 21일 이른 아침부터 각종 매스컴은 이 사실을 앞 다투어 대대적으로 보도했다. 국내 시장에 외화가 떨어져 다음 달 외화 지불에도 곤란을 겪을 만큼 대외 채무 불이행 직전의 상황이 돌발한 것이다. 바로 1년 전 OECD에 가입하며 선진국 대열에 진입했다고 도취되어 있던 한국이 외환 위기로 인해 "일류국에서 5류국으로 전락했다"고 보도되는 등 국가 신용도가 급격하게 떨어지고 말았다. 그 후 한국 정부는 IMF와의 협의를 거듭하여 1997년 12월 3일 합의에 이르렀다. IMF는 210억 달러를 직접 지원하는 대신 외국인 투자 규제 완화와 긴축재정 유지 등의 융자 조건을 제시했다. 선택의 여지가 없었던 한국은 이 조건을 받아들였고 IMF는 곧 12월 6일에 55억 달러를 그리고 12월 18일에는 35억 달러를 융자받았다. 동시에 한국 정부는 곧바로 경제구조 개혁을 단행했다. IMF에 의한 관리 기간은 1997년 12월 3일부터 2001년 8월까지 3년 8개월간이었으며, 한국은 이 기간 내에 융자받은 금액을 변제하여 그 관리로부터 빠져나온 것이다.

한국이 IMF 체결에 합의한 이틀 뒤, 12월 5일 민단은 즉시 '재일민단 긴급성명서'를 단장 명으로 발표하고 본국의 통화 위기에 대처하기 위해 각 단원들이 적극적으로 협력할 것을 호소했다. 그리고 구체적인 지원 방침으로는 [표 7]에 나오는 5개 조항을 제시했다.

60만 재일 동포가 직·간접적으로 외화를 본국에 보내는 방법에

① 재일 동포 기업의 본국 투자를 한층 더 활발하게 추진

② 재일 동포 각자가 외화예금 은행계좌 개설, 1가구당 1통장 만듦(1가구당 10만 엔 이상 송금)

③ 한국 정부가 발행하는 외화 표시 채권을 적극적으로 구입

④ 일용품을 포함하여 보다 많은 국산품을 애용

⑤ 해외여행은 자제하고 일본인과 재일 동포의 본국 여행을 적극 장려

출처 : 「모국을 향한 재일 동포의 100년 족적」, 64쪽

대해서 구체적으로 기술한 것이다. 민단은 1998년에 제2차에 이어 제3차로 긴급 호소문을 발표하고 계속해서 엔화 송금 운동에 박차를 가했다. 한편 미송금자와 송금할 의사는 있으나 그 방법을 모르는 사람들에게는 송금 시에 필요한 외화 통장의 신청서 작성 방법 등을 알려 주었다. 그리고 보다 적극적으로 송금 원조 운동을 추진하기 위해 금융기관과의 협의를 거쳐 송금 캠페인 기간 중에는 200만 엔 한도 내에서 일체의 송금 수수료가 면제되게 하는 등 민단이 모든 방법을 사용하여 선두에서 외화 송금 운동을 이끌었다.

재일 동포 모국 공적 조사위원회의 조사에 의하면, 이렇게 송금된 금액은 본래의 목표인 120억 엔을 훨씬 초과하는 돈이 모여서 1998년 1월 말에는 139억 1,300만 엔이, 1999년 1월 말에는 780억 6,300만 엔이 송금되었다고 한다. 그 후 이 운동은 IMF 금융 위기가 끝날 때까지 기간이 연장되었으며 IMF 관리하에서 벗어난 2001년 8월까지 3년 8개월 동안 계속되었다. 이외에도 국채 매입, 부인회의 쇼

핑·여행과 같은 재일 동포의 한국 여행 촉진 등 여러 가지 방법으로 본국에 외화 공급을 지원했다. 또한 한국에 있는 친척이나 가족 방문 등 개인적인 수준에서도 외화의 본국 유입이 이루어졌다.

이 지원의 의미는 외환 위기 당시 일반 재일 교포들에게 외화 송금 노하우를 전수한 것이 계기가 되어 그 후 일반 사람들의 자발적 자금 송금 지원 방식이 확립되었다고 한다. 2008년의 세계 금융 위기 때에도 자발적인 외화 송금이 활발하게 이루어진 것이 그 증거라고 할 수 있다.

(6) 주일 공관의 기증과 재일 향우회의 지원 활동

① 주일 한국 공관의 기증

현재의 주일 한국 대사관의 부지(3086평)는 오사카 거주 재일 기업인 서갑호(徐甲虎 阪本紡績 사장)가 기증한 것이다. 도쿄 미나토구 아자부(東京都港區麻布) 소재의 그 토지는 지역적으로 1등급 토지일 뿐만 아니라 이전에 마쓰카타 마사요시 공작(松方正義公爵), 요나이 미쓰마사(米內光政) 해군 장관, 주일 덴마크 공사의 저택으로 사용된 유서 깊은 장소로 알려져 있다. 마쓰카타와 요나이는 총리대신을 역임한 거물이다. 제2차 세계 대전에서 패전한 후 연합국의 점령하에 있었을 때 덴마크 공사가 저택으로 사용하고 있던 것을 서갑호가 구입해서 주일 한국 대표부에 대여했던 것이다. 서갑호는 그 자금을 한국은행 도쿄지점에서 차입했다. 1952년경부터 서갑호는 주일 대표부에 시설을 무료 임대하고 있었지만, 1962년 8월 15일 광복절을 기해서 그 부지 및 시설을 국유 재산으로 사용해 주었으면 하고 박정희 국가 최고 회의 의장(당시)에게 기증서를 전달했다.

1970년 오사카 만국박람회가 개최되었을 때, 박람회장에 한국관을 건설하기 위한 자금 2억 4,000만 엔(70만 달러)을 재일 동포들이 모금해서 한국 정부에 기탁했다. 한국관은 박람회 기간 중 625만 명이 관람함으로 대성황을 이루었다. 이에 자신감을 가진 긴키(近畿)지방 재일 동포들은 오사카 총영사관 건설 기성회(한록춘 회장)를 발족시켰다. 기성회 회원들은 우선 3억 2,000만 엔을 거출하여 오사카의 중심가 니시 신사이바시(西心齋橋)에 토지를 구입했다. 건물 건축에 필요한 비용은 재일 민단 조직이 모금 활동을 전개해서 모았다. 민단 오사카 본부를 비롯하여 교토(京都), 시가(滋賀), 나라(奈良), 와카야마(和歌山) 등의 관서 지방 본부 및 각 지부로부터 구성되는 오사카 총영사관 모금 추진 위원회가 결성되어 조직적으로 모금 활동을 전개했고, 그로 인해 당초의 목표액을 훨씬 넘는 8억 엔이 모금되었다. 1974년 9월, 지상 9층 지하 2층 연건평 5,699평의 근대적 빌딩이 완성되었다. 이는 부지 구입으로부터 설계 및 공사비에 이르기까지 재일 동포의 기부금에 의해서 조달된 공관이었다.

고베(神戶) 총영사 관저는 70년대 중순 효고현(兵庫縣) 거주 재일 동포 자산가가 6억 엔을 거출하여 건설했다. 그 외에 재일 동포 개개인들과 민단 조직에 의한 공동 모금으로 기증된 주일 한국 공관 및 관저에는 요코하마 총영사관, 나고야 총영사관, 후쿠오카 총영사관, 센다이 총영사관, 시모노세키 총영사관, 삿포로 총영사관 등 9개 공관이 포함된다.

이와 같이 주일 한국 공관 및 관저의 대부분은 재일 동포의 기증에 의해서 건설된 국가 재산이기에 조국에 대한 재일 한국인의 선물이라고 말할 수 있다.

② 전남개발협회의 지역 산업 발전에 대한 기여

고향이 같은 재일 전라남도 출신들이 1965년 7월 도쿄에 모여 전남개발협회를 설립했다. 일본 각지로부터 200여 명이 모였다. 1961년에 설립된 제주개발협회에 자극을 받아 설립한 것이다. 향토 개발을 지원하는 것이 주목적이었다.

66년 3월에 전남개발협회는 아시아 기술 협력회를 알선하여 전라남도 출신 2명을 신원 보증하고 초청한 다음, 그들이 치바시(千葉市)에 있는 일본 농림성 축산 시험장에서 햄, 치즈, 버터, 야쿠르트 등의 식품 가공 기술을 연수할 수 있게 해 주었다. 2명은 1년간 동 시험장에서 식품 가공과 관련된 고도의 기술을 습득하고 귀국해서 한국의 식품 가공 업계에서 활약했다.

66년 11월에는 전라남도로부터 죽공예품 생산 기술자를 일본에 파견하여 훈련시키고 싶다는 요청이 있었다. 이 요청에 따라 재일 전남개발협회는 2명을 초청해서 2개월간 일본의 죽공예품의 생산 기계 조작, 견습 디자인 연구, 공장 및 시험장의 시찰, 직업 훈련소에서의 연수, 죽공예품 생산지의 견학 등을 시키기로 하고 모든 준비를 갖추었다. 그러나 연수생들의 여권 발급이 되지 않아 이 초청 사업은 실현되지 못했다. 그러나 애향심은 잊지 못했다.

또한 전라남도의 남해안 지대는 온난한 기후로 감귤 재배에 적절하였으며, 시험 재배한 결과 성과가 있었다. 따라서 전라남도 지사는 일본제 감귤 묘목의 기증을 요청했고 전남개발협회는 67년 4월에 1만 600그루를 비롯해서 5년간에 10만 그루를 기증했다. 첫해에 보낸 감귤 묘목은 완도, 진도, 고흥, 여천, 무안군 등에 식수되었다.

전라남도는 농업과 수산업이 주요 산업이었지만 영세 농가가 많았으므로 농약 살포도 뜻대로 안 되는 상황이었다. 이러한 상황을 생각해서 전남개발협회는 고향의 농업 진흥과 소득 증가에 조금이라도 도움이 되고 싶다는 생각에서 전라남도 도청에 헬리콥터 2기를 기증했다. 헬리콥터는 공중에서 농약을 분무하는 데 활동했을 뿐만 아니라 다도해 지역의 응급 환자의 수송에도 긴요하게 사용되었다.

③ 재일 경남도민회의 식수 운동

한국 각지에 재일 한국인이 보낸 수목이 산재하고 있다. 일본 각지에 거주하고 있는 재일 한국인들이 개인 또는 고향의 친목회, 도민회 등의 이름으로 고향의 산천에 벚꽃나무, 소나무, 감나무, 밤나무 등을 식수하여 고향 산천의 녹화 사업에 공헌하고 있다.

그중에서도 재일 경남도민회는 1976년부터 2008년까지 매년 식목의 날을 전후하여 고향에 식수를 보내고 있다. 그들이 33년간 경상남도 각지에 식수한 수목만 해도 20만 2,321그루에 이른다고 한다. 2008년 식목의 날에는 재일 경남도민회 유지 600여 명이 참가하여 경상남도 사천시 사천초전생활 공원에서 10종류의 수목 1만 4,375그루를 식수했다. 관계자는 이 운동을 앞으로도 계속하고 싶다고 말했다.

(7) 재일 교포의 지원 동기

마지막으로 재일 교포들의 본국에 대한 경제적인 지원 동기를 살펴보기로 하자. 비록 재일 교포들이 타국에서 살아 왔다고는 하지만 한국에서 태어나서 자라 온 사람들보다 어떤 의미에서는 더 강한 조국애를 가졌다고 할 수 있다. 여기서 조국애라고 하는 것은 애국심과 구별하지 않고 둘 다 동일한 것으로 간주한 것이다. 애국의 대상은 조국(선조의 나라), 모국(출생국), 본국(국적국), 거주국(현재 거주국)으로 나누어지나 이 중 어느 국을 사랑해도 애국심으로 간주할 수 있다.

더 구체적으로 말하면 애국심은 크게 내셔널리즘과 패트리어티즘으로 나뉜다. 내셔널리즘(국수주의, 민족주의, 국가주의)이란 국가 형성 과정에서 그 속에 귀속하는 국민으로서의 가치를 존중하는 것이며

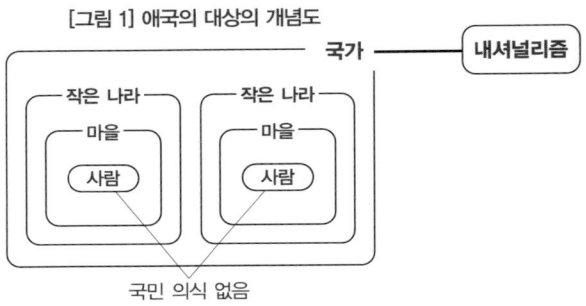

[그림 1] 애국의 대상의 개념도

출처 : http://allabout.co.jp/career/politicsabc/closeup/CU20080616A/index.htm
을 참고로 작성.

그 국민으로 귀속되는 것이 자신의 최대 가치로 생각하는 것이다. 그러나 패트리어티즘은 국가 형성 이전부터 존재했던 것으로 국민으로서의 의식은 없으나 출신지나 특정한 향토의 일원으로서 지역민에 대한 애정 애국주의·애향주의·조국애·향토애를 느끼는 정을 의미한다.

재일 교포들의 조국 지원에 나타나는 동기는 기본적으로, 태어나서 자라났던 공동체나 향토를 사랑하고 자애하는 즉 패트리어티즘에 가깝다고 할 수 있다.

한국 전쟁 후 본국에 대한 구호 활동과 고향 발전 사업에서부터 새마을운동으로 연결되는 일련의 지원 활동은 일반적인 인도 차원의 지원을 넘어 강한 패트리어티즘에 기반을 둔 것이라고 할 수 있다.

한국의 경제 발전과 재일 한국 기업인

그러나 조국이 발전하고 재일 사회도 발전하면서 조국 공헌의 동기도 서서히 바뀌고 점차 내셔널리즘의 특징을 나타내게 된다. 그 계기가 된 것이 88 올림픽 지원이나 IMF 지원 활동이다. 여기에서는 향토 발전이라고 하기보다는 국가적 행사에 대한 참가 의식이나 국가의 위기 극복을 위한 것이 주된 목적이 되었다는 점에서 주목할 만하다. 그리고 그 애국심은 세계 금융 위기에의 외화 송금 운동이나 국보 남대문 소실의 기부금 모금 활동 등으로 이어지고 있다.

이상에서 언급한 바와 같이, 조직적 지원 차원에서 보면 재일 교포들의 애국심은 패트리어티즘에서 내셔널리즘으로 점차 변화해 왔다고 할 수 있다. 그리고 지원 활동을 주도해 온 민단이 본국에서 인정한 유일한 재일 정부 대행 기관이며, 박정희 시대부터 본국 정부로부터 일정의 금액을 지원받고 있다는 점 등 이전과는 달라진 민단의 위상을 느낄 수 있다. 다시 말하면, 민단은 재일 교포들의 애국심을 고취시키는 역할을 해 왔다고 할 수 있다. 그러나 지금까지도 재일 교포들은 '위기에 강한 해외 국민'으로서 국가적 위기에 자발적으로 많은 지원을 해 왔기 때문에 그들의 내셔널리즘은 조직 요인과 개인 심리가 병존한 것이라고 할 수 있다. 그러나 개개인의 애국심으로서는 여전히 그 동기가 패트리어티즘에 기반하고 있으며 각자의 고향에 대해 느끼는 애향심과 지연 또는 혈연관계에 대한 감정 역시 그 근본에는 패트리어티즘에 바탕을 둔 것이라 할 수 있다.

【참고 문헌】
· 『모국을 향한 재일 동포의 100년 足跡』 재일 동포 모국 공적 조사위원회, 재외 동포 재 단, 2008년.
· 『한국신문축쇄판(韓國新聞縮刷版)』〔Ⅰ〕1964-1969, 한국신문사, 민단 중앙본부선전국, 1969년.
· 『한국신문축쇄판』〔Ⅱ〕1969-1974, 한국신문사, 민단 중앙본부선전국, 1974년.
· 『한국신문축쇄판』〔Ⅲ〕1945-1963, 한국신문사, 민단 중앙본부선전국, 1974년.
· 『民團 50年史』 재일본 대한민국 민단 중앙본부, 민단 50년사 편찬위원회, 1997년.

3

교육 문화 사업에 의한
사회 경제 발전에 기여

경제 발전에는 유능한 인재가 필요하다. 특히 개발도상국의 인재 양성은 긴급한 과제이다. 한국은 전통적으로 교육에 열성적이다. 학교가 없을 때는 서당에서 천자문 같은 한문을 배웠었다. 재일 1세들은 공부를 하고 싶어도 가정의 경제적인 사정으로 인해 학교에 못 다니거나 고등교육까지 못 받은 사람들이 많다. 사업에 성공한 재일 기업인들은 자신이 과거 그러한 처지였기 때문에 인재 육성 및 육영 사업을 시작했다. 그래서 장학 재단의 설립, 학교 설립, 장학회 설립 등 육영 사업으로 인재 양성하는 기업인들이 많이 있다. 일종의 교육 인프라스트럭처 정비 사업에 재일 기업인들이 담당한 조국에 대한 공헌이라 할 수 있다.

　제3장에서는 교육 및 장학 사업을 통해서 인재 양성에 진력한 저명한 기업인들을 소개하고, 문화 및 스포츠 분야에서 공헌한 사람들을 소개한다. 재일 기업인들은 차별이 많은 일본 사회에서 오히려 그 차별을 격려로 삼고 일본인들이 기피하는 틈새시장을 찾아 과감하게 도전하여 사업에 성공했다. 그들의 경험을 통해 일본 사회의 사회 환경을 이해할 수 있을 것이다. 또한 문화 및 스포츠 분야에서 남달리 재능을 가지고 성공하여 조국에 기여한 사람들도 많이 있는데 그중 2명의 저명한 사람을 소개하고자 한다.

1. 교육 장학 사업으로 인재 육성

1. 박용구 나가노 신이치로 · **2. 곽유지** 박일 · **3. 강길태** 나가노 신이치로
4. 정환기 나가노 신이치로 · **5. 김희수** 신경호 · **6. 권병우** 양경희
7. 배익천 나가노 신이치로 · **8. 유봉식** 박일 · **9. 성종태** 나가노 신이치로
10. 한창우 나가노 신이치로 · **11. 최학림** 나가노 신이치로 · **12. 박헌행** 양경희

1. 박용구(朴龍九)

박용구육영회 창립자, 인재 육성에 공헌(1908~1978년 충북 청주시 출생, 재일 1세)

실업가로서의 성공 | 박용구는 1908년에 충청북도 청주시에서 태어나 1927년에 단신 일본으로 건너갔다. 돈 한 푼도 없이 의지할 곳도 없는 고생의 연속이었지만, 도쿄 고토구 오시마(江東區大島)의 조그마한 공장에서 선반공으로 일하면서 기술을 습득했고 이것이 실업가로서 성공하는 계기가 되었다. 습득한 기술을 바탕으로 맨주먹으로 (주)요시가와(堅川)기계 제작소를 시작했다. 그리고 사장과 직공 1명으로 발족한 회사가 급성장하여 종업원 200명을 거느리는 중견 기업이 되었다. 1945년에는 쥬오(中央)기계 주식회사로 사명을 변경했으며, 전후에는 한층 더 발전하여 기업의 다각 경영에 나섰다. 그리하여 (주)쥬오호텔, (주)간다(神田)청과, (주)도요(東洋)인쇄 등을 설립하였고, 그 후 1954년에는 전쟁으로 황폐한 수도 도쿄의 부흥에 참여하기 위해서 중앙 토지 주식회사를 설립했다. 그 회사의 기획력과 실행력이 각 방면에서 평가받게 되어 일본 경제의 성장과 함께 눈부신 실적을 올렸다.

박용구는 기업에서 얻은 이익을 사회에 환원할 생각을 하고 있었다. 그 기회를 찾고 있을 무렵, 재일 한국 기업인들 사이에 기업 활동을 효과적으로 촉진하고 조국의 경제 발전에 기여하려고 하는 움직임이 있었음을 알게 되었다. 그리하여 1959년 6월 20일 재일 한국인 경제연합회 창립총회가 개최되어 박용구가 초대 회장에 취임했다.

박용구육영회 설립 | 근대화 노선을 추진하고 있었던 박정희 정권

하에서 한일 국교 정상화의 기운이 높아지고 있었다. 1964년 3월 한국을 방문한 박용구는 한국의 상황을 자세히 견문하고 조국에 정말 필요한 것이 무엇인지를 생각했다. 그리고 일본에 돌아가서 친지들과 상의한 결과, 한국이 긴급하게 필요로 하는 것은 근대화를 촉진하는 인재 육성이므로 일본에서 유학하고 있는 이공계 한국 학생들에게 장학금을 수여하는 것이라고 생각했다.

재단 법인의 설립에는 일본 문부성의 인가가 필요했다. 문부성에 제출한 설립 허가 촉진 진정서에는 "한국은 불행히도 38도선의 존재가 근원이고 또한 농림·수산 등의 제1차 산업을 기간으로 하는 산업 구조가 한국 경제의 재건과 나라의 근대화를 저해하고 있습니다. 한국의 경제 부흥과 후진성의 탈피에는 과학기술의 진흥에 의한 산업 구조의 개혁이 긴급 과제입니다"라고 기재되어 있었다.

박용구가 구상한 육영회는 두 가지 면에서 이색적이었다. 하나는 한국인 유학생만을 대상으로 하는 육영 사업이며 또 하나는 박용구라는 한국인의 이름을 붙인 육영회라는 것이다. 담당 관청인 문부성은 이 점에 난색을 보였다. 이 어려운 과제를 극복하기 위해서는 원군이 필요했다. 그래서 임원들을 당시 일본 사회의 각계 제일인자들로 구성했다. 가미무라 겐타로(上村健太郞) 일본도로공단 총재, 오하마 노부모토(大濱信泉) 와세다 대학(早稻田大學) 총장, 다케다 다케시(武田孟) 메이지대학(明治大學) 총장, 이토 히데토(伊藤日出登) 전 문부성 사무차관, 오쓰키 분페이(大槻文平) 미츠비시광업(三菱鑛業)사장(후

한국의 경제 발전과 재일 한국 기업인

의 일본경영자단체연맹 회장), 기무라 데루히코(木村照彦) 아사히신문(朝日新聞)도쿄 본사 편집국장, 이케다 겐조(池田謙造)미츠비시 신탁은행(三菱信託銀行)상담역, 하세가와 슈운(長谷川峻) 중의원 의원 등이 이사진에 포진했다. 이사장에는 박용구가 취임했고, 감사는 쥬오토지 고문 변호사인 기무라 하마오(木村濱雄) 변호사를 위촉했다.

1964년 10월 관계 서류를 준비하여 '재단 법인 박용구육영회'설립 허가 신청서를 문부성에 제출했다. 기무라 변호사가 주로 문부성과의 교섭을 담당했다. 그런데 문부성과의 교섭 과정에서 두 가지 점이 문제가 되었다. 우선 한국인 유학생만을 대상으로 하는 육영 사업이 과연 공익이라고 할 수 있는가 하는 점이었다. 일본법에 따라 설립 허가되는 공익 법인의 '공익'은 일본 사회의 이익 즉 일본의 불특정 다수에게 이익이 되지 않으면 안 되며, 외국인 유학생만을 대상으로 하는 육영회는 전후 설립된 적이 없다는 의견이었다. 그래서 박용구는 한국인 유학생이 일본에서 과학기술을 배워서 조국에 돌아가 그것을 한국의 경제 재건과 근대화에 기여하게 되면 한일 양국의 우호친선의 가교 역할이 되며, 그것은 일본국 헌법 전문에 선언되어 있는 아시아의 평화와 번영에도 바람직하다는 점을 설득시켰다. 그렇게 해서 사업 목적은 일본의 공익에 부합된다고 설명하여 문부성 담당관도 이해해 주었다.

또 하나는 박용구라는 개인의 성명을 붙인 육영회는 전례가 없고 매명 행위로 볼 수 있다는 것이었다. 하지만 박용구가 매명을 하려고 생각했다면 다른 방식으로도 얼마든지 할 수 있었을 것이고 육영 사업을 선택할 필요가 없었을 것이다. 한국에는 박, 김 등 동성의 사람은 셀 수 없을 정도로 많을뿐더러 일본인의 성명과 한국인의 성명은 세상에서 통용되는 의미가 다르다는 점을 설명하여 결국 납득을 시킬 수 있었다.

사업 목적은 '일본의 대학에 유학하고 있는 한국 국적을 가진 우수한 학생 및 일본의 직역에서 기술을 전공하고 있는 한국 국적을 가진 사람 중에서 경제적 이유로 수학 또는 기술 전공이 곤란한 사람에게 수학 또는 기술 전공을 돕기 위해 필요한 육영 장학 사업을 실시하여, 한국의 과학기술 진흥에 공헌하는 우수한 인재를 육성하고 아울러 한일 친선을 도모하는 것을 목적으로 한다'는 것이었다.

박용구는 육영회 설립 취의서에서 "나는 한국에서 태어나서 일본에 와서 30년 남짓을 실업에 종사해 왔습니다. 이 점에서 보면 일본은 제2의 고국이며 마음속으로부터 한국과 일본의 친선 우호를 원하고 있습니다. 재일 한국인 학생은 현재 대학 이상만으로도 4, 5천 명을 넘는다고 합니다. 그 중 대부분은 고학생이고 학비 마련을 위해 노동에 종사하고 있으며 너무 피곤해서 학업을 중도에 포기하는 학생도 나타나고 있습니다. 이것은 한국 입장에선 커다란 손실이며 나아가서는 한일 양국의 우호 친선을 위해서도 좋지 않은 영향을 미치게 됩니다. 따라서 이러한 상황을 그저 보고만 있을 수 없어서 적지만 재산을 투입하여 자연과학을 전공하고 있는 재일 한국인 학생에게 수학하는 데 필요한 경비를 지급해서 그들을 육성시키면 과학 진흥과 양국의 친선에 미력이나마 경주할 수 있지 않을까 하는 마음으로 본 재단을 설립하고 싶습니다"라고 기록되어 있다.

문부성과의 교섭의 결과, 일부 문언을 정정한 후 1966년 12월 27일 설립 허가가 이루어졌다. 당시의 신문은 '외국인(한국인)을 위한 외국인(한국인)이 운영하는 법인 조직으로서는 처음으로 허가된 재단법인'이라고 보도하고 있다.

장학 사업 개시 | 설립 당시의 자금은 박용구 개인 및 관련 기업으로부터 모아진 기부금 1억 2,600만 엔으로 시작했다. 육영 학생에게는 대학에 납부하는 수업료와 통학 구간의 정기 승차권 교통비 그리고 수학비가 지급되었다. 수학비는 첫해인 1967년에 학부생 월 2,500엔, 대학원생 월 5,000엔이었지만 1968년에는 학부생 월 4,000엔, 대학원생 월 6,000엔, 1970년에는 학부생 6,000엔, 대학원생 10,000엔으로 물가 상승에 따라 지급액을 올려 왔다. 그 후로도 2년마다 상승하여 1980년에는 학부생 25,000엔, 대학원생 30,000엔이 되었다. 박용구육영회에서 장학금을 수여받은 재일 한국인 학생은 1967년도의 15명을 시작으로 1981년까지 15년간 총계 698명이었으며, 1975년 한 해에는 최대 65명이 되었다. 2008년까지 동 육영회는 연인원 약 2,000명에게 육영금을 지급하고 있으며, 수년간 계속해서 지급받은 학생도 많다.

설립자이며 초대 이사장인 박용구는 불행히도 1978년에 병으로 쓰러져 세상을 떠났지만, 장남 박충서(朴忠緒)가 유지를 계승해서 제2대 이사장으로서 육영 사업을 계속하고 있다. 설립 당시는 이공계 학생을 우선했지만, 그 후 한국 경제의 발전과 사회 상황의 변화에 따라 문과계 학생에게도 지급하고 있다. 최근의 수여 비율은 이공계 학생 65%, 문과계 학생 35%이다.

수급자들의 활약 | 당시 경제 상황의 어려운 환경에서 재일 한국인 학생의 대부분은 아르바이트를 하려고 해도 적당한 일자리가 없었다. 한국 민단의 사무실 등에서 일하면서 학업을 계속하는 학생도 많았다. 그래도 민단은 대우가 좋은 편이였다. 이러한 때 박용구육영회의 장학금은 매력적이었는데 학생들이 학업과 연구에 몰두할 수 있었기 때문이다. 동 육영회 장학금을 수여받고 박사 학위 또는 석사 학위를 취득한 후 귀국해서 한국의 학계·관계·정계·실업계 등에서 활약하고 있는 사람이 많이 있다. 1986년 11월 현재의 자료에 의하면, 실제 인원 326명 가운데 대학 교수가 128명, 정부 기관 근무자가 23명이며, 나머지는 민간 기업 및 가타 분야에서 일하고 있다고 한다. 특히 대학 교수로서 인재 육성에 힘쓰고 있는 사람이 40%를 차지하고 있으며, 귀국하지 않고 일본의 대학과 기업에서 활약하고 있는 사람도 다수 있다고 한다.

최근 5년간 동 육영회 출신의 졸업 후 진로를 보면, 종래의 학계뿐 아니라 한국 대기업 재벌 그룹(삼성, LG, 현대 등)에 취직하는 사람들도 눈에 띈다. 또한 미국이나 유럽의 연구 기관에서 연구를 계속하는 사람들도 다수 있다. 그 외에도 일본 내의 대기업에 취직하는 사람, 대학에서 강사로 일하는 사람들도 있다.

1983년 3월에는 동 육영회 출신의 한국 조직인 주한 박용구육영회 동우회가 결성되었다. 육영생의 상호 친목과 박용구육영회와의 제휴를 강화하는 것이 목적이다.

【참고 문헌】
· 재단법인박용구육영회(財團法人朴龍九育英會) 『15년의 발자취』, 1981年
· 재단법인박용구육영회 『설립 20년을 맞이하면서』, 1986年

2. 곽유지(郭裕之)

한국에서 관광 사업·고려대학교 일본연구센터 설립(1917년 충남 금산군 출생, 재일1세)

인삼과 못 생산으로 자금을 모으다 ┃ 곽유지는 1917년 충청남도 금산군에서 태어나 1935년 18세 때 고향을 떠나 일본으로 건너갔다. 곽유지가 일본에서 처음으로 시작한 일은 일본산 인삼을 한국에 판매하는 무역업이었다. 당시 한국에서 판매되는 고려인삼은 값이 비싸 한국의 서민들이 구입하기 어려운 사치품이었다. 한편, 일본의 인삼은 한국 인삼에 비해 품질은 조금도 떨어지지 않으면서 가격 면에서는 엄청나게 저렴했다. 심지어 먹지도 않고 버려지는 것도 많았다. 인삼에 대한 한일 간의 가치 차이에 주목한 곽유지는 일본산 인삼을 한국에 가지고 가서 싼 가격으로 팔면 반드시 돈벌이가 될 것이라고 생각했다. 곽유지는 나가노(長野)산 인삼을 한국에 들여온 다음 한국 인삼 가격의 10분의 1정도로 판매하니 순식간에 전부 팔려 나갔다고 한다.

그러나 인삼 무역은 곽유지의 기업인으로서의 야심을 채울 수 있는 것이 아니었다. 1930년대 후반 전쟁이 점차 격렬해지자 군수 공업에서 철제품들이 많이 필요하게 될 것이라고 생각한 곽유지는 못 제조로 특화된 철공소 경영에 착수했다. 처음에는 철에 대한 지식이 전혀 없어 시행착오를 되풀이했지만 결국 단단한 쇠못을 만드는 데 성공했다. 품질이 좋으면서 납기를 잘 지키는 성실한 태도가 인정되어 곽유지가 만든 못은 아주 잘 팔렸다고 한다.

온천업과 호텔 경영에 도전 | 전쟁이 끝난 후 못 제조로는 더 이상의 비전이 없다고 생각한 곽유지는 새로운 사업으로 전환해 보기로 했다. 일본산 인삼의 무역과 철공장으로 자금을 비축한 곽유지가 다음으로 관심을 보인 일은 관광 사업이었다. 이전부터 관광업에 흥미를 가지고 있던 그는 기후가 좋고 유명한 온천들이 많으며 교통 이용이 편리한 오카야마(岡山)에 새로운 관광 시설을 만들면 성공할 것

이라고 생각했다.

곽유지가 생각한 새로운 관광 시설이란 온천이 솟아나는 곳에 숙박 시설을 겸비하여 24시간 영업을 하는 건강 랜드였다. 당시 일본에는 수많은 온천지가 있었지만 24시간 체제로 영업하는 곳은 한 군데도 없었다. 이렇게 해서 개업한 것이 HOTEL SETO OHASHI SPA RESORT이다. 이 건강 랜드는 24시간 영업으로 호평을 얻게 되면서 순식간에 오카야마의 인기 시설이 되었다고 한다.

곽유지는 36세 때인 1953년에 교토의 일등급 토지인 니죠조(二條城) 앞에 위치한 미쓰이(三井) 본가 땅을 매수했다. 이 매수 사실이 알려지면서, 일본의 오랜 전통을 자랑하는 상인의 본가 토지를 재일 한국인 실업가가 매입했다며 한국의 매스컴에서 크게 보도되었다. 한국인에 대한 일본인들의 편견과 차별이 심했던 당시로서는, 일본의 유서 깊은 토지를 한국인이 매수하게 되리라고는 전혀 생각지도 못한 일이었기 때문이다.

1963년 곽유지는 매입한 미쓰이 본가 터에 니죠 관광호텔을 지었다. 그는 오카야마의 건강 랜드를 운영하면서 배운 온천 경영의 노하우를 살려 교토라는 일본의 대표 관광지에 최고의 관광호텔을 만들고자 했다. 니죠조 앞에 건설된 동 호텔은 그의 빈틈없는 운영으로 단기간에 교토를 대표하는 관광호텔이 되었다.

1982년에 곽유지는 노화된 동 호텔을 헐기로 결심했다. 그는 대규모의 개수 공사보다는 차라리 새로운 호텔을 건설하는 것이 더 나을 것이라고 판단했기 때문이다. 곽유지는 4년에 걸쳐 8층 건물의 새로운 호텔을 지었다. 1986년에 완성된 새 호텔의 최상층에는 창문으로 니죠조의 전모를 바라 볼 수 있는 황실 전용의 VIP룸을 만들었다. 교토 재계에서는 최고의 시설과 최고의 서비스를 제공받을 수 있는 호텔이 완성되었다며 화제가 되기도 했다.

1987년부터 곽유지는 젠니쿠(全日空) 엔터프라이즈와 임대 매매 계약을 맺고 한시적으로 동 호텔을 ANA 호텔체인에 대여하여 호텔 이름을 '교토 젠니쿠호텔'이라 하였다. 이것은 곽유지가 만들어 낸 호텔의 품격과 질이 젠니쿠 엔터프라이즈라는 일류 호텔 그룹에서 인정했다는 증거이다. 2001년 곽유지는 젠니쿠에서 동 호텔의 경영권을 물려받아 호텔 회장으로 취임했다. 현재 동 호텔의 경영은 곽유지가 운영하는 유진관광 주식회사에서 맡고 있다.

한국 투자와 조국에 대한 생각 | 곽유지가 한국에 진출한 것은 1970년대에 들어서면서부터이다. 그 전에 몇 차례나 조국을 방문한 그는 그때까지의 비즈니스 경험을 살려서 조국 근대화에 도움이 되고 싶었다. 70년대에 들어서 한국 정부가 '관광 입국을 위한 진흥책'을 발표했기 때문에 외국인 관광객을 위한 서울의 숙박 시설 증가가 필요할 것이라고 생각한 곽유지는 "드디어 기회가 왔다"고 생각했다. 서울에 유진관광 주식회사를 설립하고 무교동에 엠파이어호텔(객실 수 120)을 매수하여 염원이었던 한국에서의 호텔 경영을 시작했

다. 서울을 방문하는 관광객이 증가하면서 엠파이어호텔의 경영은 순조로웠다. 70년대에 들어서 서울 시내에 많은 호텔이 신설되었지만 엠파이어호텔은 증가 추세에 있던 일본인 관광객들의 호평으로 인기 있는 숙박 시설이 되었다. 그러나 1984년 곽유지는 올림픽이 개최될 다음 시대에는 대규모의 특급 호텔이 필요할 것으로 판단하여 이 호텔을 헐기를 결심하였다. 엠파이어호텔의 역사적 사명이 끝났다고 생각한 것이다.

한국에서의 호텔 경영으로부터 철수는 했지만 곽유지가 고향을 생각하는 마음은 그 누구보다도 깊었다. 곽유지의 고향인 금산군 금산읍 중도리에 3,000평의 부지에 청산(靑山)회관이라는 철근 콘크리트 2층 건물이 지어져 있다. 마을 사람들이 가볍게 즐길 수 있는 스포츠·문화 시설로 이용하게 하려고 곽유지가 1983년에 사재를 털어 고향 사람들에게 봉헌한 것이다. 1986년에는 별관이 지어졌으며 회관 내에서는 연일 주민을 대상으로 한 댄스 교실 및 각종 세미나가 열렸다. 지금까지도 청산회관은 마을사람들의 휴식처로 이용되고 있다. 곽유지는 "마을 사람들이 기뻐하는 모습을 보고 있으면 일본에서 고생한 기억들을 전부 잊게 된다"고 회고하였다. 청산회관은 곽유지의 고향에 대한 애틋한 마음이 가득 담긴 건물인 것이다.

2007년 곽유지는 긴키(近畿)산업신용조합의 유봉식 회장과 함께 창립 100주년을 맞이한 고려대학교에 20억 원을 기부했다. 이것을 가지고 고려대학교에서는 일본연구센터에 청산 MK 문화관을 건립했다. 건축 면적 346㎡의 지하 2층, 지상 6층 규모를 갖춘 이 건물에는 본격적인 일본 연구를 할 수 있는 각양각색의 연구실 및 국제 회의장이 완비되어 있다. 곽유지, 유봉식이라고 하는 재일 한국인을 대표하는 2명의 기업인이 세운 이 문화관은 향후 한국에서의 일본 연구의 거점이 될 것이 분명하다.

또한 곽유지는 동 연구소에 재차 사재를 기부하여 '고려대학교 청산 곽유지 장학회'를 만들었다. 이 장학금은 한국으로의 유학을 희망하는 일본인 및 재일 한국인 학생·대학원생들에게 유학 경비(왕복 항공 경비, 기숙사 비용, 수업료, 한국어 교육 프로그램에의 참가 경비, 체류 비용 전액)를 제공하고 있다. 외국인 대상의 장학금 제도가 많지 않는 한국에서 이러한 장학금 제도가 만들어진 것은 매우 의미 깊은 일이며 높이 평가해야 할 일이다. 일본에서 많은 것을 배운 곽유지는 이 장학금 제도를 이용하여 일본인 학생들도 한국에서 많은 것을 배울 수 있기를 기원하고 있다.

3. 강길태(姜吉泰)

인재육성의 요람. 청암대학의 발전(전남 순천시 출생, 1921년~, 재일 1.5세)

열정육성 50년, 희망의 50년 ┃ 청암대학 교정에 들어서면 「진리·

지성·용진」이라고 하는 교훈이 새겨져 있는 거대한 바위가 있다. 이 교훈은 설립자의 교육 이념인 동시에 건학 정신을 나타내고 있다

청암대학은 이러한 교육 이념의 원리로 교직원과 학생이 한마음으로 노력한 보람으로 지금까지 55년간에 걸쳐 지역사회에 다수의 인재를 배출하여 순천을 대표하는 사학으로 발전하였고, 타 대학에서는 보기 드문 열정이 있으며 미래를 개척하는 희망이 넘치고 있다.

청암대학은 1954년에 순천간호고등기술학교로 개교한 이래 1973년에는 순천간호전문학교, 1979년에는 순천간호전문대학으로 발전했다. 그러다가 교육학과 확대에 따라 1993년에는 순천전문대학으로, 1998년에 순천청암대학으로, 2010년에는 청암대학으로 교명이 변경된 이래 오늘의 성장과 발전을 이루었다.

올해로 창립 56주년을 맞이하는 청암대학의 고도성장에는 설립자인 강길태 총장의 헌신적인 노력이 있었기에 가능하였음을 대학 관계자는 물론 지역 주민 모두가 인정하고 있다. 1982년 당시 도립 순천간호대학이 재정 적자로 폐교의 위기에 처했지만 이듬해 지역 주민의 열망에 따라 이 대학을 인수하고 현재의 순천시 덕월동에 현대식 교사를 신축하고 면학 분위기를 바꾸어 선진 대학으로 실현시킨 사람이 바로 강길태 총장이다.

가난과 역경속에서도 꽃피운 불굴의 정신 ｜ 1921년에 순천시에서

태어난 강길태는 매우 빈곤한 가정에서 성장하였다. 초근목피로 연명하기도 어려웠기에 형 세 명도 어렸을 적부터 남의 집에서 일했고 자신도 일하면서 초등학교에 다녔지만 그는 결코 가난한 생활에 절망하지 않고 도전과 노력을 게을리 하지 않아 오늘날의 빛나는 인생을 확립하였다. 야간 학교조차 갈 수 없는 형편 때문에 13세까지 일하고 14세 때에 "공부를 하고 싶으니까 학교에 보내 주세요"라고 초등학교 선생님에게 부탁해서 부모를 곤란하게 했던 에피소드도 있다.

식민지 시대에 휘말렸던 형제의 생명력도 실로 대단하다. 둘째 형 계중(桂重)은 23세 때 홋카이도 탄광에 징용되어 도탄의 괴로움 속에서 광복을 맞이하고 오사카시에서 순천상사를 운영했다. 애족의 정이 강했던 그는 반공 순국단 대표, 한국민단 오사카 본부단장을 4회 연임하였다. 한일조약 조인 전후의 재일 한국인 사회에 있어서 계중의 역할은 참으로 대단하였다.

넷째인 강길태는 긴키대학(近畿大學)에 다니면서 오사카 시립대학에서 연수를 받고 민단 오사카 이구노지부 의장직에 있으면서 계중형의 비서로서 재일 동포나 고향을 위해서 많은 일을 기획하고 추진했다. 특히 한국에서 독농가를 초청하여 일본의 선진 농업기술을 습득시켜 한국 농업발전에 전력을 다한 실적도 높이평가되고 있다.

아우인 길만도 청년시대는 오사카에서 풍성한 결실을 보았으며 1974년에는 한국 국회의원 선거에 당선되어 국정에 참여하기도 했다. 이처럼 세 형제가 오사카에서의 온갖 어려움에도 불구하고 만인이 인정하는 입지를 굳혀 금의환향하게 되었다. 차후 강길태 총장을 대학 설립자로 우뚝 서게 한 것은 순천청암고등학교의 설립으로 시작되었다.

순천청암고등학교 설립 ㅣ 한국의 제9대 국회의원선거가 1974년 봄에 행해지게 되자 강길태 총장은 아우인 길만이 입후보했기 때문에 그 지원 활동을 위해서 오사카에서 순천으로 돌아와 이전에 근무했던 철도청을 중심으로 선거운동에 분주하였다. 각 지역을 순회하던 중에 순천시에는 여성이 다닐 수 있는 학교가 순천여고와 순천매산고 두 학교밖에 없다는 것을 알고 순천에 처음으로 직업고등학교를 설립하기로 결심을 하였던 것이다. 그리하여 애국·효도·자립으로 선진조국 건설에 이바지할 인적 자원을 개발한다는 건학 이념으로 한 순천청암고등학교가 1977년 3월에 개교하게 되었다. 교육자로서의 멋진 출발이라 하지 않을 수 없었다.

개교 후의 발전도 순조롭고 당시의 한국에는 거의 없었던 컴퓨터나 복사기 등을 일본에서 도입해서 학생들에게 제공했기 때문에 학교의 지명도가 높아졌다. 전국 상업계 고교 종합심사에서 우수상을 수상하게 되자 전국의 학교장과 교육계 관계자들의 견학이 끊임없이 이어졌다. 최고의 교육 시설과 우수한 교원들에 의해 우수한 졸업생을 사회에 내보낼 수 있게 되었고 명문학교로 발돋음하게 된 것이 대학 운영의 시발점이 된 것이다.

1982년 봄 고광수 씨가 순천시장일 때 송승록 순천 교육감이 방문하여 당시 재정난으로 폐교 직전에 있는 도립 순천간호전문학교를 인수하면 어떻겠느냐는 제안을 받게 되었다. 강길태는 갑작스러운 제의에 놀랐지만 교육 사업에 몸담은 이상, 이를 운명으로 여겨 재건에 착수하였다고 한다. 당시 동 전문대학은 불과 240명(1개 학년 80명, 3학년제)으로 대학 시설도 구태한데다 인수 후에는 도립대학이 사립대학으로 격하된다는 오해가 확산되어 교직원과 학생들이 반대 운동에 앞장서 애를 태웠다. 이러한 난관을 타개하기 위해 강길태 총장은 거액을 투자하여 대학을 신축 이전함으로써 새로운 국면을 맞이할 수 있었다. 이것은 대학 운영자로서 미래를 내다본 멋진 결단력의 산물이었다고 할 수 있다.

실무 중심 교육의 청암대학 ┃ 청암대학은 교육 목표인 교육과정 운영의 내실화, 정보화, 산업화를 통해서 졸업 후 재교육이 필요가 없는 현장 실무 교육을 적극적으로 추진하고 쾌적한 교육 환경을 구축하는 것으로 명실상부한 학생 중심의 대학이 되도록 최선을 다하고 있다.

대학의 특성화에 따라서 금후 교육 방침에 있어 다음과 같은 사항에 전력을 다해 타 대학과는 다른 서비스 개선에 노력하고 있다. 99년에 여수시청 공무원을 대상으로 한 대학 캠퍼스를 개설하고, 2001

년에는 구례캠퍼스, 2002년에 법무부 순천교도소 내에 분교를 설립했다. 또한 산관학 협력 체결 성과를 기초로 해서 인근 관련 기관이나 사회복지시설과 의료 복지시설공단, 지방자치단체와도 유기적인 협력 체제를 구축하여 사회로부터 요구되는 필요에 부응하는 대학상(大學像)을 지향하고, 실무적으로는 지역 사회에 봉사하는 대학을 목표로 최선의 노력을 하고 있다.

최근 경기 침체로 취직 문이 협소해져 큰 사회문제가 되고 있지만 청암대학은 이에 대응하여 학생들에게 실제적인 취업 기회를 제공하기 위해 취직 담당 교수제 실시, 산학관 협력을 체결한 기업을 중심으로 담당 교수가 직접 방문하여 취업 의뢰를 함으로써 취직률을 높이는 것으로 커다란 성과를 올리고 있다.

이 대학을 운영하는 총합경력 관리시스템(ICMS)은 취업 제공 조건이 되는 인간성과 어학 능력, 자격 관리 등 학생들의 경력을 총체적으로 관리하여 취업률 향상에 기여하고 있다.

대학의 현황과 사회적 평가 | 청암대학은 전라남도의 여수공업단지, 광양제철 종합단지, 율촌공업단지 등 대규모 산업 지역 중심에 위치해서 실무 중심 교육의 성과는 매년 취직률 90% 이상이다. 대학 현황은 순천시 본교 외에 여수시, 구례군, 경남 사천시, 법무부 순천교도소 등에 분교가 있고 약 3,500명의 대학생이 27개 학과에서 공부하고 있다.

게다가 2007년 4월부터는 한일문화 교류와 인재 육성을 목적으로 한 분교, 오사카연수원이 오사카시 스미요시구(住吉區)에 개설되었다. 그 졸업생은 이미 SONY, 신한큐(新阪急)호텔 등 대기업에 20명이나 취업해 있고 인턴십과 교직원의 연수 목적도 동시에 달성하면서 글로벌 인재 육성의 적극적인 활약이 열매를 맺고 있다.

순천교도소 내의 분교 운영도 감동적이다. 사회 복귀 후의 새로운 생활에 대비하여 향학심이 있는 수형자는 교도소 내의 분교에서 대학졸업 자격을 얻는 것이 가능하다. 동 대학의 사회적 평가는 매년 실시되는 전국 전문대학 종합평가에서 우수대학의 지위를 확보했다. 또한 2009년도 한국생산성본부, 조선일보와 미국 미시칸대학 공동 실시에 따른 「국가 고객 만족도 조사」(NCSI)에서는 서강대, 고려대, 한국외대 등에 이어 전국 7위에 랭크 되었다.(2009. 12. 16. 조선일보 고객 만족도 조사 참조)

【참고 문헌】
· 강길태 『순천청암대학 50년사』 순천청암대학 50년사 편찬위원회, 2004년

4. 정환기(鄭煥麒)

진주교육대학교 학술연구재단 설립(1924년 경남 진양군 출생, 재일 1세)

청소년기 | 정환기는 1924년에 경상남도 진양군의 비교적 부잣집 농가에서 태어나 3살 때 양친과 함께 부산에서 관부 연락선을 타고 일본으로 건너갔다. 나고야(名古屋)의 미나미오시키리죠(南押切町)에 정착하여 '조선인에게는 집을 빌려 주지 말라'는 시대에 연립 주택 1채를 빌렸다. 부친은 건설 현장에서 일했다. 아침 첫차를 타면 전차비가 할인되므로 이른 아침 어두울 때 일하러 나가 밤에는 별이 뜰 무렵에 귀가했다. 부친은 가족을 위해서 묵묵히 일하는 근면 성실하고 정직한 사람이었다. 모친도 객지 벌이하러 온 동포를 위해 하숙집을 시작했다. 정환기는 성실하게 열심히 일하는 부모를 보면서 자랐으며, 그런 영향을 받아 상업학교에 진학했다. 자신도 일하면서 통학하는 근로 학생이었다. 부친은 어려운 생활환경 속에서도 일해서 모은 돈의 일부를 고향에 송금하여 농토를 사는 것이 즐거움이었다. 언젠가 고향에 돌아갈 생각으로 준비하고 있었던 것이다.

정환기는 나고야 시립 고다마(兒玉)상업학교를 졸업하고 통신사에 입사했다. 통신사 사원은 화이트칼라의 샐러리맨이었다. 그런데 동경하는 직장이었음에도 월급이 낮은 것이 난점이었다. 백만장자가 되는 것이 꿈이었던 정환기는 결국 통신사를 그만두고 줄 만드는 공장에 입사했다.

태평양 전쟁이 격렬해지면서 한국인 청년들에게도 1942년부터 병역 의무가 부과되었다. 정환기에게도 징병 검사 통지가 왔고 검사를 받아 갑종 합격이 되었다. 자신의 신체가 매우 건강하다는 것은 즉시 전쟁에 끌려가는 것을 의미했다. '왜 이 나라에 생명을 바치지 않으면 안 되는 것인가'라고 생각하면서 잠이 오지 않는 날이 계속되었다. 부친은 군에 가기 전에 아들을 결혼시키려고 서둘러 도요하시(豊橋) 건물상의 딸과 결혼시켰다. 당시의 결혼은 선보는 것도 아니고 연애도 아니고 부모끼리 결정하는 식이었기 때문에 본인의 의사는 존중되지 않았다. 결혼식을 올릴 때까지는 상대방의 얼굴도 보지 못한 것이 통례였다. 정환기도 예외는 아니었다.

전쟁은 더욱 격렬해졌고 통제 시대가 되어 물건도 팔리지 않았다. 공습이 심해져 부인의 친가에서는 가족 전원이 고향으로 돌아가 버렸다. 건물상을 계승할 사람이 없어지자 결국 젊은 정환기 부부가 상점을 이어받게 되었다. 당시는 물건이 없는 시대였으므로 물건을 사러 아쓰미(渥美) 반도, 치타(知多) 반도, 이즈(伊豆) 반도 심지어 이시카와 현(石川縣)의 항구까지 열심히 돌아다니며 미역, 까나리, 멸치, 작은 새우 등을 있는 대로 샀다. 그리고 그것을 군수 관련 기업 등에 팔았다. 징병 검사를 받은 동급생들은 거의 출정했지만 이상하게도 그에게는 영장이 발부되지 않았다. 그런데 1945년 6월 미군 B29의 대공습으로 정환기는 1월에 태어난 장녀와 아내를 잃고 말았다. 집이 전소되고 가족은 사별했으며 그때까지 고생해서 모은 전 재산이 하룻밤 사이에 사라져 버림으로 문자 그대로 무일푼이 되어 버렸다.

1945년 8월 15일, 일본은 연합군에 무조건 항복했고 곧이어 많은 한국인이 귀국했다. 아버지도 귀국을 서두르고 11월에 가재를 정리하여 모두 고국에 보냈지만 여러 가지 사정으로 귀국할 수 없었다.

재혼과 새 생활의 시작 ┃ 전재로 의기소침해 있었을 때 재혼 이야기가 있었다. 그리하여 히로시마(廣島)에 사는 부친 친구의 딸, 구일회(具日會)와 결혼하게 되었다. 구일회는 고등학교를 졸업한 막 직후였다. 전재로 무일푼이 되어 버린 정환기는 누님 부부의 후의로 조그마한 방 한 칸을 빌려 신혼 생활을 시작했다. 신혼이던 그 시절, 식량난 때문에 두 사람은 농촌에 가서 야채 등을 사 가지고 와서 나고야에서 팔기 시작했다. 나고야발 밤 11시 야간열차를 타고 나가노현(長野縣)이나 니가타현(新潟縣)의 농촌으로 향했다. 아침 6시경에 도착하여 하루 종일 물건을 사 가지고 밤 11시경 열차를 타고 귀가하는 것이 일상사가 되었다. 이 시각에는 단속이 허술해지기 때문이다. 열차는 장사꾼들로 초만원이었다. 통로도 화장실도 사람들로 가득 찼다. 7시간 동안 움직일 수 없는 상태였다. 가지고 간 옷감 등을 쌀과 교환하거나 돈으로 사기도 했다. 30~40킬로그램의 쌀을 사 가지고 젊은 부부가 열차에 탑승한다. 운 나쁘게 일제 단속에 걸리면 그때까지 수고했던 고생이 한순간에 물거품이 되고 마는데 그런 일도 실제로 자주 있었다. 당시에 겪었던 고생은 젊은 부부의 정신력을 강화시켰고 뭐든지 할 수 있다는 자신감을 가지게 해 주었으며, 그것이 후에 성공의 원천이 되었다.

기성복점 개점과 사업확대 | 당시 나고야에도 암시장이 여러 곳 생겼다. 전후의 혼란기였으므로 정상적인 경제활동은 할 수 없었다. 하지만 이런 시대일수록 비즈니스의 찬스가 되기도 했다. 정환기 부부는 그때까지 모은 돈으로 나고야 역 뒤쪽의 후미진 곳에 단독주택 점포를 9만 엔으로 사서 기성복 가게를 시작했다. 2층으로 된 집이었는데 1층은 점포로 2층은 주거로 사용했다. 처음으로 자신의 점포를 가진 기쁨과 기대에 가슴이 부풀었다. 그는 히로시마(廣島) 방면에서 군수물자의 불하품이 대량으로 유출되고 있다는 얘길 듣고 히로시마로 갔다. 히로시마 역전의 암시장에는 군수물자가 산더미처럼 쌓여 있었다. 그 많은 양에 눈을 빼앗겨 돈이 든 가방을 발밑에 놓고 물건을 만지고 있는 순간, 그만 누군가가 그 가방을 훔쳐가 버렸다. 혼잡한 상황에서 범인을 찾기란 무리였다. 아직 물건은 하나도 사지 않았고 2년간 피땀을 흘리며 모은 전재산을 모두 날려버려 눈앞이 깜깜했다. 맨손으로 돌아갈 것을 생각하니 가슴이 막막하였다. 개점을 1주일 앞두고 물건을 사지 못하면 점포를 열 수도 없었다. 아내에게 뭐라고 해명해야 할지도 모른다. 피나는 고생을 해 가며 모은 자금을 자신의 부주의로 날려 버린 것을 후회만 하고 있었다. 개점일은 크리스마스 전날인 12월 24일로 예정되어 있었다. 1주일밖에 남아 있지 않는데 판매할 물건이 없는 난처한 상황이 된 것이다. 그런데 바로 그때 자신의 양복을 팔아야겠다는 생각이 문득 떠올랐다. 다행히 신장도 체중도 표준형으로 일반용이었던 것이다. 2년간 양복

천 매매를 하면서 마음에 드는 천이 있으면 자기 양복으로 만든 것들이었는데 23벌 정도가 있었다. 20평의 점포를 양복으로 가득 차게 진열할 예정이었지만 23벌밖에 없었으므로 조금 한적했다. 게다가 자신이 마음에 들어 하던 옷들이었기 때문에 팔려도 좋고 팔리지 않아도 좋다고 생각해서 약간 비싼 가격을 매겼다. 그런데 첫날에 반 정도가 팔렸다. 그 이후로 아내와 함께 열심히 일을 한 결과 얼마 후 장사는 궤도에 오르기 시작했다. 기성복 판매뿐만 아니라 양복 주문품을 제작해서 파는 도매상을 시작했다. 양복 만드는 직공을 모집하는 신문 광고를 냈더니 50명 정도가 모였다. 당시는 그가 물건을 만들기만 하면 팔리는 시대였다. 가게는 잘되었고 정환기는 나고야 역 주변에 점포 5군데를 경영하는 경영자가 되었다. 사업은 순조롭게 전개되었고 뒤이어 마쓰야 기계 제작소, 마쓰야 전기 제작소, 와카바(若葉)자동차, 아즈마(東) 교통, 마쓰야 토지, 주식회사 고하쿠(琥珀), 도메이(東名) 볼링장 등을 소유할 수 있었다. 그리고 고하쿠 그룹 회장으로서 지금도 현역으로 일하고 있다.

교육 사업 개시: 아이치한국학원 설립 ㅣ 정환기는 경제적인 성공만으로는 만족할 수 없었다. 재일 동포의 권익 향상을 위해서 아이치 민단의 결성에 참가했으며, 동포들의 금융기관의 필요성을 느껴 금강 신용조합(후에 아이치상은)의 설립에도 참여했다. 일본에서 태어나 일본 사회 속에서 자란 2세, 3세가 모국의 말도 알지 못하고 민족의

역사도 이해하지 못하는 것을 한탄하고 민족 교육의 장소가 필요하다고 생각하는 재일 1세 유지와 함께 1965년에 아이치한국학원 건설위원회를 설립했다. 정환기는 위원장으로 모금 활동을 개시했다. 목표액 1억 엔이 쉽게 모였다. 정환기는 모금이 되지 않으면 스스로 낼 각오로 모금 활동을 시작했지만, 자기는 1,000만 엔만 냈다고 회고하고 있다.

동 학원의 건학 취지는 2, 3세가 호적상만의 한국인이 아니고 일본 사회에서 한국인으로서의 자각과 긍지를 가진 재일 동포 사회의 장래를 맡게 될 국제적 인재를 양성하는 것이었다. 또한 일본 사회의 지역 구성원인 것을 자각하도록 하고 각자 자신의 능력에 따라 지역 사회에 참여하고 일본 사회에서 존경받는 국제인을 육성하는 것이다.

정환기는 아이치한국학원의 설립 이래 35년간 이사장직을 맡아 건학 정신에 따른 민족 교육과 한일 양국의 상호 이해와 협력하는 역할을 해 왔지만, 이제부터는 젊은 세대들이 그것을 계승해 줄 것을 기대하고 있다. 그는 특히 교육 사업에 남다른 정열을 가지고 일해 왔다. 재단 법인 한국교육재단의 설립 당시부터 이사직을 맡아 고액의 재정적인 기여를 하고 있으며 조선 장학회 이사도 맡고 있다.

조국에 대한 공헌: 진주교육대학교 학술연구재단 설립 | 정환기는 조국에 대한 지원 사업을 펼쳐 많은 학교에 장학금을 기부했으며 실

업자 구제를 위해서도 도움이 되고 싶다며 일본에서 정식 송금이 어려웠던 그 시대에도 경제성을 따지지 않고 회사를 설립했다. 물론 받아들이는 태세가 되어 있지 않았고 일본과 한국의 상도덕 습관의 차이 등으로 고생을 하기도 했지만, 1986년에 경기도 부천시에 삼성화학 KK를 설립하여 사업을 궤도에 올릴 수 있었다. 또한 신한은행 창립 멤버로서 한국 금융계에 공헌했을 뿐만 아니라 현재도 신한금융 지주회사 재일 친목 회장직을 맡고 있다. 또한 서울올림픽 때는 조국에서 처음 개최되는 올림픽 경기를 성공시키기 위해서 1억 엔을 선뜻 기부하기도 했다.

주요 교육 사업으로서는 2세들의 교육을 위한 초등 교사 양성 기관인 진주교육대학교에 재단 법인 진주교육대학 가정(佳亭)학술연구재단을 설립하여 1997년부터 2007년까지 10년간 20회에 걸쳐 10억 엔의 기금을 제공했다. 그 기금의 운용 이익금으로 장학금을 지급하고 교수들의 학술 연구비 지급, 해외 파견, 교환 유학생 프로그램 등에 조성되고 있다. 그래서 1999년부터 2007년까지 292명에게 장학금으로 3억 4,350만 원을, 학술 연구비로서 50명에게 2억 2,100만 원을, 그리고 해외 파견 교수 8명에게 7,900만 원을 지급하였으며, 교환 유학 제도에 의해 아이치교육대학 학생 10명에게도 6,431만 원을 지급하였다. 9년간 가정 학술연구재단으로부터 약 7,000만 엔의 연구비 및 장학금이 지불되었으며 기금이 있는 이상 이 지원 사업은 계속될 것이다. 지금까지 58명의 교수와 302명의 한일 양국 학생이 혜택을 받았다. 정환기는 이 중에 훌륭한 인재가 성장할 것으로 기대하고 있다.

정환기는 '신용은 무형의 재산'이라는 신조를 가지고 있다. 그가 일본 사회에서 성공할 수 있었던 것은 '신용' 때문이었다고 한다. 신용이야말로 성공의 비결이다.

【참고 문헌】
· 정환기(鄭奐麒) 『在日을 산다』(增補版), 이쿠에이(育英)출판사, 1998年
· 『주간동아』 2001년 3월 22일, 통권 276호

5. 김희수(金熙秀)

중앙대학교 경영을 맡은 재일 한국 기업인(1924년 경남 마산 출생, 재일 1세)

청소년기 | 김희수는 1924년 경상남도 마산시 진동면에서 태어났다. 조봉대부(朝奉大夫), 동몽교관(童蒙教官)을 지낸 한학자인 조부 김봉기 슬하에서 자랐고 진동공립보통학교에서 초등 교육을 받았다. 그동안 조부로부터는 유학의 훈도를 받고 조모로부터는 기독교 교양을 배워 어린 나이에도 일본의 침략으로 인한 민족적 비극을 깊게 이해하고 있었다. 특히 보통학교 교사로부터 한국의 민족사를 배워 확고한 역사의식도 갖게 되었다. 그는 소년기의 고독과 궁핍함 속에

서도 불굴의 정신으로 학업에만 힘쓰고 있었고, 보통학교를 졸업한 1938년에는 부친이 계시는 일본으로 건너가게 되었다.

김희수는 민족을 돕고 나라를 구하기 위해 무엇보다 실학 교육이 중요하다고 생각해 전기공업전문학교를 거쳐 도쿄전기대학에 진학했다. 수면 시간은 거의 매일 6시간밖에 되지 않았지만 그는 면학에 힘썼다. 그리고 29세 때 졸업을 했다. 그는 이처럼 힘들고 곤란한 생활 속에서도 한국인이라는 자긍심과 기독교의 정의감만큼은 잃지 않도록 노력했다.

졸업 후에는 친형이 경영하는 주식회사 후타바(雙葉)어군 탐지기 전무이사가 되면서 기업 활동을 시작했다. 그 당시 최첨단 어군 탐지기를 대한민국 정부 수립 10주년 기념식(1958년) 때 한국에 처음으로 전시 소개를 했다. 그로 인해 한국 수산업은 비약적인 발전을 이룰 수 있었다. 그리고 경영에 관한 공부와 경험을 쌓은 뒤 독립하여 주식회사 미사와(三澤)제강을 설립했다. 그러나 세계적인 불황 후의 경제상황 변화를 민감히 판단하여 부동산 임대업으로 업종 전환을 결심하게 되었다.

기업인으로서의 성공 ┃ 철강 공장을 처분한 4,000만 엔으로 1961년에 빌딩 임대업 주식회사 가나이(金井) 기업을 설립하였다. 일본에서 제일 번화가인 도쿄(東京) 긴자(銀座)에 토지를 매입하여 첫 빌딩을 지었다. 2년간은 부채 반환 때문에 난방도 되지 않는 방에서 겨울을 보내는 어려운 생활을 해야 했다. 하지만 그는 눈앞의 이익만을 추구하는 것이 아니라 장래를 내다보는 경영을 추구했다. 한 번 매입한 부동산은 절대로 팔지 않았고 부동산 임대업은 산업 사회에 있어서 주요한 사업이라는 기업 이념 아래서 성실하고 정성어린 관리와 임대인에 대한 신용을 담보로 회사는 점차 발전해 나갔다. "나는 한국인입니다. 약속은 반드시 지킵니다. 도와주시면 그 은혜는 결코 잊지 않겠습니다"라는 당당한 태도를 나타냈다.

빌딩 3동, 4동을 건설할 때까지는 은행에 부탁해 융자를 받을 수 없었지만, 8번째 빌딩을 건설할 때에는 일본 은행들이 먼저 '한국인 사업가, 김희수'에게 앞 다투어 융자하겠다고 제안해 왔다. 신뢰할 수 있는 사람이며 그에게 투자하는 것은 확실히 이익을 얻을 수 있다고 판단했기 때문이다. 고통과 고뇌도 많았지만 사업은 순조롭게 성장해 갔으며, 긴자 거리에는 김희수 소유 빌딩이 늘어 갔다.

창립 20주년에는 빌딩 13동을 소유했고 25주년에는 빌딩 23동에 달하였으며 5개 계열 회사를 거느린 가나이그룹으로 성장하게 되었다. 사업 확대 과정에서 한국인이기 때문에 기업 활동의 제약이나 차별과 같은 부당한 대우를 받기도 했었다. 그러나 그는 불굴의 정신으로 극복하여 한국인의 우수함을 스스로 증명하려고 노력했다.

그 후, 사업에 성공하고 나서 김희수는 자산을 어떻게 유효하게 활용할 것인가 그 방법을 생각하게 되었다.

학교 경영의 시작 : 수림외국어전문학교 설립 ㅣ 1980년대에 들어와 본격적인 국제화 시대를 맞이하게 되면서 정치·경제·문화 등의 각 분야에서 국제 교류가 활발히 이루어지게 되었다. 김희수는 국제 사회를 무대로 활약하는 인재 육성의 필요성과 자신의 교육 이념을 실현하기 위해 도쿄도(東京都) 고토구(江東區)에 학교 법인 가나이(金井)학원의 수림(秀林)외국어전문학교를 설립했다. 수림외국어전문학교는 1999년 3월에 일한 통역번역학과, 일중 통역번역학과, 일본어학과로 개편해 현재까지 이어지고 있다. 일한·일중 통역번역학과 재학생과 졸업생은 일본 국가시험인 통역안내사 시험에서 현저한 실적을 올리고 있으며, 또한 국제사회에서 활약할 뛰어난 인재로서 육성·배출되고 있다. 또한 2001년에는 도쿄도 스미다쿠(墨田區)에 수림일본어학교를 설립하였다.

한국 중앙대학교 경영권을 인수 ㅣ 김희수에게는 3가지 한(限)이 있었다. 그것은 1)못 배운 한, 2)가난의 한, 3)나라를 잃은 한이었다. 이 한을 풀기 위해서 그는 무엇인가 해야 한다고 결심했다. 그것이 바로 교육 사업이었다. 언젠가 그때가 오리라 생각해 먼저 자금을 모으는 일에 온힘을 쏟았다. '인생에서 재산을 남기는 것은 하(下)의 인생이고, 사업을 물려주는 것은 중(中)의 인생이며, 사람을 남기는 것이 최고의 인생이다'라는 명언을 가슴에 깊이 새기며 열심히 일했다. 오랜 세월 꿈이기도 했던 인재 육성 사업을 할 장소는 역시 조국이었다. 때마침 한국의 명문 대학인 중앙대학교가 고액의 부채를 안고 경영난에 빠지면서 새로운 경영진을 찾고 있었다. 1987년 당시 학교 법인과 그 산하 기업의 부채 규모는 700억 원에 이르고 있었다. 이 이야기를 전해들은 김희수는 학교법인 중앙대학교를 인수하기로 결심했고 결국 이사장으로 취임했다. 재일 한국인 실업가가 조국의 명문 대학 이사장이 되는 것은 꿈과 같은 이야기였다. 그러나 오랜 세월동안 생각해 온 인재 육성과 그의 교육 이념을 실행하기 위해서는 두 번 다시 오지 않는 찬스이기도 했다.

'공수레 공수거'의 인생철학을 가지고 있었던 그는 기업가로 성공해서 얻은 이익을 민족을 위해 쓰겠다고 생각하고 있었다. 또한 이러한 신념에서 교육 사업을 위해 사용하는 것만이 국가와 민족에게 도움이 될 것이라는 굳은 확신을 갖게 되었다. 이것이 바로 학교 법인 중앙대학교의 경영권을 인수한 순수한 동기였다. 이사장으로 취임하면서 그는 법인 부채 700억 원을 바로 청산했다. 그로 인해 중앙대학교는 새로운 발전의 전환기를 맞이하게 되었다.

우선 대학 캠퍼스 정비, 교사의 신·증축, 도서관 건축, 기숙사와 학생회관 등의 후생 시설 정비, 대학 및 대학원 증설에 따른 교사나 연구실의 신·증축, 슈퍼컴퓨터의 도입 등이 발전 계획에 따라 추진되었다. 대학 경영이 궤도에 오르게 되면서 어느덧 84세의 고령이 된 김희수는 2008년 5월 학교 법인 경영권을 두산그룹에 이양하고 경영의 제일선에서 물러나게 되었다.

재일 한국인 실업가가 인재 육성을 위해서 조국의 대학교에 거액의 교육 투자를 한 사실은 한국의 교육사에 영원히 남을 것이다.

공익사업 지원 | 김희수는 각종 공익사업에도 지원을 아끼지 않았다. 전라남도 목포시에 있는 공생원이라는 고아원에 재정 지원을 하고 있으며, 여러 고아의 후견인이 되어 있기도 하다. 그리고 한국의 민족 음악인 국악을 널리 보급하기 위해 중앙국악관현악단을 지원하고 있다. 그 밖에도 각종 문화·예술 활동에 펼친 지원 활동은 지면 관계상 하나하나 예를 들기가 어려울 정도이다.

서울 송파구 거여동에 있는 뇌성마비 및 지체 장애인 재활훈련센터인 우성원에도 1988년 이후 재정 지원을 하는 등 사회복지 법인에 대한 지원에도 남다른 관심을 보이고 있다.

김희수는 장학 재단 지원 사업에도 깊은 관심을 갖고 있었다. 그것이 1990년 6월에 수림장학연구재단(현, 수림재단) 설립으로 이어진 것이었다. 재단 법인 수림재단은 1,201억 원의 재원을 기반으로 100억 원의 기금을 교육, 장학 및 관련 분야에 지원하는 사업을 추진함으로 명실공이 한국 최고의 공익 재단으로 성장하고 있다. 수림재단은 성품이 뛰어나고 학업 성적도 우수하지만 경제적으로 어려운 학생에게 장학금을 지급하는 일은 물론, 새로운 성장의 원동력이 될 수 있는 첨단 기술 발명에 대한 지원, 노벨상 수상자 배출을 위한 후보자 지원, 글로벌 인재 육성 지원, 평생 학습 지원, 다문화 공생 지원,

교육 연구 지원, 및 사회복지사업 지원에도 헌신적으로 힘을 기울이고 있다. 그러한 그의 신념과 정열은 2009년 6월에는 한국학 연구와 뛰어난 한국 전통문화 발굴 및 지원 그리고 세계 보급을 목적으로 하는 수림문화재단을 설립하기에 이르렀다.

노벨상 수상자의 육성이 꿈 | 김희수의 활동은 재일 교포 사회에 깊은 감명을 주었다. 교육자이자 애국자로서 널리 알려지게 되면서 김희수는 민족적 자긍심 그 자체의 상징이 되기도 하였다. 해외 한국인에게 자긍심을 갖게 하는 커다란 영향을 미침으로써 해외 한국인 사회에서도 모범적인 성공 사례가 되었다.

김희수는 1994년 한국 사립학교 발전에 공헌한 공적을 평가받아, 대한민국 국민훈장(모란장)을 수훈했다. 2001년에는 일관된 교육 철학과 인재 양성에 공헌한 공적으로 러시아 국립 게르첸사범대학교로부터 명예 교육학 박사 학위를 받기도 했다. 그는 수많은 인재를 사회에 배출하고 있으며 남겨진 과제로서 한국인의 노벨상 수상자를 육성하기 위해 최선을 다하고 있다.

김희수는 우리 모두가 찬란히 빛나는 태양빛이 아니라 등잔불처럼 작은 빛일지라도 어두운 사회의 한구석을 비추는 존재가 되었으면 하는 염원을 가지고 있다.

6. 권병우(權炳佑)

인재 육성과 사회복지시설에 공헌(1925~2007년 경북 영덕군 출생, 재일 1세)

향학열로 불타는 소녀의 유학과 결혼 | 권병우가 태어난 경상북도 영덕군 병곡면은 산으로 둘러싸인 궁핍한 농촌이었지만, 그녀의 생가는 많은 토지를 소유하고 가업으로 양조장을 대대로 운영하는 유복한 가정이었다. 그녀에게는 12명의 형제가 있었다. 당시 시골에서는 여자아이는 공부시킬 필요가 없다는 풍조가 보편적이었다. 시집가서 밭일을 하며 건강한 아이를 낳는 것이 여자로서 최대의 의무라고 생각했던 시대였기 때문이다. 그러나 그녀의 아버지는 여자도 교육을 받아야 한다는 신념을 가지고 있었다. 이러한 아버지의 생각으로 인해 권병우는 보통학교에 입학할 수 있었다.

권병우는 보통학교에 입학하고 나서 졸업할 때까지 급장, 부급장을 도맡아 왔다. 학교 선생님을 동경하고 있던 그녀는 졸업 후에 일본에 있는 학교로 진학하고 싶은 소망을 가지고 있었다. 그러나 그녀에게는 어렸을 때 양가 부모들끼리 정한 정혼자가 있어 아버지의 심한 반대에 부딪쳤다. "일본에서 공부하고 싶다고? 공부하고 싶으면 여기에도 좋은 학교가 얼마든지 있다. 학교 선생님이 되고 싶으면 여자 사범학교로 가면 될 것이다. 젊은 여자애가 혼자서 일본 가는 것은 절대로 허락할 수 없다"며 크게 반대했다. 예측하지 못한 아버지의 반대로 좌절감에 빠져 있던 권병우는 일본에 사는 사촌 언니에게 도움을 청했다. 사촌 언니에게 "일본에서는 내가 모든 책임을 지고 돌보겠으니 걱정하지 않으셔도 됩니다"라는 편지를 아버지께 써 달라고 부탁하였다. 사촌 언니의 편지를 받은 아버지는 "이렇게까지 해서라도 일본에 가고 싶으냐!"하고 호통을 쳤지만 결국에는 "열심히 공부해야 한다"며 허락해 주었다.

1938년 14세의 소녀가 혼자서 부관 연락선에 몸을 싣고 일본으로 향했다. 향학심 하나로 아버지의 반대를 무릅쓴 도일이었지만, 이국 여행에 대한 불안감은 너무 심했다. 시모노세키(下關)의 사촌 집에 도착한 권병우는 호기심과 불안 속에서 후쿠오카(福岡)의 마에바라(前原) 고등여학교에 입학했다. 교장 선생님 집에서 하숙하면서 학교를 다녀 1943년에 졸업했다. 당시 그녀 나이는 18세였다.

귀국 준비를 하고 있는데 아버지로부터 편지가 도착했다. 편지에는 '지금 귀국하면 간호사나 정신대에 들어가지 않으면 안 된다. 그러니 당분간 귀국을 보류하고 아마가사키(尼崎)에 사는 사촌 집에 가 있어라'는 내용이 들어 있었다. 그렇게 해서 사촌 집에 살게 되었고, 얼마 후 최맹기라는 청년에게서 구혼을 받게 되었다. 권병우에게는 이미 부친끼리 약속한 정혼자가 있었기 때문에 고민을 했지만, 사촌 부부의 강력한 권유로 결혼하기로 결심했다. 당시 전쟁 때문에 한국과 일본의 연락망이 끊어져 친가와는 연락 두절 상태였다. 친가의 축복은 말할 것도 없이 결혼 통지마저 보낼 수 없는 상황이었다.

사별과 회사 경영에 참가 | 남편 최맹기는 스미토모 고칸(住友鋼管)의 종업원 조달과 운반 일을 하여 생활 기반이 안정되어 있었다. 결혼 후 남편은 마차 1대로 운송 업무도 시작했다. 1948년에는 마차가 7대로 늘어나는 등 사업도 가정도 모두 순조로웠다.

그런데 갑자기 7마리의 말이 전부 보행 장애를 일으키는 최악의 사태가 일어났다. 이 때문에 경영 위기에 몰렸지만, 남편 최맹기는 위기를 오히려 호기로 바꾸었다. 과감하게 융자를 받아 말 대신 중고 덤프트럭을 구입해 '히라야마(平山)운수 주식회사'를 창업하여 운송 사업을 시작한 것이다. 당시 운송의 주력은 마차였으며, 목탄을 연료로 달리는 트럭은 손으로 셀 수 있을 정도로 귀했다. 마차가 감소하기 시작한 것은 1950년경이었지만 1955년까지도 대로에서 마차를 볼 수 있었다. 마차 운반 사업을 할 때 말을 돌보는 일은 권병우의 몫이었는데, 트럭으로 바꾸고 나서는 아주 편해졌다. 사업도 스미토모 고칸의 협력에 의해서 순조롭게 성장하였다.

1960년대에 들어와서 남편의 사업이 활기를 띠면서 트럭이 5대로 증가했고, 아이들도 5명으로 늘어나 권병우는 행복한 나날을 보냈다. 그러던 어느 날 전화를 하던 남편이 갑자기 신음 소리를 내면서 쓰러졌다. 남편은 이전부터 간장병을 앓고 있었는데 이번에는 협심증 진단이 내려졌다. 그 후 남편은 입·퇴원을 반복하는 투병 생활을 하게 되었다.

권병우는 창업부터 사업을 도와 왔지만 남편이 발작을 일으키고 나서는 본격적으로 경영 공부를 하면서 회사 운영을 맡아야 했다. 아이들 5명을 양육하면서 남편의 간병 그리고 회사 경영이라는 세 가지 역할을 동시에 짊어져야 했기에 매우 바쁜 날들을 보냈다. 남편은 투병에서 회복하지 못하고 결국 1966년에 타계했다. 남편의 사망 후에 남은 것은 성장기에 있는 5명의 아이들과 15년간의 남편 투병 생활로 늘어난 부채 2,500만 엔, 그외 개인 부채였다.

1967년 히라야마(平山)운수 대표이사로 취임했지만, 권병우는 아이들의 교육, 생활, 사업 등 앞으로의 일을 생각하면 잠을 이룰 수 없었다. 병약한 남편이었지만 살아 있을 때는 난관에 부딪혔을 때 정신적인 버팀목이 되어 주었고 상담도 할 수 있었다. 병만 나으면 모든 고생이 보답받을 것이라는 희망도 가지고 있었지만, 남편이 죽은 후에는 모든 것을 혼자서 해결해야만 했다. 남성 중심의 사회에서 여자로서의 무력감, 여자이기 때문에 여사장이기 때문에 참아야 하는 것들이 많았다. 여자라는 이유만으로 무시하는 운전기사도 있었다.

그런 가운데서도 그녀에게 위로와 격려가 되어 주며 함께 난관을 극복하려는 사원들이 있었다. 권병우 역시도 때로는 누나처럼 때로는 어머니처럼 사원들의 성원에 보답했다. 그녀는 타인에게는 상냥했지만 자신에게는 매우 엄격했다. 사원들의 관혼상제는 말할 필요도 없이 수시로 회식을 하며 사원들과의 의견 교환 자리를 가졌다. 정월에는 불고기, 떡국 등을 직접 만들어 사원들에게 대접하였다. 그런 자리에서 나온 의견은 사원들의 복리 후생에 반영했고, 대기업과 비교해도 떨어지지 않는 사회보험 제도, 퇴직금 제도 등을 정비했다. 이후 사업은 순조롭게 성장하여 운송업을 비롯한 맨션, 빌딩, 부동산, 유기업 등으로 다각화 경영을 하기에 이르렀다. 여성 특유의 감성적인 방법으로 사원들과 접해 온 것이 사업을 성공으로 이끈 원동력이었다.

사회 활동과 한국 사회에의 공헌 | 권병우는 1970년대 초 고향을 방문했을 때 모교인 초등학교에 피아노를 기증하고, '우학 장학금' 제도를 만들어 빈곤 가정을 대상으로 아이들 교육을 지원했다. 마을에는 황소를 기증하고 새마을 회관도 세워 주었다. 1975년, 한국에서 아들이 서울대학교에 합격했지만 가정 형편이 어려워 학비를 내줄 수 없었던 어머니가 아들에게 미안하다며 자살한 사건이 신문에 보도되었다. 그 기사를 접한 권병우는 익명으로 그 학생의 입학 수속과 3년간의 학비를 원조해 주었다. 또한 경주 불국사 주변 도로에 가로수를 심는 데 필요한 자금을 대고 진해시에 벚꽃 묘목 3,000그루를 기증했다.

그녀는 사회활동에도 열심이었는데, 1971년에 재일본 대한민국부인회 효고현 지방본부 회장으로 취임하여 효고현의 재일 사회 및 한국의 지역 사회에 많은 봉사활동을 벌여 왔다. 1987년 재일본 대한민국부인회 중앙본부 회장으로 취임하고 나서는 보다 폭넓은 시야로 일본 사회와 재일 한국 사회, 재일 한국 사회와 한국 사회 그리고 한국 사회와 일본 사회의 친선 관계를 발전시키기 위한 활동에 진력하였다.

또한 복지 시설에도 많은 원조를 해 왔는데 예를 들면, 1972년에 이조 마지막 왕비인 이방자(李方子) 여사가 운영하는 심신 장애아 복지시설 명휘원(明暉園)에 버스를 기증했다. 당시 커다란 아이들을 업고 돌아가는 어머니들의 모습을 보고 통학 버스를 기증해야겠다고 생각한 권병우는 아마가사키(尼崎)거주의 동포들에게 이방자 여사의 활동을 소개하고 기부를 요청했다. 모금한 돈으로 버스를 기증하면서 권병우는 이방자 여사가 운영하는 자행회의 이사가 되었으며, 타계하기 전까지 지원을 아끼지 않았다. 명휘원은 신체장애자들의 교육이나 생계를 위한 기술을 지도하고 성악, 고전무용, 목공예, 뜨개질, 자수 등의 교육을 통해서 삶의 고귀함을 체험시키는 곳이지만 장애아들과의 문화 교류를 목적으로 한 모임도 개최했다. 한일 친선 모임, 이조 궁중 의상 발표회 등을 개최하여 그 수익금으로 한일 신체장애자 문화 교류 및 복지 시설에 지원했다. 그 외에도 대한민국 전몰군경 미망인회에 자력 사업 및 운영 자금의 원조, 한국 사단법인 부녀보호사업 전국연합회에 직업 보조용 재봉틀 기증, 한국사회복지법인 신생원(양로원)에 운영비와 돼지 20마리, TV 등을 기증, 한국 망향의 동산(수원)에 식목 5,000그루 기증 등 복지 시설에 대한 지원과 수많은 봉사 활동을 적극적으로 주도해 왔다.

게다가 1988년 서울올림픽 지원 사업으로 하루 10엔 모금 운동을 추진하여 3억 5,000만 원을 모아 그것을 한국의 유명 관광지의 공중 화장실을 만드는 비용으로 충당했다. 1998년 외환 위기 때에는 국가 지원 사업으로 '나라 살리는 통장 만들기 운동'을 전개했다. 그녀는 여성으로서의 이점을 최대한 살려서 타계할 때까지 한국의 복지시설 및 사회의 손이 미치지 않는 곳을 지원하면서 많은 사람들에게 봉사 활동의 참모습을 보여왔다.

【참고 문헌】
· 權丙佑 『바람과 코스모스』(일본어 판),育英出版社, 1986년.
· 권병우 『바람과 코스모스』, 도서출판 한민족, 1992년.

7. 배익천(裵翊天)

가조익천고등학교를 설립하여 정부에 헌납(1926년 경남 거창군 출생, 재일 1세)

청소년기 | 배익천은 1926년, 경상남도 거창군 가조면의 가난한 농가에서 6형제 중 장남으로 태어났다. 부친 배문린은 몸이 약해 농사짓기가 싫어서 혼자 일본으로 건너갔다. 그러나 일본에서의 생활은 더욱 고되고 힘들었다. 그는 결국 그 생활을 견디지 못하고 한국으로 귀향했지만 일본보다 더 비참한 한국의 농촌 생활을 보고서 다시

가족을 데리고 일본으로 건너갔다. 그때가 익천이 4살 때였다. 어릴 적 배익천은 몸이 약했고 그때의 일들은 온전히 기억하지 못한다.

그가 입학한 나고야(名古屋) 히가시 구립(東區立) 스기무라(杉村) 소학교 반에는 한국인이 한 명밖에 없었으며, 때문에 그는 학대에 가까운 민족 차별을 받았다. 차별이 너무 심했기 때문에 그는 일본인 행세를 하면서 굴절한 청소년기를 보냈다.

집이 가난했기 때문에 학업을 계속하지 못하고 중학교를 중퇴한 뒤 어쩔 수 없이 일을 하게 되었다. 처음에 그는 전기 기술 견습공으로 일했다. 일본 생활은 그리 편하지 않았다. 전쟁이 끝나고 해방되자 조국에서 새 출발하기 위해서 일본에 거주하고 있었던 많은 한국인들이 귀국을 서둘렀다. 배익천의 가족도 1946년에 귀국했다. 그러나 고향의 생활은 더 좋지 않았다. 가난을 견딜 수 없었던 익천은 결국 혼자 다시 일본으로 건너갔다. 나고야에서는 불량배 같은 생활을 했다. 생활환경을 바꿀 수밖에 없다고 생각한 익천은 1955년 1월, 29세 되는 해에 도쿄로 옮겼다.

금융회사 설립 | 도쿄 생활도 결코 편하지는 않았지만 보람이 있었다. 숙소는 절에서 친절하게도 조그마한 방을 내주었다. 이불, 방석, 밥그릇 1개, 책상 1개를 얻어 아이와 같이 생활을 시작했다. 아이는 나고야에서 그가 불량소년일 때 한 여자에게서 낳은 아이인데, 그 여자와는 곧 헤어졌지만 아이는 본인이 키우기로 했던 것이다.

도쿄에서도 만족스러운 일은 없었지만 토목 공사 현장 등에서 막노동을 하며 텐트 판매, 간장 판매를 하면서 돈을 모아 55년 11월에 자본금 18만 엔으로 금융회사를 설립했다. 당시의 18만 엔은 지금의 200~300만 엔 정도에 해당한다. 그리고 금융회사는 이른바 고리대금업이었다. 월 1할의 이자였으므로 장사는 잘됐고, 1년 후에는 사원 10명을 고용하여 사업을 확대했다. 사원들은 수금 일을 했고, 그는 텐트 판매와 간장 판매도 병행해서 같이 했다. 즉 그는 3가지 일을 한꺼번에 하고 있었던 것이다. 수면 시간은 하루에 3시간밖에 되지 않았다. 밤낮 일해서 사업도 순조롭게 잘됐고 돈도 상당히 많이 벌었기 때문에 생활의 여유도 생기게 되었다.

그런데 그에게 신경이 쓰이는 일은 역시 고향에 계시는 부모, 형제들이었다. 금의환향의 기분도 있고 해서 일시 귀국을 결심했다.

고향의 궁핍함에 가슴 아파하다 | 60년대의 한국, 특히 산촌은 그야말로 극빈 상태였다. 가난에는 워낙 익숙해져 있었기 때문에 참아낼 수 있는 그였지만, 고향의 빈곤 상태를 보고서 너무도 가슴이 아팠다. 귀국 전에 일본의 주변 사람들이 연필 등 문구를 가지고 한국에 가면 일본제는 뭐든지 잘 팔리므로 돈벌이가 된다고 해서 그럴 생각으로 연필, 노트 등을 대량으로 사 가지고 갔다. 그러나 한국 마을은 연필이나 노트를 살 여유조차 없었다. 그래서 팔기 위해서 가지고 갔던 문구를 고향의 초등학교 학생들에게 모두 무료로 주기로

했다. 그리고 이것이 후의 학교 건설의 계기가 되었으며, 후에 가조면의 초등학교 3곳에 오르간 등을 매년 기부하게 됐다.

익천은 자신이 가난 때문에 중학교를 중퇴한 것을 마음 아파했기에 고향의 아이들이 자유롭게 공부할 수 있기를 바랐다. 그는 '인재 육성이 마을의 빈곤 퇴치의 길이라고 생각하고 필요하다면 학교도 만들어 주자. 내가 할 수 있는 일이라면 뭐든지 해 보자'고 결심했다. 그 마음이 학교에 기부하게 된 동기이다.

고등학교 설립 | 가조면과 가북면은 군청 소재지 거창에서 12~18km 떨어져 있다. 면 두 곳에서 600여 명의 중학생이 매년 졸업했지만 현지에 고등학교가 없었기 때문에 진학을 포기할 수밖에 없는 상황이었다. 고등학교에 가게 되면 하숙도 해야 하는 등 과중한 부담이 되어 경제적인 여유가 없는 부모는 자식의 고등학교 진학을 포기할 수밖에 없었다. 그것은 산촌에서 살고 있는 사람들의 숙명이기도 했다. 그리고 설사 경제적 여유가 있어 진학하더라도 부모 슬하를 떠나 자유를 만끽하면서 불량배가 되어 버리는 경우가 많았다. 이런 고민들 때문에 마을 유지들이 현지에 고등학교를 설립하려고 움직이기 시작했다. 우선 분교라도 만들려고 계획을 짜고 재일 기업가 배익천에게 당시의 돈으로 300만 원의 기부를 요청했다. 요청을 받은 익천은 300만 원으로 어떤 학교를 만들 수 있는지 물어보았는데 그 돈으로는 도저히 무리라는 것을 이내 알게 되었다. 그래서 회

사를 하나 설립해서 실패했다는 생각으로 결국 학교를 설립하기로 결심했다.

배익천은 현재의 서울대학교 부근에 가격 상승을 전망하고 사놓은 400평의 토지를 20만 원으로 매각하여 면의 공유지에다 약 6,000평의 토지를 샀다. 교사 건축에는 1억 원이 필요했는데 다행히 정부의 인가도 나오고 건축 공사도 순조롭게 진행되어, 1977년 5월 거창군의 대대적인 행사로 많은 군민이 참가하는 가운데 20개 교실의 신축 교사 기공식이 거행되었다. 10개월 후인 1978년 3월에 일부 교실이 완성되어 최초의 신입생 182명(남자 112명, 여자 70명)을 맞이하면서 개교하게 되었다. 다음 해에는 245명의 신입생이 입학했다. 토지 매수로부터 시작해서 용지 정지, 교사 신축, 설비·비품·기구 구입 등 모든 비용을 배익천 혼자서 부담했다. 배익천이 내놓은 비용은 약 3억 원에 이르렀다.

배익천은 고향이 가난으로부터 탈피하기 위해서는 반드시 교육이 필수적이며 그 배움의 장소가 꼭 필요하다는 생각 때문에 사재를 털어 학교 건립을 시작했던 것이다. 그 역시 결코 자금 여유가 있었던 것도 아니었기에, 한 번 결정을 내린 이상 그 약속을 지키기 위해 필사적으로 일해서 번 돈을 송금했다고 당시 상황을 언급했다.

모든 비용을 혼자서 부담해야 했기에 걱정하는 사람도 있었다. 어느 신문 기자가 도중에 포기해 버리는 것은 아닐까 하고 현지에 사는 모친에게 아들 배익천에 대해 물었다. 그러자 그녀는 '아들은 약속하면 반드시 지키는 사람이다. 걱정하지 말라. 만일 아들이 약속을 지킬 수 없을 사태가 생기면 내가 소유하고 있는 모든 전답을 팔아서라도 돈은 지불한다'라고 대답했다. 배익천은 어머니가 자신을 누구보다도 이해하는 훌륭한 분이었다며 모친을 생각하면서 지금도 눈물짓고 있다.

가조익천고등학교로 교명을 짓다 | 배익천은 재일 한국인으로서 많은 차별에도 굽히지 않고 칠전팔기 끝에 경제적 지반을 만들었고, 피와 눈물을 흘리며 모은 재산을 아까워하지 않았다. 그는 고향 후진들의 교육을 위해서 학교를 설립하였고 지역 사회 발전에 다대한 공헌을 한 사람이었다. 따라서 문교부 장관, 경상남도 교육감, 경남 도지사 등은 그의 숭고한 정신을 높이 사고 그를 기념하기 위해서 교명에 그의 이름을 넣어 가조익천고등학교라고 명명했다.

1979년 3월 배익천은 막대한 개인 재산을 투입해 설립한 고등학교를 국가에 헌납했다. 또한 학교 설립뿐만 아니라 우수한 학생에게는 안심하고 공부할 수 있도록 장학금도 지급하고 있다. 그는 자신이 생존해 있는 동안은 계속 장학금을 지급하겠다고 말했다. 그리고 그 학교는 2007년까지 약 5,000명의 졸업생을 배출했다.

교육 문화 사업에 공헌 | 배익천은 가조익천고등학교를 설립한 일 외에도 고향에 많은 공헌을 하고 있다. 거창 명륜학원에 학습 기자

재를 기증했고 가조초등학교에 방송 설비를 기증했으며, 가조초등학교와 가조중학교에 교육용 기자재를 기증했다. 또한 김해국제공항의 확충 공사에도 기부금을 냈고, 면민 회관 건립에도 개인 재산을 사용했으며, 이 지역의 오래된 사찰인 고견사(古見寺)의 보수 공사 비용도 부담했다.

이러한 공적에 대해서 경상남도 교육위원회, 거창군 교육위원회, 경상남도 교육감, 내무부 장관 등은 그에게 감사장을 수여했다. 그는 또한 재일 한국인의 민족 교육에도 관심을 가지고 있으며, 도쿄 한국학교에 1억 엔을 기부하기도 했다.

8. 유봉식(兪奉植)

한국 택시 업계 기술 지도와 고려대학교에 문화관 기증(1928년 경남 남해시 출생, 재일 1세)

모든 것이 주유소 경영으로부터 시작되다 | 유봉식은 1928년 경상남도 남해시에서 6형제 중 3남으로 태어났다. 가정이 풍족한 편은 아니었지만 어머니의 높은 교육열로 인해 유년기에 공부에 전념할 수 있었다. 그리고 세상 물정을 알게 되면서 일본에서 유학하고 있는 친형처럼 자신도 일본에서 공부하기를 희망했다.

1943년 15세가 된 봉식은 교토에서 생활하고 있던 할아버지와 형을 믿고 일본으로 건너갔다. 대학 진학을 목표로 낮에는 군수 공장 등에서 일하고 밤에는 야학에 다녔다. 그 후 염원하고 있던 리쓰메이칸(立命館)대학 법학부에 입학하였으나 대학 생활을 계속할 수 없는 사정이 생겼다. 결국 대학을 중퇴한 봉식은 형이 경영하고 있던 비닐 가공 공장에서 같이 일했다. 그러나 그 생활도 오래 지속되지는 않았다.

다양한 직업을 전전하던 유봉식은 1956년 도산한 나가이(永井)석유의 주유소 경영권을 채권자인 석유 회사로부터 양도받아 경영자로서의 첫발을 내딛게 되었다. 당시 외상 판매가 일반적이던 가솔린 도매 업계에서 유봉식은 매번 현금 거래를 했다. "대금을 당장 현금으로 지불할 테니 싸게 해 주시오!" 이 말은 당시 유봉식의 입버릇이었다고 한다. 소문을 듣고 찾아온 업자에게 유봉식은 현금으로 싸게 석유를 매입했다. 그는 이렇게 해서 사들인 가솔린을 자신의 주유소에서 판매하였고, 동업자에게도 전매하여 상상을 초월하는 부를 축적할 수 있었다.

택시의 이미지를 바꾸다 │ 1960년 유봉식의 나이 32세 때 주유소에서 많은 부를 축적한 그는 가솔린과 깊이 관련되어 있는 택시 업종으로의 진출을 결심했다. 주유소 고객이 "택시 회사를 하면 상승 효과로 돈을 벌 수 있을 것이다"고 말한 것이 계기가 되었다. 그러나 택시 회사의 경영은 상상 이상으로 힘들었다. 10대의 택시로 운전사

24명을 고용했으나 운전기사들의 무단결근, 지각, 조퇴 등이 잦았기 때문에 매상이 아주 저조했다.

유봉식은 그 원인이 충분한 수면을 취할 수 없는 택시 기사들의 열악한 작업 환경에 있다고 생각했다. 그래서 1961년 기사들을 위한 사택을 만들고, 1969년에는 2DK의 맨션을 지었다. 동 69년 당시 7만 엔이던 운전기사들의 기본급을 12만 엔으로 파격적으로 인상하여 은행 지점장급의 임금 수준에 맞추었다. 그 효과는 즉시 나타났다. 생활환경과 월급에 만족한 운전기사들은 지각과 결근은 말할 것도 없고 사고도 크게 줄었다.

운전기사들의 쾌적한 생활환경과 높은 임금을 유지하기 위해서는 경영 채산을 맞추기 위한 생산성을 높여야만 했다. 유봉식은 운전기사들에게 높은 임금에 맞는 질 높은 서비스를 요구했다. 유봉식은 평이 좋지 않은 택시기사들의 매너 및 접객 태도를 근본적으로 바꾸어 자사 택시의 이미지를 향상시키면 반드시 손님이 증가할 것이라고 생각했다. '택시에서 내려서 손님을 정중히 맞이한다', '자동 도어를 사용하지 않고 기사가 내려서 도어를 직접 열고 닫아 드린다', '손님이 승차하면 기사는 반드시 자기소개를 하고 손님에게 정중히 인사한다', '단거리 손님을 싫어하지 않는다'와 같은 원칙을 만들어 운전기사들의 접객 매너를 철저히 지도하였다. 그렇게 해서 그는 서비스 정신이 넘치는 택시 회사 이미지를 전면에 내건 경영 전략을 전개했다.

유봉식의 이미지 향상을 위한 작전은 조금씩 고객으로부터 신뢰를 갖게 만들었다. 처음 창업한 회사는 '미나미택시'라는 상호로 택시 10대와 24명의 운전기사를 둔 작은 택시 회사였으나, 경영이 궤도에 오르면서 교토 시내의 택시 회사를 차례로 인수해 규모를 확대해 갔다. 1963년 가쓰라(桂)택시를, 그리고 1968년에는 고마(駒)택시를 인수해서 회사명을 현재의 MK택시로 바꾸었다. 그 후에도 오사카, 고베, 도쿄로 시장을 확대하여 교토를 넘어 일본을 대표하는 택시 회사로 성장했다.

택시 업계를 지도하다 ㅣ 1984년 유봉식은 KBS의 초대로 조국 땅을 밟았다. 1988년에 개최되는 서울올림픽 준비 작업의 일환으로 한국의 택시 경영자들의 지도를 맡게 된 것이다. 당시 한국의 택시 기사들은 일본 이상으로 매너가 좋지 않았다. 더러운 차체와 너덜너덜한 시트, 난폭한 운전, 한국어를 할 수 없는 외국인에게 터무니없는 바가지요금 씌우기 등 올림픽을 위해 세계에서 찾아오는 외국인들을 기분 좋게 맞아들일 환경이 아니었다. 따라서 올림픽개최준비 위원회는 일본에서의 유봉식의 평을 듣고 한국 택시의 매너 향상을 위해 MK택시 시스템을 도입하려고 그를 초대한 것이었다.

유봉식은 서울에서 개최된 세미나에서 한국 기업인들의 문제점을 지적하고, 일본으로부터 근면, 검소, 노력하는 정신을 배워야 한다고 했다. 그리고 시간이 허용하는 한 서울 시내의 택시 회사를 돌며

한국의 경제 발전과 재일 한국 기업인

손수 운전기사들에게 손님에 대한 대응 방법, 도어 서비스, 세차 방식까지 정중하면서도 섬세하게 가르쳤다. 그리하여 4년 후 서울올림픽이 개최되었을 때 국제올림픽 위원회 관계자들은 서울 시내의 택시를 비롯한 교통 환경에 대해 높이 평가했다. 이처럼 한국에서 택시 운전기사들의 질이 현저하게 향상된 배경에는 모국의 택시 업계에 대한 유봉식의 공헌이 있었음이 분명했다.

민족 금융기관을 재건하다 | 2000년 MK그룹 회장직에서 물러나 있던 유봉식에게 경영 부진으로 채무 초과에 빠진 교토시티 신용조합에 대한 구제 요청이 들어왔다. 교토의 재계뿐만 아니라 교토부지사까지 간절하게 요청하기에 그는 구제에 응하기로 했다. 유봉식은 MK택시를 중심으로 18억 엔을 동 신용조합에 출자하여 교토시티 신용조합을 구제했다. 그런데 또다시 재일 한국계 신용조합인 오사카상은이 경영 파탄에 빠졌다는 소식이 들려왔다. 그리고 일본 금융청에서도 오사카상은을 구제해 달라며 유봉식에게 간절히 요청해 왔다. 유봉식은 친지들에게 출자를 호소하고 자신도 출자하여 총 20억 엔의 출자금을 만들었다. 2001년에 교토시티 신용조합과 오사카상은을 통합하고 상호를 긴키(近畿)산업 신용조합으로 하여 재출발했다. 그 후에도 유봉식은 100억 엔 이상을 출자하여 경영 파탄된 교토상은과 간사이(關西)흥은을 인수하였고 이를 긴키산업 신용조합에 통합시켰다.

유봉식은 2001년 긴키산업 신용조합 회장으로 취임하여 제2의 인생을 금융기관 재생에 걸고 현재도 활발한 경영 활동을 펼치고 있다.

그러나 경영 파탄에 빠진 4개의 신용조합을 하나의 금융기관으로 통합해 재건하는 것은 쉬운 일이 아니었다. 그것은 4개의 신용조합이 서로 다른 기업 문화와 인사 체계를 가지고 성장해 왔기 때문이다. 유봉식은 새로운 통합 신용조합으로 재출발하면서 각 금융기관의 종래의 급여 체계와 인사 체계를 일신했다. 능력 없는 자는 전무든 지점장이든 모두 좌천시켰다. 관리직의 반발은 거세었지만 반대로 능력 있는 자들은 연령에 관계없이 공정하게 평가된다는 점에서 무척 긍정적으로 받아들였다. 유봉식은 이러한 방식으로 젊은 직원들의 의욕을 끌어냈다.

유봉식이 금융기관을 재생시키면서 가장 강조한 것은 직원들의 의식 개혁이었다. 유봉식은 직원들의 의식을 '돈을 빌려 준다'에서 '돈을 빌려 가 주신다'로 바꾸는 것이 중요하다고 생각했다. 직원들에게 수없이 되풀이하는 다음과 같은 말 속에서 그러한 철학을 느낄 수 있었다.

"돈을 빌려 줄 때는 먼저 그 회사를 방문해서 직접 사장과 회사를 보고 판단할 것", "담보보다도 회사의 내용을 중시할 것", "담보가 있더라도 수익성이 없는 회사와는 거래하지 말 것", "일단 돈을 빌려 준 회사는 직원이 책임을 지고 보살필 것" 이러한 유봉식의 말은 이를테면, 회사를 보지 않고 서류만 보고 융자를 판단하거나 담보만 있으면 수익성이 없는 회사라도 융자해 온 과거의 재일 한국인 신용조합에 대한 반성으로부터 배운 교훈이라고 할 수 있을 것이다.

유봉식이 회장에 취임하고 나서 4년 후인 2005년부터 의식 개혁의 결과가 나오기 시작했다. 그해 32점포가 모두 흑자를 냈고 긴키산업 신용조합의 3월기 결산 당기순이익은 54억 엔으로 전국 175개 신용조합 중 당당히 1위를 차지했다. 그러나 유봉식은 이러한 실적에 만족하지 않고 있다. 긴키산업 신용조합의 자기 자본 총액은 371억 엔(2008년12월)에 달하는데, 5년 이내에 자기 자본 1,000억 엔 달성이라는 목표를 내걸고 있다.

고려대학교에 청산 MK 문화관 설립 ┃ 2007년 유봉식은 교토 ANA 호텔의 곽유지 회장과 함께 창립 100주년을 맞이한 고려대학교에 20억 원을 기부했다. 이 기부에 의해 설립된 것이 고려대학교 일본연구센터의 청산·MK 문화관이다. 지상 6층, 지하 2층의 규모를 갖춘 연구 센터에는 일본 문학, 일본 역사, 일본 사상, 일본 정치 등 5개 분야의 일본 연구실과 함께 유봉식의 숙원이었던 재일 한국인 연구실이 설치되었다. 한국에서는 재일 한국인이라는 존재가 제대로 인식되지 않고 있다고 한 유봉식의 생각에 고려대학교가 호응한 결과였다.

유봉식은 고려대학교에 기부하면서 다음과 같이 언급했다.

"젊을 때 일본에 가서 거의 70년 가까이 땀 흘려 가며 온갖 고생을 겪었고 많은 시련을 극복하며 매일 고생과 싸워 왔습니다. … 저희들에게 있어서 이번 기부는 이러한 땀과 노고로 집적된 참된 자금의 제공인 것입니다. … 우리들의 선의가 한일 문화에 도움이 되고 우리들의 행위가 국가·국민의 의식 구조를 조금이라도 바꾸는 계기가 되었으면 합니다. … 동시에 저희들의 기부가 일본을 따라잡고 앞지르기 위한 정신 문화의 전파 및 일본 등으로부터의 새로운 기술 습득에 연결되는 그런 가치 있는 곳에 사용 되었으면 하는 바람입니다."

- 유봉식 『고려대학교 일본연구센터의 기부에 즈음하여』

유봉식의 이러한 생각이 향후 일본연구센터 활동에서 유효한 결과로 나타나기를 기대해 본다.

【참고 문헌】
·小林晴彦 『在日 코리언 파워』, 雙葉社, 1988年
·靑木定雄 『손님이 법률이다』, ＡＮＣ社, 2003年
·靑木定雄 「連載: 社長大學」 『日經벤처』, 2005年 10, 11, 12月號 2006年 1月號
·靑木定雄 「훌륭한 것은 빌려 준 사람이 아니고 빌리는 사람, 철저한 상인이 되면 금융업은 소생한다.」 『經濟界』 2006年 4月

9. 성종태(成鍾泰)

청도초등학교에 성종장학회 설립(1933년 일본 나가노현(長野縣) 출생, 재일 2세)

청소년기 | 성종태는 1933년 나가노현(長野縣)에서 태어난 재일 2
세이다. 부친이 20세 때 일본에 건너가 나가노현에서 일하고 있었기
때문에 소년기를 나가노현에서 보냈다. 부친은 쇼와(昭和)전공의 토
목 공사 현장에서 숙소 책임자로서 일하고 있었다. 쇼와전공이 후쿠
시마현 기타카타(福島縣喜多方)에 새로운 군수 공장을 세웠기 때문에
고용주인 사가미구미(相模組)와 함께 기타카타로 이주했다. 그러다
성종태가 기타카타에서 소학교 6학년 재학 중에 종전이 되었다.

1945년 12월 성종태 일가도 해방의 기쁨을 만끽하면서 귀국했다.
고향에 돌아왔지만 할 일도 없었고 생활은 더욱 어려웠다. 가난한
생활은 참을 수 있었지만 앞이 전혀 보이지 않는 상황은 도대체 어
떻게 대처해야 하는지 막막하기만 했다. 종태는 고향에 있는 청도
초등학교 6학년에 편입했다. 그도 보통 상황이라면 졸업을 했겠지만
학비를 납입할 수 없는 형편이었기 때문에 졸업 증서는 맡겨 둔 상
태였다. 모친과 형제 4명을 고향에 남겨 두고 부친과 장남인 종태만
일본으로 다시 들어갔다. 나중에 가족을 불러들일 생각이었다.

다시 후쿠시마현으로 | 다시 일본으로 들어간 부자는 이전에 살았
던 후쿠시마현 기타카타에 다시 정착했다. 종태는 기타카타중학교

를 졸업하고 기타카타상공업고등학교 전기과에 진학했다. 고교 시절에는 유도 선수로서도 활약했다. 고교 3학년 때에 후쿠시마현 대회에서 우승했기 때문에 국민체육대회 출장 자격이 있었다. 그러나 성종태는 국적이 한국이었기 때문에 초청장이 오지 않았다. 유도부 감독으로부터 일본 국적이 아니기 때문에 국민체육대회에는 출장을 할 수 없다는 설명을 듣고나서야 성종태는 자신이 외국인이라는 인식을 처음으로 갖게 되었다. 고등학교를 졸업하고 동료 4명이 도쿄 소방서 채용 시험을 쳤다. 3명은 합격했는데 종태만 불합격이었다. 그는 왜 자기만 불합격이 되었는지 몰랐었다. 당시 한국 국적을 포함한 외국 국적의 재일 외국인은 공권력 행사라는 이유로 국가 공무원뿐 아니라 지방 공무원도 될 수가 없었다. 그 사실을 전혀 몰랐던 종태는 일본인들과 함께 지방 공무원 채용 시험을 응시했던 것이다. 그는 한국 국적 소유자는 공무원이 될 수 없다는 사실조차 모르고 있었던 것이다. 성종태뿐 아니라 주변에 있는 사람 어느 누구도 깨닫지 못했었다. 일본인과 똑같은 생활을 하고 있었으므로 그것도 무리는 아니었을 것이다. 공무원뿐만 아니라 일반 기업에도 몇 곳 채용 시험을 응시했지만 그를 받아들이는 기업은 없었다. 공식적으로 민족 차별이 있다는 것을 처음으로 실감했다. 그러던 중 일가의 기둥이었던 부친이 사망하고 말았다. 취직도 못하고 실망한 끝에 자영업을 할 수밖에 없었다. 도쿄에서 간판점을 시작했지만 잘되지 않았다. 고요수지(光陽樹脂)연구소를 설립했지만, 그것도 잘 안됐다.

빠칭코점 경영으로 비즈니스 찬스를 잡다 | 성종태는 후쿠시마현 고리야마시(郡山市)로 돌아가서 55년에 빠칭코점을 개점했다. 많은 재일 한국인들이 그랬듯이, 일본 사회에서 취직도 못하지만 생활은 꾸려 나가야 했기 때문에 빠칭코업을 시작하였다. 새로운 산업인 빠 칭코업은 재일 한국인에게는 천혜의 찬스였다. 빠칭코업은 틈새 산 업으로서 아직 일본인들이 시작하지 않은 분야였기 때문에 경영에 뛰어드는 일이 비교적 쉬웠다. 일본 경제의 고도성장이 궤도에 오르 고 사람들이 생활의 여유가 생기자 빠칭코는 레저 산업으로 인지를 받게 되었고 기업 확장도 용이해졌다.

성종태의 기업가로서의 성공의 밑거름은 빠칭코업이었다. '자신 에게 절호의 기회를 준 당시의 사회 환경에 원망하기는커녕 오히려 감사의 마음이 가득하다'며 그는 당시를 돌이키며 말했다. 차별은 결 코 좋은 것은 아니지만 차별이라는 것은 어느 사회에도 있을 수 있 으며, 단지 정도의 차이일 뿐이다. 차별 행위를 받아넘길 수 있는 용 기와 지혜가 필요하며 행동할 수 있는 확고한 신념을 가지는 것이 중요하다. 그것이 새로운 비즈니스를 시작하기 위한 계기가 된다. 성종태는 차별을 극복하기 위한 활로를 빠칭코 산업에 걸었고, 부단 히 노력한 결과로 비즈니스로서 큰 성공을 거둘 수 있었다.

도쿄소방서 채용 시험 때 "국적 조항"이라는 민족 차별이 없이 채 용되었다면 그의 인생은 소방서 직원으로서의 평범한 인생을 보냈 을지도 모른다. 그 차별을 극복하기 위해서 시작한 빠칭코점이 1점포에서 2점포, 3점포로 점점 확장되어 현재 후쿠시마현 내에 9개 점포를 운영하고 있다. 그는 현재 유기업뿐만 아니라 부동산 임대업, 스포츠레저 산업, 상품 판매, 부동산업, 음식점 등을 경영하는 아라진그룹의 회장으로서 지역 사회에 뿌리를 내리고 있다.

2008년 현재, 그의 회사는 연간 매상 450억 엔에 종업원 약 350명으로 고리야마시의 중견 기업으로 건재해 있다. 주식회사 아라진은 2004년도 후쿠시마현의 기업 랭킹 35위였으며 관련 회사인 유한회사 점프는 225위에 랭크되고 있다.

성종태는 지방에서 모범적인 재일 한국인 기업인으로 알려져 있다. 장남은 도쿄에서 뮤지션으로 활약하고 있으며, 차남과 3남이 회사의 경영에 참가하고 있다.

청도초등학교에 성종장학회 설립 | 성종태는 해방 직후에 귀국하여, 약 6개월 다녔던 청도초등학교에서 학비를 납입할 수 없었기 때문에 졸업 증서를 받을 수 없었던 것이 항상 마음에 걸렸다. 그래서 1993년 귀향했을 때 청도초등학교를 방문하여 그 사정을 이야기하자, 학교 측은 그의 요청에 쉽게 응해 주었다. 당시의 학적부에는 "극빈", "정서 불안정"이라고 기록되어 있었다. 성종태가 학교에 다녔던 기간은 불과 6개월 미만이었지만 그리운 추억이 남아 있었기 때문에 동교에 장학금 제도를 설치하여 생활이 어려운 가정의 아이들에게 장학금을 급부하기로 했다.

장학 기금으로 1억 2,000만 원을 거출했으며 2009년 5월에도 8,000만 원을 추가하여 2억 원으로 조정했다. 그 기금의 운용 이익금으로 운영해 나가면서 학교 측은 성종장학회라고 이름을 붙였다.

청도초등학교는 성종태의 이러한 공적을 기념하기 위해서 기념비를 건립했다. 비석에는 '큰 꿈을 가져라'라고 새겨져 있다. 이것은 성종태가 한 말이었다.

2007년에는 재일 한국교육재단에 1,000만 엔을 기부했다. 성종태는 자신을 키워 준 고리야마시에 대해서도 감사의 마음을 잊지 않았다. 지역 사회에 환원한다는 뜻으로 2007년 8월에 고리야마시에 역시 1,000만 엔을 기부했다. 그는 앞으로도 사회 환원의 뜻을 가지고 한일 양국 단체에 같은 금액을 기부하겠다고 말한다.

10. 한창우(韓昌祐)

교육 문화와 국제 교류 분야를 지원(1931년 경남 삼천포시 출생, 재일 1세)

청소년기의 추억 ┃ 한창우는 1931년에 경상남도 사천군(현재의 삼천포시)의 농가에서 5형제(3남 2녀)의 셋째로 태어났다. 부친은 약 300평의 토지를 빌려 농사를 짓는 소작농이었으며, 가정은 겨우 먹고 살아갈 수 있을 정도로 가난했다.

한창우는 일출소학교를 우수한 성적으로 졸업했지만 가정 사정으로 진학하지 못하고 있었다. 그 소문을 들은 어느 독지가가 '그 아이가 진학하지 못하는 것은 너무나 아까운 일이기 때문에 중학교를 보내야 한다'며 부모님을 설득하고 학자금을 지원해 주었다.

전쟁이 끝나기 1년 전에, 징용으로 끌려가 규슈(九州)의 벽돌 공장에서 일하고 있었던 맏형 창호가 돌아왔다. 형은 "전쟁이 끝나면 일본에 가는 것이 좋아. 한국은 일본보다 50년 정도 뒤떨어졌다"고 중얼거리듯이 말했다.

전쟁이 끝나자 해방의 기쁨으로 삼천포에서도 '만세! 만세!'하는 축제 분위기였다. 그러나 해방의 기쁨은 잠시뿐이었다. 정치적 불안과 경제적 궁핍 때문에 미래가 전혀 보이질 않았다. 그래서 한창우는 중학교 시절에 사용했던 콘사이스 영일사전을 가방에 넣고 부모님이 준 쌀 2되를 소지한 다음 밀항선을 타고 시모노세키(下關)로 향했다. 시모노세키에 도착한 것은 1947년 10월 22일 밤이었다. 여관에서 쉬고 있으니 고향 선배가 찾아와 10월 31일까지 시청에 가서 외국인 등록을 하라고 알려준 덕분에 다행히 법적으로는 밀항자가 되지 않았다.

48년 4월, 호세이(法政)대학교 전문부 정치경제학과에 입학했다. 형과 매형들의 원조를 받으면서 희망으로 가득 찬 대학 생활을 할 수 있었으며 언젠가 조국에 돌아가면 정치가가 되어 사회에 봉사할 생각을 가지고 있었다. 그러나 한국 전쟁의 발발로 귀국할 수 없게 되었다. 그렇다고 해서 취직이 간단히 되는 시대도 아니었다. 당시에는 아무리 우수해도 일할 장소가 없었다. 게다가 민족적인 차별이 심했기 때문에 취직은 생각조차 할 수 없었다.

'빠칭코'업과의 인연 ㅣ 대학 졸업후 파리 유학을 희망했지만 자금 조달이 되지 않아 포기해야 했다. 어쩔 수 없이 교토 미네야마죠(峰山町)에 있는 매형을 방문했다. 매형은 빠칭코 기계 20대를 설치해 영업하고 있었으며, 한창우는 매형에게 여기서 일하게 해 달라고 부탁했다. 이것이 그가 빠칭코와 인연을 맺게 된 계기였다. 그래도 명색이 대학까지 나온 엘리트였는데 취직난으로 사회생활의 첫발을 내디딘 것이 빠칭코점의 점원이었던 것이다. 종업원은 3명이었으며 매일 아침 5시에 일어나 빠칭코 구슬을 닦는 일부터 시작했다.

당시 미네야마죠는 인구 1만 5,000명 정도의 조그마한 마을로 20대에서 30대를 설치한 빠칭코점이 20점포 정도 있었다. 1953년에는 핸들을 잡아당기면 자동적으로 구슬이 들어오는 '연발식 올 20'이 유행하고 있었다. 그 인기로 전국의 빠칭코점이 4만 3,452점포로 불어난 해였지만 과잉 경쟁으로 점포는 조금씩 도태되어 갔다. 미네야마죠에서도 매형의 점포와 또 다른 점포 하나만 남았다. 라이벌 점포가 빠칭코 기계를 60대로 늘려 놓았기 때문에 손님이 거의 그쪽으로 몰려 버렸다. 자신감을 잃은 매형은 점포를 그만두기로 결정했다. 매형은 스스로 장사할 사람이 아니라고 판단했지만 자신은 할 수 있다고 생각한 한창우는 "나는 빈털터리지만 점포를 내게 공짜로 넘겨주십시오. 대신 내가 점포를 다시 일으켜 점포 시세의 두 배를 돌려 드리겠습니다"라고 부탁했다. 매형은 '27살밖에 안 된 젊은 놈이 무엇을 할 수 있겠느냐'며 처음에는 전혀 상대해 주지 않았다. 그러나 한창우의 변함없는 모습을 관찰해 온 매형은 결국 한창우를 믿고 점포를 물려준 뒤 한국으로 돌아갔다.

점포를 인계받은 한창우는 필사적으로 일했다. 경험이 별로 없는 경영자였기 때문에 밤새 자기류로 빠칭코 기계에 대해 연구했다. 그런데 한창우가 경영을 맡은 뒤 점포는 신기하게도 되살아났다. 20대에서 40대로 늘었고 매출도 점점 올라갔다. 약속한대로 매형에게는 점포 시세의 두 배를 주고도 남았다. 이러한 성공을 계기로 한창우는 다른 빠칭코 점포를 인수해 갔다.

미네야마죠는 클래식 음악 팬이 많이 살고 있는 마을이다. 한창우도 클래식 음악을 매우 즐기는 사람이다. 그래서 그곳에 클래식 음악을 들을 수 있는 다방을 개점했다. 그 빠칭코점과 다방이 오늘날의 (주)마루한의 요람이었던 것이다.

빠칭코점도 다방도 모두 잘되어 경제적으로 여유가 생겼다. 새로운 발전을 목표로 다방 자리에 새로운 현대식 빌딩을 지었다. 지하 1층, 지상 3층의 빌딩이었는데 지하에는 클럽을, 1층은 다방을, 2층은 중국식당과 서양식당을, 3층은 연회장을, 옥상에는 비야가덴을 차렸다. 도쿄올림픽의 직전이었던 1964년 여름에 오픈했다.

65년 4월에는 빠칭코 2호점을 개점했다. 당시 재일 한국인 사회에서는 볼링 사업이 시작되었다. '이것은 재미있는 게임이다'고 직감한 한창우는 67년 12월 볼링장을 개점했다. 계속해서 제2, 제3점포를 오픈했다. 그 무렵은 한창우의 시야에서는 빠칭코 경영이 완전히 사라지고 볼링이 미래의 레저 산업이라고 생각하고 있던 시기였다.

볼링장의 실패를 넘어 빠칭코점의 전국 전개 ┃ 한창우는 볼링장의 전국 체인 경영을 구상하고 72년 12월 니시하라 산업(西原産業)을 설립했다. 동시에 시즈오카시(靜岡市)에 120레인의 거대한 볼링장을 개점했다. 연말부터 정월까지는 손님이 제법 많았지만 1월이 지나자 급속히 손님이 줄었다. 볼링 열기가 식기 시작했을 때 설상가상으로 제1차 오일쇼크가 닥쳤다. 볼링장의 총공사비 25억 엔 외에도 니치멘(日綿)실업의 14억 엔을 비롯해서 은행 융자를 합해 약 60억 엔(약 480억 원)의 빚을 지게 되었다. 빠칭코, 다방, 식당, 볼링장 등 사업을 확장하고 있을 때 막대한 빚을 껴안고 지옥에 떨어진 기분이었다. 낙담하여 자살도 생각할 만큼 너무나 앞이 캄캄했다. 그런데 그때 마침 성실하게 일해 온 것을 인정해 주고 응원해 줄 사람이 나타났는데 그는 융자를 받을 수 있는 노하우까지 가르쳐 주었다. 또한 빚도 할부로 갚을 수 있도록 주선해 주었다.

한창우는 새로운 아이디어를 생각해 냈다. 볼링장의 반쪽에 판자를 깔아 쇼핑센터를 개점하도록 한 것이다. 본사에서 각 쇼핑센터에

500만 엔씩 융자하고 그것을 자본으로 볼링장 사원들이 소형 화물차를 운전하고 현금으로 도매상에서 직접 가정용품이나 가전제품을 사들인 다음, 쇼핑센터에서 판매했다. 또한 소형 화물차에 싣고서 마을 공민관을 순회하면서 판매하게 함으로써 사람들이 볼링장으로 오도록 유도했다. 사원을 정리 해고한다거나 급여 지불이 늦어진 적은 한 번도 없었다.

이익률이 좋은 빠칭코 사업에 전력투구하기로 마음먹은 한창우는 기존의 점포 외에 볼링장의 주차장을 활용하여 새로운 점포를 차례로 오픈했다. 이것이 교외형 빠칭코점의 시작이었다. 본격적인 교외형 빠칭코점으로 75년 12월 '마루한 히메지(姬路)점'과 '마루한 고베(神戸)점'을 연달아 오픈했다. 마루한은 빠칭코의 구슬이나 볼링의 볼이 둥글다는 의미에, 사회를 둥글고 원만하게 하고 사원의 가족을 원만하게 하고 싶다는 한창우의 소원을 성취하기 위한 그의 이름 '한'을 붙인 것이었다. 이후 마루한은 교외형 빠칭코점의 체인 전개에 나섰고 2009년 3월기에 매상고 2조 300억 엔, 경상이익 500억 엔을 기록했고 빠칭코 홀 244개의 점포를 달성했으며, 전국 500개 점포를 목표로 하고 있다. 그밖에 볼링장, 골프 연습장, 어뮤즈먼트 시네마 등의 유기장 외에도 레저에 관한 업무 경영도 하고 있다.

「포브스」(일본판) 2008년 7월호는 세계의 억만장자에 랭킹이 올라와 있는 24명의 일본인을 소개했다. 동 지에 따르면, 한창우 일가(마루한 회장)는 2007년에는 1,320억 엔으로 22위였지만, 2008년에는

1,700억 엔으로 상승하여 17위로 올랐다고 한다. 그는 '어려운 환경 속에서도 건전한 발전을 견인하는 빠칭코 홀 업계의 대표'라는 제목으로 소개되었다.

한창우를 분발시킨 계기는 미네야마 청년회의소에 입회 신청한 것이 거부된 일이었다. 같은 무렵 로터리클럽의 입회도 거부당했다. 거부 이유는 그가 한국적이라는 것이었다. 그는 '노골적인 민족 차별을 극복하기 위해서는 강하지 않으면 안 된다'는 생각으로 투쟁심을 불태웠던 것이다. 한창우는 2002년에 일본 국적을 취득했다. 이름은 한국명 한창우로 했다. 한창우의 성공 비결은 챌린지 정신과 헝그리 정신이며, 항상 기업 경영에 위기감과 긴장감을 가지고 있었던 것이다. 물론 그는 사회에 대한 환원도 잊지 않았다.

한민족으로서의 공헌 ｜ 1970년대 초에 부산에서 한창운수를 시작했지만 성공하지 못했다. 그 이후 한국에서는 사업을 적극적으로 추진하지는 않았다. 그러나 나라가 강해지기 위해서는 인재 육성이 필요하다고 생각한 한창우는 70년대 후반 삼천포 로터리클럽에 한창우장학회를 설립하여 생활이 어려운 고향 학생들에게 장학금을 지원했다. 또한 출신교인 삼천포초등학교 개교 기념 100주년에 운동장 정비 및 녹화를 위해 2억 원을 기부했다. 한국의 대학 교육 환경의 향상을 위해서도 지원을 아까워하지 않았다. 경남대학교, 부산대학교, 서울여자대학교에도 재정적으로 지원했으며, 중국 조선족의 고등교육을 맡고 있는 연변대학교에도 교육 기금으로 3억 원을 기탁했다.

　서울올림픽대회 재일 한국인후원회 부회장으로 협력했으며 스스로 1억 엔을 기부하고 대회를 지원했다. 또한 93년 4월 한창우는 재일 한국인 상공회의소 회장에 취임하여 BUY KOREAN 운동을 전개했다. 이 운동에 의해서 히트한 한국산 상품이 김치, 라면, 의류였다. 그리고 한창우는 한국 상공회의소에 'I LOVE KOREAN 운동'을 전개하자고 제안했고 재일 동포에게 국산품 애용 운동을 펼쳤다. 이 운동은 일본인을 상대로 한 '메이드 인 코리아(Made In Korea)' 판촉 활동으로 이어졌다.

　한창우는 세계 코리안 재계인들의 조직인 세계 한인상공인 총연합회 회장직을 맡고 있다. 1990년 12월 한일 양국의 상호 이해와 우호 관계를 촉진하기 위한 문화 사업으로서 3억 엔을 기금으로 '한국문화연구 진흥재단'을 설립하여 이사장으로서 학술·문화 연구를 지원하고 있다. 그는 15년간 14회에 걸쳐 개인 연구 56건, 공동 연구 42건, 출판 조성 16건, 합계 114건을 조성했다. 그리고 2005년부터 조성 범위를 예술 분야에도 확대시키고 재단 명을 '한철문화재단'으로 변경하여 새롭게 출발했다.

【참고 문헌】
· 허만섭 『눈은 세계로 가슴은 조국으로』, 생각의 지도, 2007년
· 韓昌祐 『내의 반생─꿈과 로망과 희망을 가슴에 품고』, 주식회사 마루한, 2007년

11. 최학림(崔學林)

재일 고성육영회와 고성고등학교 설립에 기여(1911년 경남 고성군 출생, 재일 1세)

최학림은 1911년에 경상남도 고성군 구만면에서 태어났다. 그는 15살에 배둔 공립보통학교를 졸업하고, 먼저 일본에 가 있던 맏형을 찾기 위해 일본으로 건너갔다. 거기서 그는 택시 운전기사 등을 비롯한 여러 가지 일을 하다가 금속 회수 회사인 아오키신동소(靑木伸銅所)에 들어가 열심히 일하면서 사장으로부터 인정을 받게 되었다. 그것이 계기가 되어 사장이 사망하자, 그의 나이 27세에 회사의 후계자로 지명되어 회사의 경영권을 계승받게 되었다.

그 후로 그는 아오키신동소를 나카야마(中山)신동소로 사명을 변경하고 전시와 전후 혼란기에 회사의 기반을 만들었고 기업을 확장시키게 되었다. 이처럼 경제적 기반이 튼튼해지자 동포 사회의 조직에도 관심을 가지게 되었고, 종전 직후인 1945년 9월에는 조선인대책위원회의 설립에도 관여하게 되었다. 그리고 59년 2월에는 재일한국인경제연합회 결성준비위원회의 간토(關東)지구 대표에 취임하였고, 재일 한국인경제연합회 결성 총회가 개최되어 새로운 체제가 조직되었을 때 이사로서 큰 활약을 보였다.

하지만 그가 조국에 큰 공적을 세운 것으로 평가되는 일은 다름 아닌 재일본 고성인육영회를 설립한 것이다. 배둔의 산골에서 태어난 그는 재일 동향인을 모아 고성인육영회를 설립하여 초대 회장으로 취임하여 고향인 고성에 고등학교를 설립하기 위한 모금 운동을 하기 시작했다. 그때 동향의 유지들이 70여 명이 자원하여 고등학교 설립을 준비하는 일에 착수하게 되었고, 그리하여 1966년 1월에 학교 법인 고성학원 설립 인가가 나오게 되었다.

최학림은 학원 초대 이사장으로 취임하였으며, 동년 4월에 고성종합고등학교가 설립 인가를 받게 되었다. 당초에는 인문 토목 가정과가 각각 3학급으로 배정되어 총 9학급으로 이루었으며, 69년 1월에는 제1기 졸업생 157명을 배출했다. 그 후로 3년 뒤인 72년에 보통과가 상업과로 변경되었고, 96년에는 상업과가 정보처리과로 변경되었다. 그리고 98년에는 학교명을 고성종합고등학교에서 고성고등학교로 변경하였으며 2002년에는 기본 학과에 전자상거래과를 추가했다. 이처럼 고성고등학교는 시대의 변화와 함께 점차 발전했다. 그리고 2008년 2월까지 총 40회의 졸업식을 해서 지금까지 도합 1만 1,103명을 배출했다.

고성육영회의 특징은 단 한 명의 노력이 아니라 다수의 힘을 결집해서 학교를 설립했고, 또 한 명이 아닌 다수의 애향심에 의해 학교가 세워졌기 때문에 기반이 매우 튼튼하다. 따라서 고성육영회는 재일 고성 출신들의 애향심의 결정체라 할 수 있다.

12. 박헌행(朴憲行)

교육과 학교 설립에 의한 인재 육성에 기여(1918~2008년 경남 함안군 출생, 재일1세)

1918년 경상남도 함안군 여항면의 농가에서 태어난 박헌행은 7살 때 부모님과 함께 일본으로 건너갔다. 청년기 때 박헌행은 낮에는 일하고 밤에는 공부하면서 항일 지하운동에 참가했었고 나중에는 독립운동 조직인 '애국청년회'를 결성해 활동하다 구금되는 수난을 겪기도 하였다.

전후에는 오사카 우메다(大阪梅田)의 암시장에서 재산을 모았으며, 청년기에 열중했던 재일 한국인 사회운동에 힘쓰면서 아마가사키(尼崎)에 조선건국촉진 청년동맹지부를 만들었다. 그 후 민단 효고현(兵庫縣)의 본부 단장으로, 그리고 현 본부 감찰 위원장으로 일하다가 평화통일 정책 자문위원회 위원으로 취임하였고, 나중에는 현 본부 상임고문과 효고현(兵庫縣)경상남도민회 회장을 역임했으며 재일 한국인의 사회운동에 전념했다.

1970년 가을에 고향인 여항면을 방문했을 때 여항면에 중학교가 없다는 이야기를 듣고 학교 부지로 4,500평을 기증해 설립한 중학교에 장학금으로 1,000만 원을 기부했다. 또한 중학교 앞에 도로를 만들어 일본에서 기증한 겹벚나무(八重櫻) 묘목 300그루와 녹나무 묘목 100그루를 도로변에 심어 가로수를 만들기도 했다. 녹나무는 한국의 토질에 맞지 않아 없어졌지만, 겹벚나무는 무럭무럭 자라서 여항면의 명소로 알려질 정도였다.

박헌행은 나라와 민족의 근본인 학교 교육 사업에 도움이 될 수 있
는 기회를 준 여항면의 사람들에게 감사한다. 재일 한국인으로서 조
국이라는 것은 종교와 같은, 또는 꿈속의 그리움과도 같은 것이다.
그는 태어난 고향과의 인연을 다시 맺을 수 있어 항상 가슴에 걸려
있던 체증이 내려간 것처럼 기뻤다고 한다.

【참고 문헌】
· 박헌행(朴憲行)『在日 韓國人 일세 : 戰後 50年의 생각』, 新幹출出版社, 1995年.

2. 문화 · 스포츠 분야에 대한 공헌

1. 하정웅 나가노 신이치로 · **2. 김의태** 나가노 신이치로

1. 하정웅(河正雄)

미술품을 수집해서 조국의 문화 사업에 공헌(1939년 오사카 출생, 본적 전남 영함군, 재일 2세)

소년기 ｜ 하정웅의 부친은 전라남도 영암군에서 태어나 1927년에
단신으로 일본에 건너갔다. 오사카의 유리 공장과 철사 공장 및 철
강소 등을 전전했고, 그의 부인은 남편과 같은 영암 출신으로 "일본

에 가면 행복하게 살 수 있다"는 중매인의 말에 그 역시 일본으로 건너갔고 거기서 남편 헌식(憲植)을 만나 결혼했다. 그리고 결혼한 지 1년 후에 하정웅이 태어났는데 당시의 생활은 너무도 힘들었다. 왜냐하면 공장 일은 임금이 너무 싸서 부부의 임금을 합쳐도 식비조차 안 되었기 때문이다.

그럴 때마다 아키타(秋田)에 사는 숙부는 아키타로 오라고 권유했다. 부부는 그곳에 가면 조금은 생활이 편해질 것이라고 기대하여 오사카에서 1,000킬로미터 떨어진 거리를 기차를 타고 이동했다. 그렇게 도착한 아키타는 눈이 많이 내리는 지역으로, 겨울철 노동은 상상할 수 없을 정도로 지독했다. 끼니는 그런대로 챙겨 먹을 수 있었지만 그것만으로는 몸을 지탱할 수 없을 정도로 열악했다. 그래서 부친은 가족을 데리고 아키타와 오사카를 왕래하는 생활을 하게 되었다.

이런 힘든 생활 끝에 결국 모친은 "정웅 하나 정도라면 나 혼자라도 어떻게든 할 수 있다. 영암으로 돌아가자. 오사카나 아키타보다는 영암이 더 나을 것이다. 기후도 좋고…"라는 말을 남긴 채 어린 정웅을 데리고 한국 고향으로 돌아왔다. 정웅이 3살 때였다. 하지만 영암의 친척들은 "무엇 하러 돌아왔느냐"면서 냉대했다. 영암도 생활이 어렵긴 마찬가지였고, 농사일이나 가정의 심부름을 하면서 여자 혼자서 해나갈 수 있는 상황이 아니었기 때문이다. 게다가 모친은 둘째 아이를 임신하고 있었다. 결국 딸을 출산한 후 모친은 두 아이들을 데리고 남편이 있는 일본으로 다시 돌아가야 했다.

당시 오사카는 종전을 맞은 상태였기 때문에, 정웅의 부모들은 해방된 조국에 돌아가기로 결심하고 가재도구를 모두 고향에 보내고 귀국편 배 차례를 기다리고 있었다. 하지만 그들의 배 차례는 돌아오지 않았고 결국 배편은 중단되고 말았다. 그들은 어찌할 바를 몰라 한참을 망설일 수밖에 없었는데, 일본에서 다시 힘겨운 생활을 해야 하는 처지가 되었기 때문이다.

그들은 결국 숙부가 있는 아키타로 다시 돌아가 힘겨운 노역의 날들을 또다시 이겨 내야 했다. 부친은 아키타 삼목이나 목탄을 운반했고, 모친은 자갈이나 시멘트를 운반하는 막노동을 했다. 그 사이에 정웅은 아키타현 오보나이(生保内)초등학교로 전학을 했다. 그는 신문 배달과 돼지의 잔반을 모으는 일을 하는 등 가족의 생활을 도우면서 통학했다. 정웅은 학교에서 우등생으로서 자원 봉사활동에 적극적이었기에 반에서는 늘 중심적인 존재였다. 중학생이 된 그는 어느 날 교장 선생님으로부터 "생도회는 네가 하고 싶은 대로 해 보고 요망이 있으면 언제라도 말하라"는 말을 듣게 되었다. 학생 정웅은 리더로서 높은 평가와 인간적인 신뢰를 받고 있었다.

당시에 아키타현 내의 중학교 대표 한 명이 참가하는 합동 캠프가 있었는데 정웅도 오보나이중학교 대표로 참가했다. 그 캠프에서 그는 그의 생애에서 소중한 친구를 만나게 되는데, 나중에 나오키상(直木賞) 작가로 유명해진 니시키 마사아키(西木正明)였다. 정웅은 미술 분야에도 재능을 보였다. 그는 시전(市展)이나 현전(縣展)등의 모든 상을 휩쓸면서 자신감을 가지게 되었고 이것이 자기를 확립하는 데 큰 도움이 되었다. 그래서 그는 "그림에 대한 자신감이 나의 인생에도 자신감을 가질 수 있게 되었다. 조선인이라는 이유로 비굴함을 느낀 적은 전혀 없었다"고 말했다.

하지만 정웅은 가정형편이 좋지 않아 고등학교 진학이 어려웠다. 모친은 "나는 초등학교도 나오지 않았기 때문에 이렇게 고생하고 있다. 아이들은 어떻게든 진학시키고 싶다"며 쌀 암거래를 시작했다. 그래서 그는 아키타에서 쌀을 사서 도쿄에 가지고 가서 팔았는데, 당시 식량 관리법에 의하면 쌀은 관리 통제되어 개인의 유통이 금지되어 있었다. 상당한 이득을 볼 수 있었지만 때로는 경찰의 단속에 잡혀 구속되기도 했기 때문에 위험이 수반되는 장사였다. 하지만 정웅의 모친은 쌀의 암거래로 5명의 아이들 전부를 고등학교까지 진학시킴으로 대담한 호기를 보였다. 이러한 모친에 대해 정웅은 "그러한 모친의 자세를 자랑스럽게 여긴다. 훌륭한 어머니라고 생각한다"고 이야기했다.

사이타마(埼玉)로 이주 전기점 개업 | 하정웅의 대학 진학은 모친의 꿈이었지만, 더 이상 부모에게 부담을 지울 수는 없다며 대학 진학을 포기하고 자립하기 위해 혼자서 상경했다. 사이타마현 가와구치시(川口市)에 정착해서 낮에는 일을 하고 야간에는 일본 디자인 스쿨

에 다녔다. 그러던 중 그가 학비를 염출하기 위해서 식비를 아끼다가 영양실조로 경도의 실명이 되었고, 결국 일도 못하고 디자인 스쿨도 단념해야 했다.

정웅은 24세 때 윤창자(尹昌子)와 결혼했다. 이들이 가와구치시에서 시작한 전기상은 도쿄 올림픽 개최로 인해 TV 수요가 갑자기 높아지면서 장사가 잘되었다. 그리고 고맙게도 가와구치에 거주하고 있는 동포들이 일부러 정웅의 가게에 와서 전기 제품을 사 주었다. 그로 인해 전기상의 경영은 궤도에 오르기 시작했다.

수년이 지나고 나서 정웅은 신쥬쿠(新宿)의 백화점의 갤러리에서 전화봉(全和鳳)의 그림인 '미륵보살'을 보았다. 이 그림과의 만남은 정웅이 재일 한국인 화가의 회화 콜렉터가 되는 계기를 마련해 주었다. 전화봉은 1951년에 '행동 미술상'을 수상했으며 불상이나 풍경을 소재로 창작 활동을 계속하다가 1996년에 88세로 생애를 마쳤다. 정웅은 동양적 우주관이 감도는 독자적인 작풍을 구축한 화풍을 "기도의 예술"이라고 칭하였다. 그는 전화봉의 아틀리에를 방문하면서 개인적으로 친교가 깊어졌다. 1982년에 '전화봉 화가의 업적 50년 전(展)'을 기획하여 도쿄, 교토와 서울, 대구, 광주에서 개최했다. 정웅은 자신의 컬렉션 가운데 수십 점을 선택해서 혼자서 장소를 확보하고 운반하는 작업을 했다. 그 가운데 특히 '50년 전(展)'은 각지에서 성공을 거두었다.

정웅이 부모의 고향인 전라남도 영암군을 처음으로 방문한 때는

1974년이었는데 그때 그의 나이 35세였다. 그는 부친에게 효도한다
는 생각으로 날씨가 따뜻해진 5월에 가족과 함께 영암을 방문했다.
먼저 조상의 성묘를 하고 돌아보니 마을이 내려다보이는 작은 언덕
위에 친족의 무덤이 정연하게 줄지어 있었다. 정웅은 갑자기 가슴이
아팠고 뜨거운 눈물이 나오기 시작했다. "잘 왔다"는 부친의 말과 함
께 부자는 무덤 앞에서 얼싸안았다. 성묘를 하고 나자, 처음으로 '여
기 영암도 내 고향이라'는 생각이 들었다. 부친은 일본으로 돌아가면
서 "영암에서 논농사를 지으면서 여생을 보내고 싶다. 너에게는 폐
를 끼치지 않으려고 생각하니 영암에 논을 한 마지기 사 주라"고 정
웅에게 부탁했고 아들은 "좋습니다"하고 약속을 했다. 하지만 불과
수개월 후에 부친은 64세의 나이로 타계해 버렸다.

광주시립미술관과의 관계 | 정웅과 광주와의 관계는 광주일보 사
장의 소개로 오지호(吳之湖) 화가를 만나게 되면서부터이다. 오지호
는 유명한 화가로서 널리 알려진 인물일 뿐 아니라 남도문화회관을
설립하는 등 문화 활동에도 열심인 광주의 문화 발전을 위해서 지대
한 공헌을 한 문화인이었다. 두 사람은 의기투합했다. 정웅은 오지
호의 따뜻한 인품을 느끼면서 자신이 뜻하는 것에 대해 확신하게 되
었다. 하지만 오지호는 1982년에 77세로 세상을 떠났다.

1992년, 정웅은 오지호의 아들인 오승윤(吳承潤) 화가로부터 '광주
시립미술관이 완공됐으니 한번 보러 오라'는 초대를 받았다. 광주시

립미술관은 한국 최초의 지방 미술관으로 근대적인 설비를 갖춘 미술관이었다. 그러나 관내에는 소장품이 150점도 안 되어 한산했다. 오승윤은 단도직입적으로 이렇게 말했다. "보시는 바와 같이 이 미술관은 설비는 완벽하지만 내용이 없습니다. 하 선생님의 컬렉션 중에서 1~2점을 기증해 주시면 고맙겠습니다. 뻔뻔스러운 부탁입니다만 광주의 문화적 발전을 위해서 도와주실 수 없을 까요?"라고 묻는 그의 말에 하정웅은 즉시 "그럽시다"하고 회답했다. 하정웅은 자신의 컬렉션 중에서 전화봉, 곽덕준(郭德俊), 곽인식(郭仁植), 문승근(文承根), 송영옥(宋英玉), 이우환(李禹煥) 이렇게 6명의 재일 작가들의 작품 212점을 광주시립미술관에 기증했다. 93년에는 '하정웅 컬렉션'을 기념하는 특별실이 개설되었다. '재일의 문화를 보존하는 것, 재일 동포의 삶에 대해서 본국 사람들에게 사실대로 전해서 이해시키는 것' 바로 이것이 하정웅의 꿈이기도 했다. 바로 이 꿈의 제일보가 광주시에서 꽃피게 된 것이다.

　오지호가 하정웅을 만나기 전까지는 재일 교포에 대한 인식이 매우 나빴지만 "하정웅을 만나보고 재일 교포에 대한 인식을 새롭게 했다"고 말했을 때는 충격을 받았다. 그리고 그로 인해 재일 교포에 대한 본국에서의 평가가 편견과 멸시로 가득 차 있다는 것을 새삼스럽게 느꼈다. 하정웅은 그때 그 말을 '명심하지 않으면 안 된다'고 생각했고 재일 한국인으로서의 프라이드를 본국 사람들에게 전하는 것이 중요하다고 느꼈다. 이때가 바로 재일 한국인 2세였던 하정웅의 전환기였다.

1,000억 원 상당의 미술품 기증 | 하정웅이 93년에 광주시립미술관에 기증을 하면서 그 일은 시작되었다. 그는 99년에 피카소, 루오, 앤디, 워홀, 샤갈, 벤션 등 세계적인 거장의 작품을 포함한 총 471점의 작품을 추가로 기증했다(지금까지의 기증은 평상시부터 취미로 모으고 있었던 미술품이 대부분이다). 그리고 4년에 걸쳐 계획적으로 수집한 미술품 1,182점을 2003년에 동 미술관에 기증했다. 그 가운데는 메리, 로란산 등 해외 작가를 비롯한 재일 한국인 작가 조양규(曺良奎), 문승근, 김석출(金石出), 한국의 황영성(黃榮性), 박불돈, 홍성담(洪成潭) 등의 작품이 포함되어 있었다. 또한 2009년 11월에는 357점의 미술품을 기증했다. 이와 같이 그는 광주시립미술관에 4차례에 걸쳐 합계 2,222점의 미술품을 기증했고, 그 밖에 1,000여 권의 미술 도서를 기증했다. 하정웅이 광주시립미술관에 기증한 이러한 작품들만 해도 1,000억 원의 가치가 있다고 평가되고 있다.

하정웅의 미술품 기증은 광주시립미술관만이 아니었다. 부산시립미술관에도 손아유(孫雅由), 헨리 미라 작품 등 416점을 기증했고 조선대학교 미술관에도 브론즈 '내일의 태양상'과 함께 손아유, 곽인식, 곽덕준의 작품과 일본의 우키요에의 작품, 그리고 북한과 중국 작가의 작품 448점을 기증했다. 또한 부친이 태어난 고향 영암군에도 1,606점의 미술품을 기증했으며 전라북도립미술관에도 손아유의 작품 246점을 기증했다. 또한 대전시립미술관에도 214점의 작품을 기증했다.

"기증은 부자만이 하는 것은 아니다. 마음이나 노동이나 지식도 기증할 수 있다. 작은 것이라도 자신이 가지고 있는 능력과 재능을 사회를 위해서 활용하면 된다. 나의 인생은 고뇌와 고통의 연속이었지만 공공의 이익을 위해서 산다는 것은 결코 손해도 아니고 인생의 낭비도 아니라고 자신 있게 말할 수 있다"고 하정웅은 언급했다. 이 말에서 그의 솔직한 심정을 엿볼 수 있었다.

그리고 그는 광주광역시 시각장애연합회 창립에도 많은 기여를 했다. 광주광역시 시각장애인연합회관 건립에도 발기인으로서 고액을 기부했으며 광주 비엔날레 개최에도 지원을 아끼지 않았다. 광주시립미술관에서는 '하정웅 청년 작가 초대전'을 개최하는 등 청년 작가들의 육성에도 힘을 쓰고 있다. 그는 광주시립미술관 명예관장이기도 하다.

하정웅은 한국의 문화 예술 활동을 지원하는 것으로 한국 사회의 발전에 공헌한 재일 문화인의 한 사람이다. 한국에서뿐 아니라 일본에서도 다양한 분야에서 문화 예술 활동과 지원 사업을 하고 있는 하정웅은 일련의 지원 사업을 메세나 활동 또는 운동이라고 한다. 그는 젊은 사람들이 국가, 민족, 출신 지역의 테두리를 넘어서 국제적인 시야를 가지고 생각하며 행동하는 인재가 되기를 바라고 있다.

그는 광주 조선대학교에서 미술학 박사 학위를 수여받았으며, 그

학교의 초빙 객원 교수로서 젊은 학도들을 육성하는 일에도 힘쓰고 있다.

【참고 문헌】
· 하정웅(河正雄) 『韓國과 日本, 두 개의 祖國에서 산다』, 아카시 쇼텐(明石書店), 2002年
· 하정웅 『기도의 美術』, 이즈미야出版, 2006年
· 『Sae-Nulee』 No.27, 1997年5月

2. 김의태(金義泰)

한국 유도계에 지대한 공헌(1941년 고베시(神戶市) 출생, 본적 부산시, 재일 2세)

13세 때부터 유도를 배우다 | 김의태는 1925년에 도일한 김길용(金吉龍)의 2남으로서 고베에서 태어났다. 그는 중학교 1학년인 13세 때부터 유도를 배우기 시작했다. 유도를 시작한 동기는 특별한 것이 아니라 그저 근처에 유도장이 있었기 때문이다. 김의태는 오기가 있었기 때문에 빨리 승단했는데, 중학교 3학년 때는 초단을, 고등학교 1학년 때는 2단을 그리고 2학년 때는 3단을 따는 눈부신 성장을 보였다. 그는 유도의 명문 덴리(天理)대학교에 진학하여 2학년 때 4단이 되었다.

김의태는 신코(神港)학원고등학교 재학 당시 '효고현 No.1'의 실력이었지만 국민체육대회에는 아직 나가지 못하고 있었다. 당시는 국민체육대회가 다소 폐쇄적이었기 때문에 외국 국적의 고교생에게는 출장의 기회가 주어지지 않았기 때문이다. 외국 국적의 고교생에게 문호를 개방하게 된 것은 1981년부터이다.

그는 '저 선수가 할 수 있다면 나도 할 수 있다'는 마음으로 덴리대학교에서 연습을 거듭했다. 의태가 국제무대로 도약할 수 있는 계기를 마련했던 것은 1961년 12월의 파리에서 개최된 제3회 세계유도선수권대회의 한국 대표 예선에 출전하기 위해서 처음으로 조국의 땅을 밟았을 때이다. 그때는 박정희 군사 쿠데타의 직후였다. 비행기 창에서 내려다보이는 김포공항 주변은 바위가 많고 독특한 산맥이 눈에 띄었는데, 그는 '이것이 고국인가 하고 감동했지만 몸이 떨렸다. 그리고 빈한한 나라로 비쳐졌다'고 한다. 그는 예선에서 대표의 자리를 얻었고, 세계선수권대회에서 무제한급 4위에 입상했다.

도쿄올림픽에서 한국유도 첫 메달 획득 ┃ 1964년의 도쿄올림픽은 김의태뿐 아니라 재일 한국인들에게도 잊을 수 없는 또 다른 대회였다. 김의태는 유도 중량급(80킬로 이하)에 한국 대표로 출전하여 재일교포로서 첫 메달을 획득했다. 유도에서는 한국 첫 메달리스트였다. 이 대회에서 한국은 김 선수의 동메달을 포함해서 은 2개, 동 1개로 메달이 3개였다. 사람들은 김 선수의 유도 경기가 동메달로 끝났다고는 하지만 그에게는 금메달 이상의 가치가 있었다. 준결승의 상대는 금메달을 획득한 오카노 이사오(岡野功)였다. 양자에게 준결승은 사실상 결승전이나 다름없었다. 유도 명문인 덴리대학교 시절에 캡틴을 맡는 등 학생 시절부터 두각을 나타내 온 일본의 중량급 선수와는 라이벌 관계였던 것이다. 63년의 프레올림픽(도쿄국제스포츠대회) 결승에서 오카노의 업어치기에 졌지만, 이번엔 김의태 또한 당시 레벨이 높다고 한 중량급의 일본 선수들을 당당히 물리치고 결승까지 진출할 수 있는 실력이었다.

　시합은 긴장 속에서 시작되었다. 7분간 격전이 벌어졌지만 약간의 포인트 차로 오카노가 우승하게 되었다. 오카노가 시합 시간을 전부 사용한 것은 이 준결승전 경기뿐이었다. 오카노는 "네와자(누워서 상대에게 거는 기술)로 가지고 가려 했으나 김 선수는 테크니션이었기 때문에 기회가 없었습니다. 그는 신중하게 내 와자를 받아들이고 있었습니다. 그는 업어치기를 경계하고 차분하게 공격해 왔습니다. 그만큼 다른 기술로 포인트를 얻을 수 있었던 것 같습니다"라고 회고했으며, 김의태도 말하기를 "오카노 선수의 실력은 알고 있었으니까 나는 상대방이 나오는 것을 보고 돌려 치려고 기회를 노리고 있었습니다. 그러나 막상 시합을 해 보니까 역시 오카노 선수는 대단한 상대였습니다. 그 선수는 나보다 한수 위였지요. 엎어서든 서서든 오른쪽이든 왼쪽이든 자유롭게 대응할 수 있는 올-라운드의 훌륭한 선수였지요"라고 라이벌을 칭찬했다.

　시합이 끝나자 양 선수의 건투를 기리는 박수갈채가 그치지 않고 계속 이어졌다. 하지만 대기실로 돌아온 의태는 소리를 내어 울기 시작했다.

"시합에 져서 분하다는 것이 아니라 감정을 억제하지 못하고 눈물을 흘린 것 같습니다. 이것으로 겨우 끝나게 되었구나 하고 생각한 바로 그 순간 기력이 빠진 것 같습니다. 절대 후회는 하지 않습니다. 저의 청춘을 유도에 전력투구할 수 있었다는 만족감이 있습니다. 오카노 선수와 시합을 할 수 있었다는 것을 매우 자랑스럽게 생각합니다. 누가 뭐래도 그는 전후 최강의 선수였으니까요."

오카노는 김의태의 유도를 평가하고 이렇게 말했다. "김 선수의 유도에는 승패를 초월한 매력이 있었습니다. 테크니션이었습니다. 지금의 일본에는 그와 같은 유도를 하는 선수가 사라졌습니다. 물론 한국에도 없지요. 기술적으로는 나보다 낫습니다. 단지 김 선수는 담담한 성격 때문에 승부에 대한 집념이 나보다 적었을 뿐이지요. 나는 억척스러운 면이 있었습니다. 그래서 내가 더 강했을지도 모르겠습니다."

다음 날 신문에는 그 경기가 '유도사에 남을 명승부!'였다는 대문짝만한 기사가 실렸다. 김의태는 유도를 해서 좋았던 일을 곰곰이 생각해 보며 회상하였다. 김의태는 응원하러 오신 모친의 목에 동메달을 걸어 드려 기쁘게 해 드렸고, 그로 인해 조금은 효도했다는 기분을 느낄 수 있었다. 그는 대학 졸업 후에도 취직하지 않고 덴리대학교에서 연수생으로 남아 도쿄 올림픽에 대비했다. 하지만 훈련을 하면서도 그는 부모님이 자신을 대학까지 보내 주었는데 아직까지 취직도 하지 않은 상태로 있음에 미안함을 느꼈다.

한국 유도계에 공헌 ┃ 김의태는 같은 해 12월에 한국의 초대로 부모님과 함께 고국을 방문하여 대환영을 받았다. 그 후에는 덴리대학교 직원으로서 후배를 육성하는 일에 박차를 가했다. 그리고 1965년에 제5회 세계유도선수권대회에서 중량급으로 출전하여 동메달을 획득했다. 그리고 경기 실적이 높이 평가되어 1966년 5월부터 1년 2개월간 대한체육회의 초빙으로 방한하여 한국의 유도 선수들을 지도했다. 이때 김의태가 기본을 철저하게 가르치고 지도한 것이 한국 유도 성장의 원천이 되었다.

일본에 돌아가서는 모교인 덴리대학교 교수로서 후배를 지도하는 한편 재일 대한유도회 전임 지도원으로서 재일 후배의 육성에도 힘썼다. 그 자신은 1972년에 개최된 뮌헨올림픽대회 3회전 진출로 끝이 났지만, 그가 지도했던 오승립(吳承立) 선수가 은메달을 획득했다. 김의태는 76년의 몬트리올올림픽대회 때 한국 유도 감독으로 출장했고 이 대회에서 한국은 유도 종목에서 은 1개, 동 2개, 합계 3개의 메달을 획득했다. 그중의 한 명인 박영철(朴英哲)은 도요(東洋)대학교 4학년에 재학 중인 재일 한국인 선수였다.

1970년대까지 한국 유도계를 선도한 것은 다름 아닌 재일 한국 선수들이었다. 올림픽의 메달리스트 3명을 포함한 세계대회 메달리스트 6명도 재일 한국 선수들 중에서 탄생했다. 그들의 이름을 열거하자면 65년의 세계대회(브라질) 4위가 유태언(劉泰言), 67년의 세계대회(미국) 3위인 박청삼(朴淸三), 69년의 세계대회(멕시코)에서 3위에 차지한 김칠복(金七福 김의태의 동생), 오승립 등이 있다. 하지만 불운의 재일 한국인 선수도 있었는데, 그의 이름은 권맹방(權盟邦)으로 다이토분카(大東文化)대학 직원이며, 동 대학의 유도부 감독이다. 그는 74년에 서울에서 개최된 아시아유도대회에서 3위의 성적을 얻었고, 76년에는 몬트리올올림픽대회의 한국 대표 예선에서 무제한급 우승자였다. 당시 북한에서는 초대형 선수가 무제한급으로 출전하는 것으로 보였다. 남북 대결을 해서 지게 되면 창피하니까 한국체육회의 지시로 무제한급은 파견하지 않는다는 결정이 내려졌다. 그로 인해 권맹방 선수는 몬트리올 올림픽 대회에 출장할 수 없었다. 그러나 상황이 바뀌면서 무제한급도 엔트리하게 되어 중량급에 출장했던 조재기(趙在基)선수가 갑자기 무제한급에 출전하여 동메달을 획득했다. 사실, 조 선수는 권 선수에게 예선에서 진 선수였다. 만약 권 선수가 출장했더라면 최저 동메달은 획득했을 것이라고 주위 사람들은 아쉬워하였다. 안타깝게도 권 선수에게 불운은 계속되었다. 77년의 세계대회(스페인)의 한국 대표 예선에서 95kg 이하 급에는 우승했지만, 대회가 중지되어 무념의 눈물을 삼켜야만 했다. 불운이 두 번이나 계속되었던 것이다.

80년대에 한국의 국내 선수가 육성되면서 84년의 로스앤젤레스올림픽 대회부터는 한국 유도가 대활약을 했다. 로스앤젤레스에서는 금 2개, 은 2개, 동 1개, 합계 5개의 메달을 획득했다. 88년의 서울올림픽대회에서는 금 2개, 동 1개, 총 3개의 메달을 획득했다. 이처럼 한국 유도계가 발전할 수 있었던 것은 김의태를 비롯한 재일 한국인 선수들의 기술 지도와 정보 제공 등에 의한 협력이 있었기 때문이었다.

김의태는 덴리 대학교 유도부 감독 및 사범으로서 많은 국가적 선수를 육성했고 재일 한국인 선수를 지도하는 한편 한국 유도계와의 교류를 통해 스포츠 분야에서 한일 간의 가교 역할을 하고 있다. 2008년 3월에 덴리대학교를 정년퇴직하여 동 대학의 명예 교수가 되었지만 현재는 지방을 순회하면서 유도의 실기 지도를 하고 있다. 김의태는 세계유도연맹 공인9단 면허 소지자이자, 올림픽 메달리스트이기 때문에 한국 정부(올림픽 연구 기금)는 월 45만 원의 연금을 지급하고 있다. 한국의 국위 선양에 대한 공적의 평가이다.

4

제주도 사회 경제 발전에 대한
재일 제주인의 역할

(1) 재일 제주인과 제주도와의 관계

2007년 12월 말 현재 한국·조선 국적의 재일 한국인은 59만 3,489
명으로 그중 31만 2,500명 즉 52.7%가 경상도 출신이다. 그리고 그
다음으로 많은 비율을 차지하는 사람들은 다름 아닌 제주도 출신으
로서 9만 5,247명(16.1%)이다. 현 제주도 인구는 56만 3,338명(2007년)
으로 한국 전체 인구의 1.16%에 지나지 않는 것을 생각하면 재일 제
주인의 비율은 매우 높은 편이다. 1984년에는 11만 7,382명으로
17.1%를 차지했는데 이는 당시 제주도 인구 48만 8,000명의 24%에

해당하는 것이다. 재일 한국 조선인의 인구는 1991년의 69만 3,050명을 피크로 그 후에는 감소하는 경향을 나타냈다. 그리고 2005년에는 60만 명 미만이 되었는데 그 원인 가운데 하나는 일본 국적을 취득하는 이들이 증가했기 때문이었다. 현재까지 약 32만 명이 일본 국적을 취득해 왔는데, 그중 5만 명이 제주도 출신자로 추정된다. 그리고 일본에 거주하고 있는 제주 출신자들은 총 15만 명이 되는 것으로 추정되는데, 이 15만 명은 제주도 인구의 약 27%에 해당하는 비율이다.

사실, 제2차 대전 전에는 재일 제주인의 비율이 제주도에 거주하는 인구의 40%를 넘을 때도 있었다. 종전 당시 일본에 거주한 한국인은 200만 명을 넘었지만 해방으로 많은 사람이 귀국했고, 약 60만 명은 일본에 잔류하게 되었다. 그 후에 귀국한 사람도 있고, 귀국했다가 다시 일본으로 돌아간 사람들도 있기 때문에 확실한 수는 정확히 알 수 없다. 제주도에 거주하는 사람 중 일본에 부모, 친척, 학교 동창생 등 인연이 없는 사람이 없을 정도로 많은 사람이 일본과 친밀한 관계를 가지고 있었던 것으로 생각된다. 이처럼 제주도와 재일 한국인 사회는 밀접한 관계를 이루고 있다.

(2) 제주도의 사회 경제 발전과 생활 향상

해방 전에는 제주도가 전라남도에 속해 있었지만 1946년 8월 1일부터 도제 실시에 따라 전라남도로부터 분리하여 독립 행정구역이 되었다. 1946년 제주도 인구는 26만 6,000명에서 2007년에는 56만 3,388명으로 증가했으며, 인구 밀도는 km²당 143명에서 303명으로 상승했다.

제주도의 지역 총생산은 1946년의 23억 원에서 2007년에는 8조 696억 원으로 급성장했다. 1인당 소득 역시 8만 8,000원에서 1,482만 원으로 비약적으로 상승했다. 이 소득을 미 달러로 환산하면 1만 5,799달러(2007년)이다. 제주도는 세계의 중진국과 같은 경제 수준을 유지하고 있다. 2007년에 한국의 1인당 GDP는 2만 45달러이다.

제주도의 주요 생산물인 감귤 생산량은 1946년에는 10톤이었지만 1970년에는 5만 톤으로 급증했고, 80년에는 18만 8,000톤, 90년에는 49만 3,000톤, 2007년에는 74만 7,376톤으로까지 증가했다.

1969년부터는 감귤 재배가 농어민 소득 증대의 특별 지원 사업으로 지정되어 본격적으로 육성되기 시작했는데, 1991년에는 제주도민 총생산액의 20%, 농업 소득의 70%를 차지하는 등 제주도의 기간 산업으로 발전했다. 91년의 제주도 감귤 총생산액은 4,250억 원이었는데, 이것은 같은 해 한국의 과일 총생산액의 35%에 해당하는 것으로 이 숫자는 감귤 생산의 증가가 제주도 경제 성장의 견인이라는 것을 나타내는 것이었다. 제주도 감귤은 사과 다음으로 한국의 2대 과일로 꼽힐 정도로 주요 생산물로 성장했다. 그리고 제주도의 또 다른 주요 산업인 관광업도 비약적으로 발전하기 시작했다. 경제 성장에 따라 제주도민의 생활환경은 개선되었고, 생활수준 역시 향상했다. 1946년에 113대밖에 없었던 자동차가 2007년에는 22만 8,858대로 증가했으며 현재는 한 가구당 1.08대의 자동차를 소유하고 있다. 발전 설비는 1946년에 245kw로 일부 특별한 가정에만 공급되었지만, 2007년에는 67만kw로 비약적으로 증가했고 지금은 모든 가정에 공급되고 있다. 상수도의 총급수량은 1970년에 3만㎥이었던 것이 지금은 19만㎥으로 상승했고, 1일 1인당 급수량도 84에서 338로 상승했다. 도로의 총거리는 2007년 현재 3,223km인데, 그중 포장도로

[표 1] 제주도 발전의 비교(1946~2007년)

구분	단위	1946	1970	1980	1990	2000	2007	비교
인구	1,000명	266	366	463	515	543	563	2.2배
도내 총생산 (1인당 소득)	억 원 (천 원) (미 달러)	23 (8.8) (−)	240 (66) (209)	3,492 (743) (1,126)	17,252 (3,407) (4,758)	52,895 (10,091) (8,009)	80,696 (14,819) (15,799)	3,508배 (1,684배) (75.6배)
재정 규모	억 원	1	29	406	3,177	15,518	26,382	26,282배
관광객	1,000명	−	245	260	2,992	4,110	5,429	22.1배
감귤 생산	1,000톤	0.01	50	188	493	563	747	74,700배
발전 설비	MW	0.2	16	62	183.2	682.7	670	3,350배
자동차 등록	대	113	1,340	5,925	43,185	164,360	228,858	2,025배
급수량 (1인/1일)	㎥/일 (L/일)	− (0.14)	30,703 (84)	69,876 (151)	133,427 (259)	173,284 (319)	190,005 (338)	6.2배 (2,414배)

출처 : 濟州特別自治道 홈페이지에서 작성
주 : 1946년과 2007년의 비교. 1946년의 자료 불명은 1970년과 2007년의 비교.

는 2,695km로 84%의 포장률을 달성하고 있다. 수산물 역시 9만 6,684톤을 양륙하여 5,539만 원의 생산 실적을 올렸다.

또한 2006년도 제주도의 농가당 평균 소득도 전국 평균인 3,230만 원보다 975만 원 더 높은 4,205만 원으로 오르면서 전국 1위를 차지했다.

제주도는 1985년까지만 하더라도 다른 지역과 비교할 때 후진 지역에 속했다. 1인당 소득도 1985년에는 전국 꼴찌에서 2번째였는데, 꼴지가 전라북도였고 3번째는 전라남도였다. 그러나 제주도는 그 후 급격한 성장을 보이면서 95년에는 16개 행정 단위 중에서 11위로 상승했고 2005년에도 그 순위를 유지했다. 놀랍게도 2005년에 1인당 소득의 워스트 4로 뽑힌 지역은 대구광역시, 광주광역시, 대전광역시, 부산광역시와 같은 대도시권이었다. 그리고 꼴찌였던 전라남도는 2005년에 3위로 약진했고, 전라북도는 12위로 상승했다. 이러한 결과는 한국 정부가 추진하고 있는 지역 균형 개발 정책의 성과라고 생각된다.

(3) 제주도 사회 경제 발전을 위한 재일 제주인들의 지원 활동

제주도의 발전에는 재일 제주인들의 역할이 매우 컸다. [표 2]에서 볼 수 있듯이 1960년대부터 시작된 재외제주도민 특히 재일 제주인들이 제주도 사회에 기증한 것이 제주도 지역 개발과 지역 경제 발

[표 2] 제외 제주도민의 제주도에 대한 기증 실적(2007년 6월) (단위 : 천 원)

연대별	교육사업	공공사업	문화사업	기타	건수 합계	금액 합계
1960년대	277,613	71,992	80,217	8,010	1,966	437,832
1970년대	338,775	616,405	220,836	107,252	2,837	1,283,268
1980년대	7,136,222	3,894,924	317,789	233,853	1,825	11,582,788
1990년대	6,281,027	2,825,706	123,320	328,172	1,543	9,558,225
2000년대	4,572,904	523,029	2,000	168,053	469	5,265,986
합계	18,606,541	7,932,056	744,162	845,340	8,640	28,128,099

출처 : 濟州特別自治道平和協力課 『愛鄕의 보람』(2007년 증비판) 43쪽.

전에 크나큰 공헌을 한 것으로 추정된다. 2007년까지 제주도청이 집계한 자료에 의하면, 재외 제주도민의 기증 총액은 281억 원이라고 한다. 그리고 도청이 파악하지는 못했지만 개개인이 친족 또는 마을 등에 제공한 물품이나 현금도 상당했다고 한다. 이 금액은 단순한 누계이지만 60년대 70년대의 화폐 가치는 현재와는 많은 차이가 있기 때문에 당시로서는 상당한 가치가 있었던 것으로 평가해야 할 것이다. 1980년대까지는 대부분 재일 제주인이 기증을 했지만 1990년대에 들어가서는 한국 내 거주하는 제주도 출신의 독지가들도 기부를 하기 시작하였으며 미국 거주의 제주도 출신 역시 기증하는 일이 증가하기 시작했다.

기증 총액 281억 원 가운데 186억 원은 교육 사업에, 79억 원은 새마을 사업 등 공공사업에, 7억 원은 문화 사업 육성을 위해, 나머지 8

억 원은 그밖의 필요한 사업을 추진하는 용도로 쓰였다. 그리고 1960년대는 교육 사업에 대한 기부금이 압도적으로 많았는데, 교육용 비품으로 오르간, 피아노, 시계, 녹음기, 캐비닛, 악기 등을 출신지 초등학교나 중학교에 제공하는 사례가 많았다. 또한 학교 건축 기금과 우수한 인재 양성을 위해서 필요한 학술 전문 도서를 제주대학교나 제주도청 등에 기증하는 예도 눈에 띄었다. 그리고 지역의 도로 정비, 전기 가설, 상하수도 시설 등에도 기부금이 사용되었다. 또한 당시에 벚꽃·감귤·아카시아 묘목 등을 대량으로 도입했는데, 이때 도입한 감귤 묘목은 현재 제주도의 경제를 견인하여 제주도의 주요 생산물로 공인된 감귤 생산의 선견지명이었다고 할 수 있겠다.

또한 새마을 운동 지원을 위해서 경운기, 분무기, 트랙터, 양수기, 탈곡기, 농업용 원동기 등 농기구를 재일 제주개발협회 등의 재일 제주인 단체에서 기증했다. 그리고 1984년 제13회 전국소년체육대회가 제주도에서 개최되었을 때는 재일 제주인의 모금 운동이 일어나기도 했는데 당시 도쿄 지역에서 2억 9,400만 원, 오사카 지역에서 8억 9,537만 원, 효고(兵庫)현과 치바(千葉)현 등에서 8,250만 원을 보내옴으로 합계 12억 7,187만 원의 성금을 모을 수 있었다. 이것은 바로 고향인 제주도에서 처음으로 개최되는 전국체육대회를 성공시키고 싶어 하는 애향심의 발로였던 것이다. 또한 재일 제주인들은 2002년의 월드컵 경기가 서귀포에서 개최되었을 때 경기장 건설 기금으로 2억 원의 모금을 보내기도 했다.

(4) '황금 나무'가 된 감귤 묘목

제주도에서의 온주(溫州) 감귤 재배는 1912년경 외국인 신부가 서귀포 지역에 일본산 온주 감귤을 도입하면서 시작되었다. 일반 농가에 보급된 것은 1930년대에 들어와서 일부의 농가에서 부업으로 재배되면서부터이다. 그리고 1954년부터는 일본산 묘목의 수입을 계기로 본격적인 재배가 시작되었는데 1954년부터 1964년까지 일본에서 수입된 감귤 묘목은 15만 4,471그루로 기록되어 있다. 이 무렵에 재일 제주인들은 일시 귀국 때마다 선물로 감귤 묘목을 제주도에 가지고 왔다. 재일 제주개발협회는 1962년에 제1차 향토 방문단을 결성하여 제주도를 방문했는데 그때 선물로 가지고 온 것이 감귤 묘목 500그루였다. 비행기 수화물에 이 묘목들을 싣고 가지고 왔던 것이다. 감귤 묘목이 제주도의 경제 발전에 도움이 된다는 소문이 퍼지자, 재일 한국인들은 제주도를 방문할 때면 가지고 갈 선물 가운데 감귤 묘목을 꼭 챙겼다고 한다. 그러나 세관의 통관 수속을 밟는 데 걸리는 오랜 시간과 비싼 관세 때문에 재일 동포들의 선의는 행정이라는 큰 벽에 부딪히고 말았다.

1963년에 제주도지사의 요청을 받고 일본에서 고원일(高元一), 진중팔(秦重八), 강완배(姜完培) 임원 3명이 제주도의 농업 진흥을 위해서 감귤 묘목 1만 5,000그루를 기증했다. 이것을 시작으로 제주개발협회는 조직적으로 감귤 묘목을 보내는 운동을 전개했는데 1964년에 2,000그루, 65년에 1,000그루와 신종 묘목으로 2,200그루, 66년에 7,000그루, 그리고 67년에는 2만 9,000그루와 파인애플 묘목 1,000 그루, 68년에 4만 6,000그루, 69년에는 32만 1,000그루, 70년에 43만 그루를 보냈고, 이후에도 매년 감귤 묘목을 계속 보냈다. 또한 오사카에 거주하는 제주도 출신들의 모임인 재일 제주도친목회나 재일 제주도민회도 도쿄에 지지 않을세라 경쟁적으로 감귤 묘목을 보냈는데, 재일 제주도친목회는 70년에 감귤 묘목을 총 60만 그루를 기증했다.

그런데 1965년 3월 박정희 대통령의 "재일 한국인이 기증하는 감귤 묘목은 종묘법을 개정해서라도 통관하도록 하라"는 지시로 수속이 간소화되면서 기증량은 더욱 증가하기 시작했다. 일본에서 대량의 묘목이 수입되어 제주도의 행정 지도하에 12개소에 복합 주산단지(감귤 재배)가 지정되면서 감귤 농가는 행정적·재정적 지원을 받게 되었고 감귤 증산 계획에 따라 생산 활동이 적극적으로 전개되었다.

일본에서 감귤 묘목의 수입은 70년까지 순조롭게 확대되었고 71년부터는 신품종을 중심으로 양보다는 질을 높이자는 원칙으로 전환했다. 1965년부터 84년까지 20년 동안 일본에서 수입한 감귤 묘목은 합계 426만 6,756그루였는데 그중 81.3%가 재일 제주인이 기증한 것이다. 1954년부터 1984년까지 수입한 442만 그루의 감귤 묘목 역시 일본에서 들어온 것으로 그 대부분 역시 재일 제주인들에 의해 기증된 것이다. 또한 재일 제주개발협회, 재일 제주도친목회, 재일

[표 3] 감귤 묘목 수입 상황

연대별	기증 묘목	수입 묘목	재산 반입	합계
1965	1,000	25,349	–	26,349
1966	54,700	61,052	–	115,752
1967	52,100	250,205	1,675	303,980
1968	161,500	114,545	13,215	289,260
1969	998,370	–	–	998,370
1970	1,519,300	77,000	8,000	1,604,300
1971	1,000	–	1,000	2,000
1972	–	–	–	–
1973	30,270	–	–	30,270
1974	215,450	33,283	–	248,733
1975	270,384	–	–	270,384
1976	66,402	–	–	66,402
1977	2,684	–	–	2,684
1978	4,630	–	–	4,630
1979	6,530	–	–	6,530
1980	85,934	200,000	–	285,934
1981	–	–	–	–
1982	–	600	–	600
1983	–	4,866	–	4,866
1984	–	5,712	–	5,712
합계	3,470,254	772,612	23,890	4,266,756

출처 : 『濟州柑橘農協四十年史』 148쪽.

제주도민회 등의 단체에 의한 조직적인 기증도 있었고, 개인에 의한
기증도 많이 있다. 1970년의 재일 제주도 출신으로부터 기증받은 감

귤 묘목 총수는 250명분인 155만 그루로 기록되어 있다.

어느 감귤 농가는 "부친으로부터 재일 동포 한 사람 한 사람이 마을의 친족에게 수백 그루 또는 수천 그루 단위로 감귤 묘목을 가져다 주었다고 들었습니다. 우리 농장도 일본에 있는 숙부가 가져다 준 묘목으로 시작했습니다"고 증언했다.

감귤 묘목을 보내기 위한 재일 제주인들의 정성과 노력은 멈출 줄 몰랐다. 하지만 제주도 당국은 감귤 묘목의 국산화 장려 방침을 추진하고, 묘목 수입에 있어서도 양보다 질이라는 방침을 정했다. 정부는 71년부터 기증 수를 연간 60만 그루 이하로 제한할 것을 재일 단체에 전했는데, 당시 기증 신청 건수는 5군데 단체로부터 81만 1,000그루였고, 개인 293명이 222만 3,000그루를 기증한 것으로 합계 303만 4,000그루였다. 만약 당국의 제한 방침대로 기증 수를 제한하면 회원들로부터 불신을 받게 되고 향토 개발 투자에 지장을 초래할 수 있기 때문에 재일 단체는 이에 반발하기도 했다.

1955년의 감귤 재배 면적은 389ha였다. 64년까지는 약간 증가하는 추세를 보였지만 65년부터는 급속하게 증가하여 74년에는 1만 1,200ha에 이르렀다. 70년대의 감귤산업은 전례 없는 고도의 성장기를 맞이했다. 그리고 2007년 현재, 제주도의 감귤재배 면적은 2만 1,000ha로 확대되어 안정적인 생산 체제를 구축하고 있다.

재일 제주인들은 감귤 묘목을 기증했을 뿐만 아니라 재배 기술의 전수 및 지도, 현대식 농기구의 보급, 신품종의 개발에도 노력을 아끼지 않았다. 재일 제주개발협회는 제주도 감귤 농가의 젊은 후계자들을 초청하여 일본 농가에서 선진 농업 기술을 배우도록 연수 프로그램을 실시했는데 이에 필요한 비용은 제주개발협회가 전액 부담하기로 했다. 이 연수프로그램에 참가한 제주도 농가의 청년들은 1965년에 10명으로 시작해서 80년대 말경에는 수백 명에 이르렀다.

그들은 또한 일본의 감귤 기술자를 초청하여 제주도 농가를 순회하면서 기술을 지도하도록 했는데 당시 현지 농가의 인식 부족으로 트러블이 생기는 경우가 가끔 있었다. 기술자들은 "좋은 과실을 재배하기 위해서는 작은 가지를 과감하게 잘라내야 한다"며 전정가위로 직접 시범을 보였는데 이 광경을 보고 있던 농민들은 "왜 튼튼한 나무를 죽이려 하느냐"며 강한 태도로 항의하기도 했다. 이에 기술자들은 좋은 과실을 열매 맺도록 하기 위한 것이라며 설명을 해 주었지만 농민들은 믿으려고 하지 않았다. 나무를 전정하는 일은 매우 기본적인 것이지만 당시의 제주도 감귤 농가에서는 도저히 이해할 수 없는 일이었던 것이다. 이 에피소드는 제주도의 재배 기술이 얼마나 뒤떨어져 있었는지를 보여 주는 한 가지 예에 불과하다.

재일 제주인들이 정성을 담아 보내 준 '일본 감귤'묘목은 제주도 토양에서 재생되어 제주도가 자랑하는 과일 브랜드인 '제주 감귤'로서 결실을 맺었다. '제주 감귤'은 제주도를 대표하는 히트 상품이며 제주도의 경제를 견인하는 원동력이 되었다. 제주도 감귤의 성공 배경에는 재일 제주인들의 소박한 온정이 깃들어 있으며 그들의 따뜻

함이 담겨 있는 '선물'이었다.

1970년대 초, 제주도에서는 '대학 나무' '황금 나무'라는 조어가 있었다. 감귤을 재배하면 자녀들을 대학에 보낼 수 있다는 의미로 사용된 것이다. 고향의 '빈곤에서 탈출하기'를 목표로 재일 제주인들이 기증한 감귤 묘목이 제주도의 전 지역에 보급되면서 감귤 생산이 제주도민의 생활수준을 향상시키는 데 크게 이바지했다고 볼 수 있다.

그런데, 제주도 출신이 아닌데도 제주도를 사랑해서 감귤 묘목 보내기 운동을 적극적으로 전개한 것에 더해 연수생 교육에도 열심이었던 인물이 있다. 그가 바로 전라남도 순천 출신으로 한국 민단 오사카(大阪)본부 단장을 역임한 강계중(姜桂重)이었는데, 그는 단장으로 재임했던 1966년에 한국의 농업 발전에 기여하기 위한 방책으로 일본의 선진 농업 기술의 보급을 생각하고 연수생 초청 사업을 시작하였다. 그로 인해 전국에서 59명의 농업 연수생들이 선발되어 7월 20일, 오사카에 도착했다. 연수단은 일본의 농업 전문가들로부터 강의를 듣고 기초적인 학습을 한 후 잠업·원예·농축 산업으로 각각 나가노현(長野縣)과 미에현(三重縣), 오사카 부 하비키노시(羽曳野市) 등지로 보내졌다.

강계중은 제주도에서 온 세 사람을 발견하고는 그들에게 감귤 재배 기술을 잘만 가르치면 곧잘 배울 것임을 그때 바로 직감했다. 그래서 그는 즉시 감귤의 본산지인 와카야마현(和歌山縣)에 배치할 수 있도록 와카야마현청 등 관계 부처를 방문하여 연수생을 받아들이도록 교섭했다. 연수생 세 사람은 6개월에 걸쳐 감귤 재배 기술을 습득하였는데, 강계중은 그들이 귀국할 때 100그루의 감귤 묘목을 제주도에 기증했다. 그들이 제주도에서 시험하여 재배한 결과, 제주도 섬 전체가 감귤 생산적지임을 알게 되어 그들은 이 사실을 강계중에게 알려 주었다. 그 연락을 받은 강계중은 제주도민회 또는 다른 단체들과 상의하여 제주도에 감귤 묘목 보내기 운동을 전개하게 되었다. 이로써 그는 제주도의 감귤 산업을 일으킨 숨은 공로자가 되었다(제주발전연구원 「감귤 부흥기 재일 동포들」, 2007년, 51쪽).

한편 일본 각지에 배치된 연수생들은 일본의 농업 관련 기관에서 무려 6개월에 걸쳐 연수를 받은 끝에 농경 및 영농 개량 기술을 취득하였고, 귀국해서는 한국의 농업 발전에 크게 기여하였다. 이 연수생 초청 사업은 한국 민단 오사카 본부의 사업이었지만, 연수생의 일본 체류 비용 전액은 강계중 개인이 부담했다.(「민단 오사카 30년사」, 1980년, 229~230쪽).

(5) 재일 제주인에 의한 제주도 최초의 관광호텔 건설

1962년에 처음으로 고향을 방문한 재일 제주개발협회의 향토방문단은 한국 각지에서 환영을 받았다. 그리고 돌아오는 길에 서울에서 국가재건최고회의 박정희 의장(당시)을 예방했다. 박정희는 제주도의 관광 개발에 관해서 역설하면서 관광 자원을 활용하여 외국에서 적극적으로 관광객을 유치하려 하지만 수용 태세가 되어 있지 않기 때문에 호텔 시설이 필요하다고 말했다. 그 자리에 배석했던 김영관 제주도지사는 "제주도는 한국에서 제일가는 관광자원을 가지고 있습니다. 하지만 이탈리아에서 기술자를 초청했을 때도 숙박할 수 있는 호텔이 없는 상태였습니다. 당시는 초가집 여관밖에 없었기 때문에 별수 없이 도지사 관저에 숙박하게 했습니다. 중앙 요로에서 귀빈이 오시더라도 숙박할 시설이 없습니다. 사실, 외국인 관광객을 유치하더라도 현대적 설비를 갖춘 만족할만한 호텔이 없다면 곤란합니다. 교포 중에서 호텔을 지어줄 분이 없을까요?"하고 말을 꺼냈다. 그때 김평진 제주개발 협회 회장은 즉석에서 "내가 제주도에 근대적인 호텔을 짓겠습니다"하며 박의장에게 진언했다. 그로 인해 그 이듬해에 제주관광호텔이 지어졌는데, 이 제주관광호텔(현재의 허니-크라운관광호텔)은 제주도 최초의 본격적인 관광호텔로서 관광 사업의 선구적인 역할을 했고, 관광 개발 붐의 기폭제가 되었다. 관광호텔 건설에는 한국 정부로부터의 보조금이 예정되어 있었지만, 김평진은 다른 유익한 사업에 사용해 줄 것을 부탁하며 보조금을 거절하고 모두 자력으로 완성했다. 비록 객실 33개의 작은 호텔이었지만 쇼핑몰, 커피숍, 레스토랑 등을 갖춘 최신식 호텔을 건설하였다. 당시 이 굉장한 호텔에 대한 소문이 제주도에 살고 있는 사람들에게 널리 퍼지게 되면서 이 호텔을 구경하기 위해 초등학생에서부터 어른들까지 제주도에서 수 킬로미터 떨어진 먼 거리를 걸어 왔다고 한다. 김평진에 이어 많은 재일 제주인들이 제주도에 호텔을 건설하여 관광산업의 인프라 정비에 지대한 공헌을 했다.

재일 동포들의 제주도 방문도 증가하기 시작했다. 1961년에는 100명 미만이었지만, 62년에는 542명으로 급증했다. 1969년에 제주·오사카 간에 직행 항공편이 개설되어 70년에는 4,588명이, 71년에는 5,477명이, 72년에는 5,821명이 제주를 방문했다. 재일 동포 방문자들이 늘어나는 것과 비례해서 제주에 대한 투자와 기부 건수도 증가했다.

재일 제주도 출신들의 지원으로 제주도의 관광 개발 사업은 급진전됐고, 제주도를 방문하는 관광객도 급속히 증가했다. 1960년의 6,600명에서, 2007년에는 543만 명으로 비약적으로 증가했으며, 2007년도의 관광 수입은 2조 2,144억 원으로 제주도 지역 총생산 8조 696억 원의 27%를 차지했다. 관광 수입은 동 년도 제주도 예산의 84%에 해당하는 비율이다.

(6) 재일 제주인들의 지역 진흥에 대한 공헌

제주도와 재일 제주인들과의 관계는 다른 지역과는 다른 특수한 관계를 이루고 있다. 일본에 거주하고 있는 한국 사람이 제주도 인구의 40%를 넘었던 시기도 있었다. 또한 재일 제주도 출신은 마을

(동, 리) 단위의 친목회를 결성하고 있고, 부인회나 청년회 등의 조직도 매우 활발하다. 다시 말해 재일 제주 출신자들은 다른 어느 지역보다도 더욱더 동향인끼리의 친목을 도모하면서 단체 또는 개인명으로 다양한 형태의 고향에 대한 지원 활동을 해 왔다고 할 수 있다.

재일 제주도 출신 중에서도 고향의 진흥을 위해서 서둘러 기부하기 시작한 사람은 오사카에 거주했던 기업인 안재호(安在祜)였다. 그는 태어난 고향인 서귀포시 표선면에 공공시설 건설, 학교 건립, 마을 전기 가설, 도로 포장 등에 고액의 자금을 제공하여 지역 진흥에 공헌했을 뿐만 아니라 제주도립병원에 의학 서적을 보냈고, 제주대학교에는 도서와 비품을 기증했으며, 제주도청에는 고성능 쾌속정 등을 기증하기도 했다. 안재호의 지원 활동은 제주도 전역에 걸쳤다. 어느 지역에서나 기부를 요청하면 결코 거절하지 않았다. 제주도 발전에 기여한 그의 공적을 인정하여 제주도는 1973년에 안재호에게 '제주도 공익상'을 수여했다.

김평진(金坪珍)은 제주도 관광 사업의 파이오니아(선각자)와 같은 존재였다. 그는 경제성을 계산하지 않고 제주도의 발전을 위해 관광 사업에 많은 투자를 했다. 제주도 관광 산업의 개척자로서 그의 공적은 대단히 크다고 할 수 있다. 김평진 개인으로서는 관광 사업으로 수익을 올릴 수 없었음에도 많은 투자를 해서 제주도 발전의 기초를 놓은 것을 고려하면 그는 높이 평가받아 마땅하다. 또한 김평진은 경영난으로 폐교의 위기에 처해 있었던 제주여자학원(제주여자

중학교와 고등학교)의 경영을 맡아 특히 제주여자고등학교를 명문 사립으로 발전시켰다.

도쿄도(東京都) 아라카와구(荒川區)에 거주하고 있는 김순자(金順子)는 세상을 떠난 남편 좌수반(左銖磐: 제주시 애월읍 금성리 출신)의 유지에 따라 1994년에 10억 원을 출자해서 좌수반문화재단을 설립했다. 좌수반은 초등학교 졸업이라는 학력밖에 없었지만 일본에 가서 독학으로 의사검정시험에 합격했다. 그는 개인 병원을 개업하여 꾸준히 돈을 모았는데 나중에 그가 유언을 남길 때는 이 돈을 고향의 후진들 육영 사업에 사용해 주기를 바란다고 하였다. 사망한 남편의 유지를 성실하게 지키기 위해서 김순자가 설립한 재단이 바로 좌수반문화재단이었다. 이 재단은 그 동안 생활이 어렵고 가난한 학생들 700여 명에게 6억 원의 장학금을 지급하고 있었는데, 당시 관리 운영을 맡고 있었던 친척인 이사장이 기금 전부를 횡령해 버리는 일이 있게 되었다. 그로 인해 재단은 존립 위기에 빠지게 되었다. 이 사정을 알게 된 김순자(당시 92세)는 10억 원을 다시 모아 기금을 증액했고, 스스로 이사장직에 취임하여 지금까지 장학 사업을 계속하고 있다. 전 이사장은 고등학교 교장까지 지낸 교육자였으므로 지도적 입장에 있는 교육자의 횡령 사건은 제주 사회에 큰 파문을 일으켰다. 김순자는 그 외에도 한국로터리 장학문화재단에 1억 2,000만 원을 기부했고, 친정이 있는 조천읍 신흥리에는 복지 회관 건설비로 2억 3,000만 원을 기부하는 등 고향의 발전에 크게 기여했다.

제주시 조천읍 출신의 한재용(韓在龍)은 1960년대 초에 고향에 있는 함덕초등학교 및 함덕중학교에 비품을 보내는 일을 시작으로 새마을 사업을 지원하였고 소방서나 마을 사무소에 비품을 제공하는 등 적극적인 지원 활동을 해 왔다. 1988년에는 재일 유지들 5명이 5,000만 원의 기금을 거출하고 재단법인 함덕장학회를 설립하면서 이사장으로 취임했다. 그는 2008년까지 20회에 걸쳐서 생활이 어려운 청소년들에게 장학금을 수여해 왔는데, 2008년의 수여식에서는 17명의 고등학생과 대학생들이 장학금의 혜택을 받았다. 당시 '제주의 소리'라는 언론에 의하면, 한재용이 "어려운 환경에 있는 청소년들에게 꿈과 희망을 가질 수 있는 계기가 되었으면 좋겠다"고 말했다고 한다. 같은 조천읍 출신인 안명규(安明奎)도 70년대 초부터 선흘리 및 신흥리의 전기 가설과 선흘리 마을금고를 위해 기부하였으며, 함덕정보산업고등학교(현, 함덕고등학교)에 부지 등을 제공하기도 했다.

서귀포시 성산읍 출신으로 시모노세키(下關)에 거주하던 이두후(李斗厚)는 고향인 온평리 및 성산리의 초등학교와 중학교 그리고 성산수산고등학교 등에 부지를 제공했으며 비품과 도서 등도 기증했다. 또한 온평리 새마을회관과 마을 사무소를 건립하는 데 드는 큰 비용을 기부하기도 했다. 제주대학교는 재일 제주인들의 지원으로 대학발전기금 및 재일본제주인센터의 건립을 위해 90년대 이후부터 2008년까지 총 83억 원을 모았다. 또한 재일 제주인들이 재일 청년회 등의 기관 이름으로 도서나 현금을 제공한 것도 1억 3,650만 원이었는데, 모두 합하면 85억 원 정도의 발전 기금을 기부한 것이다. 이러한 기부 운동은 이들이 고국의 인재 육성에 얼마나 큰 관심과 열심을 나타내고 있는지를 느끼게 해 준다.

제주도에 가면 여기저기서 재일 제주인들의 지원 활동 흔적을 볼 수 있다. 마을에 따라서는 재일 제주인들의 공적에 대해 기념비를 세우는가 하면 그러한 사실을 향토지에 기록하고 있는 곳도 있다.

제주시 애월읍 상가리라는 마을은 2007년 현재 281세대에 인구가 702명밖에 안 되는 조그마한 마을이다. 이러한 조그마한 마을이 650페이지에 이르는 향토지 「상가리지」(2007년간)를 발행하고 있다는 사실은 놀랄 만한 일이다. 상가리 출신 중에는 국회의원 1명에 판사·변호사가 각각 2명, 사무관 이상의 행정 관리가 10명, 대학교수로 20여 명, 은행 지점장급 이상의 관리자가 7명 등 각계에서 크게 활약하고 있는 사람들을 배출한 우수한 마을이다. 상가리 출신의 재일 제주인 변동규(邊東圭), 변형규(邊螢奎), 변관신(邊寬信) 및 변부찬(邊富燦)은 고향 상가리의 생활환경 개선을 위해서 1960년대 초부터 마을의 각 가정에 전기 가설을 했고, 진입 도로 개설 및 포장 작업을 했으며, 주민회관 및 경로회관을 건립했다. 그리고 초등학교에는 비품을 기증하고 상가리 공원의 부지와 시설을 제공했으며, 새마을사업에 대한 지원 등 마을의 문명개화에 다대한 공헌을 했다. 이러한 공적으로 마을 사람들은 그들을 칭송하는 기념비를 세웠다. 이 기념비의 내용은 「상가리지」에도 기록되어 있다.

또한 제주시 외도동의 「외도동향토지」(2005년)에 의하면 1970년에 재일 외도동친목회 및 재일 제주경제인협회의 기부금으로 외도 2동의 전화 사업이 달성되어 이것을 기념하기 위해서 도이동 전기 가설 기념비가 세워지게 되었다고 한다. 그리고 내도동 전기 가설을 위해서 내도동 오사카친목회와 내도동 도쿄친목회로부터 고액의 기부금을 받은 공적을 칭송하기 위해서 재일 교포 전기 가설 공덕비를 세웠다. 그 밖에도 내도동 새마을회관 건립에 기여한 도쿄 거주의 재일 제주인 김정헌(金正憲) 선생의 공덕비, 내도동의 발전에 공헌한 김봉주(金奉珠)선생의 공덕비 및 조규화(趙圭華)선생의 공덕비가 세워져 있다. 도평동에도 전화 및 수도 시설, 도로 포장, 복지회관 건립 및 장학금 지급 등의 공적에 대해서 재일 제주인 김영조(金永祚) 선생의 공적비가 세워져 있다. 또한 도평동 전기 가설 공로자의 공적비가 세워져 있으며, 재일 제주인 이창문(李昌玟), 김두화(金斗化), 김정호(金正浩) 등의 이름이 새겨져 있는데, 사실 여기에 거론되어 있는 인물들은 일부 사례에 지나지 않는다.

(7) 재일 제주인들의 공적

이상의 실례로 알 수 있듯이, 제주도 발전에 가장 큰 공적을 세운 사람들은 재일 제주인들이다. 제주도는 천연자원이 풍부했지만, 충분히 활용하지 못해 한국 내에서도 오랜 기간 후진 지역에 속해 있었다. 이 때문에 제주도의 많은 젊은이들이 고향을 떠나 일본으로 건너갔다. 이외에도 도일의 목적은 다양했다. 식민지 시대에 강제 연행으로 끌려간 사람도 있고, 학업이나 일자리를 구하기 위해서 현해탄을 건너간 사람도 적지 않았다. 해방 후에도 여러 가지 사정으로 귀향하지 못하고 그대로 잔류하다가 어려운 사회 경제 환경 속에서 고뇌와 신산을 겪었지만, 그 가운데서도 굴하지 않고 남보다 더 부지런하게 일하고 노력한 결과 그만큼의 생활 기반을 구축했던 사람들도 있었다. 사실, 그들 중 대부분은 공부를 하고 싶어도 학교에 다닐 시간이나 경제적 여유가 없었다. 다들 이러한 형편들 때문에 일본으로 갔었고 보통 일본인들은 경험하지 못하는 갖은 고생을 했다. 하지만 점차 일본 생활에 익숙해지면서 다소 경제적인 여유가 생기자 그들은 고향에서 고생하고 있을 부모님과 형제들을 생각하며 그들이 가난에서 하루라도 빨리 벗어날 수 있도록 다양한 지원 활동을 하기 시작했다. 또한 그들은 가족이나 친척뿐 아니라 마을의 생활환경과 교육 환경의 개선을 위해 지원 활동을 하기 시작했고 경제적으로 곤궁한 학생들에게는 장학금 급부 제도를 창설하기도 했다. 그들은 제주도 전체의 생활수준을 향상시키기 위해서는 인재를 육성하는 일이 무엇보다 가장 중요한 일임을 알고 있었던 것이다.

이러한 취지로 시작된 재일 제주인들에 의한 교육 및 인재 양성 사업은 시간이 경과함에 따라 서서히 그 성과가 나타나기 시작했다.

한국 교육과학 기술부가 실시한 2008년도 학업 성취도 평가 결과에 의하면 제주도의 고등학교 1학년생의 성적은 전국 1위였다. 보통 학력 이상이 73.6%로 1위였으며, 기초 학력 미달은 4.4%에 불과했다. 이에 반해, 서울시는 보통 학력 이상이 54.4%에 기초 학력 미달은 12.2%로 대조적인 결과를 보였다. 중학교 3학년생의 성적에서도 제주도는 보통 학력 이상이 65.9%로 전국 2위였다. 이러한 결과를 보면 제주도의 교육이 얼마나 높은 수준에 있는지 알 수 있다. 이처럼 제주도의 교육 수준이 향상될 수 있었던 것은 재일 제주인들이 인재 양성을 위해 적극적인 지원 활동을 한 성과 덕분이었다.

하지만 이러한 재일 제주인들의 제주도 사회 경제 발전에 대한 공적에도 불구하고, 제주도 사회는 그러한 공적에 대한 가치를 높이 평가하지 않고 있다. 그래서 최근에 제주도의 학계에서는 재일 제주인의 역할에 대한 연구가 필요하다는 목소리가가 흘러나오고 있다. 그와 관련된 자료로는 진관훈의 「재일 제주인들의 '고향' 제주에의 기증에 관한 연구」나 제주대학교 사회과학연구소의 학술 세미나 자료집(2005년), 김희철 진관훈의 「재일 제주인의 경제생활과 제주 사회 기증에 관한 연구」 및 『法과 政策』 제13집 제1호, 2007년, 제주대학교 사회과학연구소 등이 있다.

한편, 1990년대 이후 재일 제주인이 제주도 사회에 기증하는 건수가 급격하게 감소하고 있다. 그 이유로는 재일 1세와 비교할 때 재일 2세나 3세는 고향에 대한 생각이 다르기 때문이다. 하지만 자신의 안위는 생각지도 않고 고향을 위한 지원에 열심을 나타냈던 1세들의 노력이 그에 상응하는 높은 평가를 받지 못하고 있다는 것도 문제가 될 수 있다. 건수로는 감소하고 있지만 금액으로는 고액의 기부가 여전히 존재하고 있다. 목적이 명확하고 뜻이 있는 사업이라고 생각하면 앞으로도 고향에 대한 관계는 계속해서 유지될 것으로 보인다.

(8) 재일 제주호남인들의 역할

현재 제주도에는 호남 출신이 약 12만 명 정도 거주하고 있다. 원래 제주도는 전라남도에 속해 있던 인접 지역이었으므로 부담 없이 이주해 간 경우가 많다. 그러나 그 수가 특히 해방 후 증가했다는 점에 주목할 필요가 있다. 제주도에서 일본으로 유출한 노동력이 현재 15만 명 정도라고 추정되지만 그 노동력의 보충을 실제로는 호남 출신들이 하고 있다는 것이다. 재일 제주인들 대부분이 일자리를 구하기 위해서 일본에 건너간 것과 같이 제주도 거주하는 호남 출신자들도 대부분 구직을 위해서 제주도로 이주한 것으로 보인다. 그 이유는 전라도 지역보다 제주도의 개발이 더 빨리 진행되고 있었기 때문인데, 제주도 개발의 초기 단계는 재일 제주인들에 의해 감귤 산업이나 관광 산업을 통해 활발히 이루어졌다. 제주도에는 남자들이 일하지 않는다는 말이 있는데 특히 3D 노동은 더욱 그러했다. 하지만 호남 출신들은 제주도에서 3D 노동에서부터 일을 시작했는데 그들

중 일부는 비즈니스에서 성공하여 현재 제주도의 경제를 주도하는 역할을 하기도 한다.

제주도에 거주하고 있는 호남 출신의 친목회로는 호남향우회가 있다. 1969년에 창립된 이 친목회는 회원 상호간의 친목을 도모하면서 1980년에는 공동 사업으로 호남새마을금고를 설립했다. 그 금고가 소유하고 있는 자산 700억 원은 제주도 금고 순위 1위를 차지하고 있다. 1993년에는 향우회 사업으로서 자동차 보험을 시작했는데 호남향우회는 연간 2,000만 원 이상의 수익을 올리고 있다. 이들은 그 수익의 일부로 장학금 제도를 만들어 장학금을 지급하고 있다. 매년 그들은 회원의 자녀 30명과 제주 지역 주민 자녀 30명에게 평등하게 장학금을 지급하고 있다. 지역 사회에 환원하기 위해서이다.

또한 이들은 출신지인 전라도 지역과 거주지인 제주도 사이의 중개 역할도 하고 있는데, 매년 시즌이 되면 고향에 감귤 보내기 운동을 전개하고, 고향에서 친척을 초청하여 제주도 관광을 활성화시키는 일까지 하고 있다. 현재 제주도에는 시·읍·면 단위의 향우회가 11개소 있고, 제주 시내에는 32개 지역 및 동 단위의 향우회 조직도 있다. 그리고 국제화 시대의 흐름에 따라 제주 호남향우회는 북경 호남향우회와 자매 관계를 맺고, 도쿄나 로스앤젤레스의 호남 출신 친목회와도 교류하기 위해 네트워크를 만드는 준비를 하는 등 활발한 활동을 하고 있다고 향우회 회장인 이종천(李鍾千)은 말하였다.

【참고 문헌】

· 濟州特別自治道『愛鄕의 보람』(2007年增補版), 2007年

· 在日本濟州開發協會『愛鄕無限』(在日本濟州開發協會30年史), 1991年

· 『漢拏山』(濟州開發協會機關誌), 第7號, 1981年

· 濟州柑橘農業協同組合編『濟州柑橘農協四十年史』, 2001年

· 上加里誌編纂委員會編『上加里誌』, 濟州市涯月邑上加里, 2007年

〈제주 지역 발전에 특히 공헌한 인물들〉

1. 강구범 나가노 신이치로 · **2. 김평진** 나가노 신이치로
3. 이근식 나가노 신이치로 · **4. 김병종** 양경희

1. 강구범(康龜範)

제주대학교 해양연구소 기금 기증(1909–1994년 제주도 서귀포시 출생, 재일 1세)

소년기 ㅣ 강구범은 1909년에 제주도 서귀포시에서 자산가의 4남으로 태어났다. 아버지가 유학자였기 때문에 그는 6살 때부터 유교(儒敎)를 배웠다. 일가가 유학(儒學)에 열중하고 있을 무렵, 한국에는 근대화의 물결이 밀려오고 있었다. 부친뿐 아니라 그의 형제 중에서도 조상으로부터 물려받은 재산을 지킬 수 있는 경영 능력을 가진 사람

이 아무도 없었기 때문에 토지를 팔아가면서 근근이 생활해 나가는 형편이었다. 가족 중에서는 모친이 유일하게 일을 했는데, 여자 혼자 힘으로 일가의 생계를 유지한다는 것은 도저히 불가능했다. 유교 사회는 장남이 우대를 받았기 때문에, 몰락 직전 그나마 남은 재산이 4남의 구범에게까지 돌아올 리 없었다. 제주도에서는 희망을 가질 수 없다고 생각한 구범은 미국행을 생각하지만, 제주도에는 미국행 선편이 없었기 때문에 그는 일본을 경유하기로 했다. 1927년 2월, 18세 때, 그는 부모님 몰래 일본행을 단행했다. 부친에게는 반감이 있었기 때문에 가출한다 해도 마음의 부담감이 그렇게 많지는 않았는데, 모친에게는 미안한 감이 없지 않아 있었다.

그는 오사카(大阪)에 도착하여 제주도 출신이 많이 거주하고 있는 히가시구(東區)로 향했고, 거기서 제주도 출신 5명과 같은 방에서 공동생활을 하게 되었다. 객지 벌이를 하러 온 사람들이 쉴 틈 없이 힘들게 일하는 모습을 보면서 '일본에 가면 돈벌이를 많이 할 수 있겠지'라는 그의 기대는 완전히 어긋나 버렸다. 바로 그 때 세상만사가 그리 간단하지 않다는 것을 깨달았다. 당시 제주도 출신이 모이는 곳에는 부친이나 강 씨 집안의 친척을 아는 사람들이 있었기 때문에 그에 대한 소식은 곧 부친에게 알려졌고 부친이 그를 데리러 왔다. 놀랍게도 부친은 화를 내지 않았고, 모친은 "잘 돌아왔다"고 눈물을 흘리며 기뻐했다. 그래서 구범은 계획을 다시 짤 수밖에 없었다.

고뇌와 신산의 도쿄 생활 | 첫 번째 가출을 한 지 반 년 후에 다시 절호의 기회가 왔다. 부친이 토지 대금을 받아오라며 그에게 심부름을 보낸 것이다. 토지 대금은 400엔으로 당시의 돈으로는 꽤 큰 돈이었다. 돈을 받고 나서 그는 부친에게 "대금을 곧 줄 테니 좀 더 기다려 달라"고 말했다며 거짓말을 했다. 이 돈만 있으면 강 씨 집안의 생활이 당분간 보장될 수 있었기 때문에 그는 마음이 아팠다. 하지만 그는 자신의 목적을 달성하기 위해서 어쩔 수 없이 새벽에 은밀히 집을 나올 수밖에 없었다.

오사카에 도착한 그는 곧바로 도쿄로 향했다. 그는 도쿄의 카메이도(龜戶)에 거주하는 제주도 출신의 지인의 방에 같이 동거하면서 그 사람의 소개로 신문 배달을 하게 되었다. 신문 배달은 신속히 해야 하는 일이었지만 일본어나 주변의 지리를 잘 알지 못하는 그로서는 고생을 더 많이 할 수밖에 없었다. 말이 안 통해서 설명도 제대로 못 했기 때문에 오해받는 경우가 많았고 거기에다 민족적인 차별까지 생기는 바람에 상황은 더욱 복잡해졌다. 결국 일자리가 자주 바뀌는 생활을 해야 했고, 도쿄 생활은 그야말로 개미지옥 같았다. 힘겨운 생활 때문에 미국행도 생각해 보았지만 그것은 더 불가능한 일임을 알고 있었다. 당시 조선인은 미국에 도항 신청을 할 수도 없었다. 그는 마음을 다시 잡고 공부에 매진하기 위해 중학교의 야간부에 들어갔지만 일본어를 거의 못했기 때문에 수업 내용을 도통 이해할 수 없었다. 결국 그는 학교를 그만두고 다시 일하기 시작했고, 친지의 소개로 제주도 출신의 여성과 결혼했다. 하지만 생활은 나아지지 않았으며, 그의 인생은 늘 고뇌와 신산이었기 때문에 최악으로 치닫고 있었다. 그가 이처럼 깜깜한 어둠 속을 헤매며 다니고 있을 바로 그 무렵, 자신의 생애에서 절대 잊을 수 없는 사람과 만나게 된다. 그가 바로 이케다(池田)고무의 이케다 사장이다. 도호쿠(東北) 지방 농가 출신인 그는 소박한 인품을 지닌 친절한 경영주였다. 그는 새로 사원이 된 구범에게 "일은 힘들지 않느냐"고 위로해 주고 언제나 따뜻하게 말을 건넸다.

노부가와(信川) 고무 공업소 설립 | 이케다고무는 불경기로 인해 조업을 중단하게 되었다. 그 즈음 공장과 설비를 대출한다는 이야기를 듣고 그는 빌리기로 했다. 그래서 아내가 친가로부터 가지고 온 돈 600엔으로 공장을 임대했다. 당시에 친지 한 명과 단 둘이서 공장을 시작했는데, 구범이 사장이고 친지가 공장장이 되었다. 회사명은 구범의 본관인 "신천(信川, 노부카와)"을 써서, 노부카와 고무 공업소로 짓고 1933년 2월에 공장을 가동했다. 자전거그림 부분의 고무 등을 만들었지만 납품처를 찾아내는 것이 힘들었다. 납품처는 주로 오사카의 자전거 부품 도매상이었지만 신참자가 끼어들기에는 힘든 일이었으며, 회사의 운영도 순조롭지 않았다. 게다가 장녀가 태어나 가족을 부양할 책임이 늘어났기 때문에 미국행은 완전히 포기하기로 했다. 가족을 위해서도 노부카와 고무 공업소를 다시 살리지 않

한국의 경제 발전과 재일 한국 기업인

으면 안 되었다. 그는 땀과 기름으로 얼룩진 옷을 입고 직공과 같이 일했다. 분골쇄신으로 필사적으로 일했기 때문에 서서히 회사도 안정되어 가기 시작했다. 사원이 많아졌을 때에도 구범은 사장임에도 불구하고 일반 사원들과 똑같이 일했다. 식사나 입는 옷도 사원들과 같았으며, 일반 사원과 구별되는 것은 일절 없었다.

성실하게 일하면 언젠가 보답을 받는다는 말이 있다. 그가 오사카에서 판매점을 찾으며 온갖 고생을 하고 있을 때 우연히 한 노인을 만났다. 그 노인을 통해 거래처가 증가하였고, 오사카에 신규 공장을 만들어 80명의 사원을 고용할 만큼 공장 규모도 확장되었다. 그로 인해 본거지를 오사카로 옮기게 되었으며, 아들이 태어난 그 즈음 생활의 여유도 생기게 되었다.

그러다가 1938년에 전환기를 맞게 되었다. 중일전쟁이 시작되면서 일본에서 중국 동남아시아 방면으로의 수출이 어려워졌는데, 마침 군수 산업이 대두되면서 그 여파가 노부카와 고무공업소에도 미치기 시작한 것이다. 구범은 시대의 변화에 맞추기 위해 오사카 공장과 설비를 처분하고 다시 도쿄로 거점을 옮겨 군수 산업과의 거래를 개시했다. 주로 군에 납입하는 벨트의 재료를 만들었는데, 생산이 따라오지 못할 정도로 주문이 쇄도했다. 그 때문에 낮이고 밤이고 쉴 새 없이 기계를 움직여 주문 수량을 맞출 때까지 계속해서 일했다. 그리고 그 이익의 대부분은 설비 투자로 돌려서 기계를 새로 도입함으로 공장을 더욱 확장해 갔다.

그러나 태평양전쟁의 여파로 도쿄대공습이 점점 심해지더니 어느 날 집과 공장이 모두 불타 버렸고, 고생해서 모아 온 재산이 흔적도 없이 사라졌다. 그 후 전쟁이 끝나자 조국 재건을 위해서 모든 정력을 바치기도 했지만 조국의 분단에 의해서 재일 한국인 사회도 좌우 세력으로 이분되었다. 그는 희망을 잃었지만, 고무 회사를 재건하기로 결심했다. 불에 탄 토지에 노부카와고무 공업소를 다시 지었다. 그리고 손님들이 좋아할 만한 제품 만들기에 주력하여, 비옷과 포스톤백의 재료 생산부터 시작했다. 기술 혁신으로 고무를 특수 가공할 수 있게 되었고, 수도나 전기세탁기, 자동차의 도어 부분에 사용하는 신형 패킹 제조를 시작했다. 얼마 후 동 사 제품이 도쿄올림픽 수영 경기가 열렸던 국립경기장의 고무판 제품으로 선택되었으며, 이를 통해 '조금이라도 좋은 제품', '스스로 갖고 싶어 하는 제품'이라는 슬로건으로 생산 활동에 더욱 박차를 가하기 시작했다. 머지않아, 스미토모(住友) 화학 공업과 직접 거래할 만큼 노부카와고무의 제품은 업계에서 큰 신뢰를 받게 되었으며, 새로운 발전의 계기가 마련되었다.

42년만의 고향 방문과 제주대학교에 발전기금 제공 | 1985년 9월, 강구범은 42년 만에 고향 제주도를 방문했다. 돌아가신 부모님의 성묘를 하기 위해서였다. 제주도의 많은 사람들이 그를 따뜻하게 환영해 주었지만, 부모님의 묘 앞에서 오랜 세월 자신이 부모님께 끼친

불효에 대해 뉘우쳐야 했다. 제주도 방문 때 제주도청을 들러 방위 성금 3,000만 원을 기부했고, 1988년에는 제주대학교 해양연구소 기금에 13억 원 상당의 부동산을 기증했다. 92년에는 1억 3,000만 원, 93년에는 3,000만 원을 해양연구소 기금에 또 기부했다. 구범이 세상을 떠난 후에는 장남 강덕수(康德守)의 명의로 2,000만 원을 제주대학교 발전 기금에 기부했다.

강구범은 1994년에 갑자기 세상을 떠났지만 그의 유지는 자녀들에 의해서 훌륭하게 계승되고 있다. 2006년 4월에 재단법인 가메노리(龜範) 재단이 설립되었다. 10억 엔의 재단 기금은 교리쓰(共立)빌딩 주식회사를 계승한 차남 강건수(康健守)가 거출했다. 동 재단은 아시아 여러 나라들과의 청소년 교류를 후원하고 있으며 상호 이해와 공생을 목표로 일하고 있다. 그 일환으로 고교생 교환 및 유학 사업, 대학생 유학과 장학금 지급, 한일 단기 교류 프로그램 등을 실시하고 있다.

강구범은 생전에 '사회에서 얻은 것은 사회에 환원하라'고 말했다. 그 유지를 계승해서 가메노리 재단은 차세대를 짊어질 젊은 세대의 교류에 특별한 관심을 가지고 활동하고 있다.

【참고 문헌】
· 야스모토 가메노리(康本龜範) 『원대한 旅路-내가 걸어온 78年』, 株式會社 헬스通信社, 1987年.

2. 김평진(金坪珍)

제주도의 교육·관광·언론계에 공헌(1926~2007년 제주시 회천동 출생, 재일1세)

비즈니스의 시작 | 김평진은 1926년 제주시 회천동에서 태어났다. 그는 10살 때 일본으로 건너가서 각지를 전전한 후 19세 때 동향의 여성과 결혼했다. 그리고 도쿄 우에노에 비누 공장을 하게 되었는데 그것이 비즈니스의 시작이었다. 전쟁 직후 생활필수품이 부족했기 때문에 비누가 잘 팔렸고 그로 인해 그의 생활은 안정되었으며, 비즈니스를 확장하기 위한 기초가 마련되었다. 그러나 비누 공장이 성행한다는 조짐이 보이자, 큰 기업들이 진출하게 되었고 그로 인해 경영난을 겪어야 했다. 얼마 후 부부는 조그마한 라면 가게를 시작했고, 가게는 번성하기 시작했다. 가게가 협소하였기 때문에 초밥집이던 옆집을 매입하여 가게를 확장했고, 다방도 새로 개점했다. 모든 것이 순조롭게 진행되어 두 번째 점포를 개점할 수 있었다. 이 무렵에는 완전히 사업의 기반이 생겼을 뿐만 아니라 비즈니스에 대한 자신감도 생겼다.

시대의 흐름에 따라 새로운 분야에 대한 투자를 모색한 결과, 유기장이 장래성이 있다고 판단하고 유기장 경영을 개시했다. 그로 인해 일본 경제의 고도성장과 더불어 비즈니스도 궤도에 오르게 되었다. 그리하여 그는 어느 정도 자산을 모을 수 있었고 사회 환원에도 관심을 갖게 되었다.

제주도 개발에 관심을 가지다 | 김평진이 제주도 개발에 관련하게 된 계기는 1962년 1월 도쿄 우에노(上野)에서 개최된 재일본 제주개발협회 정기 총회에서 제2대 회장으로 선출된 때부터이다. 동 협회 창립 1주년을 맞이하여 개최된 총회에서 그가 새로운 회장으로 선출됨과 동시에 세 가지 사업 계획을 결의했는데, 첫째는 제1차(경제·문화인) 향토방문단의 파견, 둘째는 제주도(농수산 부문)개발을 위한 기술 연수생의 초청, 셋째는 제주도 고등학교 선발 축구팀의 초청이었다.

1962년 4월, 첫째로 제1차 향토방문단이 구성되었다. 고원일(高元一) 동 협회 고문을 단장으로 하는 18명의 방문단이 하네다(羽田)공항에서 노스웨스트 항공기를 타고 서울로 향했다. 서울에서는 외무부, 재건국민운동 본부, 경제기획원 등을 예방하여 재일 동포의 자본 투입에 대해서 의견을 교환했다.

제주도에서는 김영관(金榮寬) 도지사를 비롯한 제주도민으로부터 성대한 환영을 받았다. 제주도청을 비롯한 각 기관을 방문하여 제주도 관광 개발의 전망과 감귤 묘목의 수입 문제 등에 관해서 의견을 교환했다. 제주도청에서는 향토개발 기금을 기탁했는데, 기증한 온주감귤 묘목은 서귀포농업고등학교와 제주대학교 농학부 농장에 식수되었다.

제1차 향토방문단이 선물로 증정한 감귤 묘목 500그루가 제주도에 묘목을 보내는 운동의 시작이 되었다. 감귤 묘목은 유효했으므로 제주도 산업 개발에 매우 효과적인 선물이었다. 이에 대해서는 김평진 자신도 자랑스러운 듯이 술회했다.

김평진은 박정희 국가재건최고회의장을 방문했을 때 박정희 의장으로부터 관광호텔 건축을 요청받았고 그는 즉석에서 그렇게 하겠다고 약속했다. 그가 지은 제주관광호텔은 제주 최초의 관광호텔이 되었다.

김평진은 계속해서 서귀포관광호텔, 허니문하우스(후의 파라다이스호텔) 등을 지어서 제주도의 관광 개발에도 크게 기여했다. 허니문하우스는 이승만 초대 대통령의 겨울 별장으로 사용된 건축물로 지금까지도 이승만의 유품이 보존되어 있는 곳이기도 하다.

63년 2월, 제주개발협회 총회에서 회장으로 재선된 김평진은 향토의 녹화 운동 추진의 일환으로 본격적인 묘목 보내기 운동을 시작했다. 김영관 제주도지사의 요청을 받고 김평진은 진해시 해군사관학교에 벚꽃 묘목 2,000그루를 기증했으며 제주도에 '감귤 묘목 보내기 운동'을 적극적으로 추진했다.

학교 경영에 착수함 | 김평진은 고향인 산양초등학교에 오르간을 기증했고 회천 분교 신축을 위해 고액을 기부했을 뿐만 아니라 경영난으로 폐교의 위기에 처해 있었던 제주여자학원(제주여자중학교와 고등학교)의 경영을 맡아 제주여고를 사립 명문의 반열에 올려놓았다. 1966년 당시, 학교 경영을 맡은 김평진은 학교의 규모나 부지(현, KAL

호텔)의 협소함을 보고 교육 환경이 좋지 않다는 것을 느끼게 되어 1970년에 교사 이전을 하기로 결심했다. 그래서 4만 5,625㎡의 넓은 부지에 제주도 최초로 학내에 체육관을 지었으며, 실내 화장실을 갖춘 근대적인 학교를 신축했다. 이것은 당시 제주도에서는 선구적인 근대 설비였으며 제주 사회의 선망의 대상이었다. 학교 규모가 점차 커지고 발전하기 시작할 즈음, 종래의 가정교육 중심의 건학 정신을 가정·사회·국가에 공헌할 수 있는 인재 양성을 목적으로 한 건학 이념으로 바꾸기로 했다. 그래서 현재는 '경애·개척·봉사'를 건학 이념으로 한 교육을 추진하고 있다.

그리고 1977년에는 제주신문사 회장으로 취임하여 지방 언론계를 이끌었다. 이처럼 교육·언론·관광 등 다양한 분야에서 제주도 사회 발전에 크나큰 공헌을 해 온 김평진은 2007년 3월 향년 82세로 타계했다. 부보에 접한 〈제주일보〉 3월 31일자에는 다음과 같은 추도 기사가 실렸다.

'고인은 10세 때 일본으로 건너가 부단한 노력을 기반으로 대사업가로 성공한 후 1961년 재일 제주개발협회장을 맡아 두 나라를 오가며 학술과 문화 교류의 발전에 족적을 남기기 시작했다. 재일 교포와 제주도민간 체육 대회를 개최해 상호 우호증진에 기여했고, 이후 재일 동경한국학원 이사장에 부임해 학교 육성에 힘썼다. 1966년에는 학교법인 제주여자학원을 인수해 이사장에 취임, 양적 질적 면모를 갖추는 데 헌신해 훗날 명문 제주여자중학교·고등학교로 도약시 컸다. 1977년(~2005년 2월)에는 제주신문사 회장직에 취임하여 시설을 현대화시켜 한층 우수한 질의 신문을 제작하는 데 앞장서는 등 제주 언론 분야의 발전도 이끌었다. 1981년엔 재일 한국교육재단 고문으로서 재일 교포 2세에게 모국 방문 기회를 제공해 국가관과 역사, 발전상 등을 가르쳤다.

관광과 농업 분야에서도 그의 발자취는 깊숙이 아로새겨져 있다. 고인은 제주개발협회장 때부터 우수한 일본의 감귤 묘목을 제주도에 보급한 후 농민들을 현지 농원에 초청해 기술을 익히도록 배려했다. 1964년엔 외국인이 숙박할 만한 호텔이 없는 점을 인지해 제주관광호텔을 지었고, 이후 허니문하우스와 서귀포 관광호텔의 문을 여는 등 제주관광의 인프라를 구축했다. 체육 분야에서는 제주도종합경기장과 애향운동장을 건설했는데 당시 김 박사가 막대한 금액을 출원했고 이에 따라 전국소년체육대회를 개최할 수 있었다. 또 재일본 한국인 상공연합회장 재임 때는 88 서울올림픽 지원금 모금 활동에 앞장서면서 정신적·물질적인 지원을 아끼지 않았다.'

현재는 장남 김화남이 제주여자학원 이사장으로 취임하여 새로운 발전을 목표로 추진하고 있다.

【참고 문헌】
· 在日濟州開發協會『愛鄕無限』(在日濟州開發協會30年史), 1991年
· 『漢拏山』(濟州開發協會), 第7號, 1981年

3. 이근식(李根植)

제주대학교 학술연구기금과 장학기금 설립(1930~2006년 제주도 도평동 출생, 재일 1세)

청소년기 | 이근식은 1930년에 제주도에서 태어나 3세 때 부모와 같이 일본으로 건너갔다. 그는 유년기부터 청년기까지 오사카(大阪)에서 지냈다. 일본 해군의 군속이었던 부친은 전쟁이 끝나자 고국에서 해방의 기쁨을 누리고자 어린 자녀를 남겨 둔 채 귀국해 버렸다. 그는 16세 나이에 혼자 일을 하고 학교에 다녀야 했으며 심지어 제주도로 돌아간 부모와 동생들의 생활비와 학비까지 대 주어야 했다. 당시를 회고하면서 이근식은 다음과 같이 말했다. "그때를 회고한다는 것은 나에게 대단한 고통입니다. 당시의 고통과 암담한 기분은 두 번 다시 떠올리고 싶지 않습니다. 돈을 벌기 위해서 어떤 장사든 다 했습니다. 하지 않은 것이 없을 정도였습니다. 하루에 5,000엔, 1개월에 15만 엔을 목표로 정해 놓고 그것을 달성하기 위해서 식사를 줄이면서 일했습니다. 어떤 때는 열차 안에서 1개월 이상 생활했던 적도 있었습니다. 당시 도쿄에서 생활필수품을 사서 오사카에서 팔면 상당한 이익이 있었습니다. 오사카에서 도쿄까지는 열차로 12시간이나 걸렸습니다. 야간열차를 타고 아침에 도쿄에 도착하면 도쿄에서 상품을 받아서 다시 야간열차로 오사카에 갑니다. 열차 안에서 숙박하는 생활을 반복했습니다. 종전 직후 혼란기에 불과 16세밖에 안 된 아이가 이러한 일을 하고 있었습니다. 전후 일본의 경제 사정

은 부모님이 벌어 대 줘도 어려울 정도였는데 그 모든 것을 혼자서 해결해야 했고, 거기다 제주도에 있는 부모님의 생활비와 남동생들의 학비까지 송금해야 했습니다."

실업가로 성공 ｜ 1951년에 칸사이대학교 전문부 경제학과를 졸업하고 도쿄로 이주한 뒤에는 본격적으로 비즈니스를 시작했다. 소년 시절부터 체득한 금전 감각이 비즈니스 확장에 많은 도움이 되었다. 신바시(新橋) 역전에서 시작한 음식점 경영이 순조롭게 진전되어 점포 수도 8개로 증가했다. 하지만 안타깝게도 그 무렵에 신바시 역전의 재개발로 철거해야만 했다. 철거 보상금으로 1억 엔을 받아 그것을 자본으로 이케부쿠로(池袋)에 5층 건물의 빌딩을 지었다. 그리고 빌딩 안에서 유기장 등을 시작했는데 그것을 토대로 다카다노바바(高田馬場), 시부야(澁谷), 카시와(柏), 하치오지(八王子) 등에서 유기장을 비롯한 여러 가지 사업을 하면서 비즈니스를 확장했다.

다행스럽게도 사업은 순조롭게 궤도에 올랐고 경제적으로 여유가 생기게 되자, 평소 마음속으로 생각하고 있었던 교육 사업을 시작하기로 했다. 이근식이 교육 사업에 애착을 가지게 된 것은 그의 성장 과정에서 경험한 차별을 극복하기 위해서였는데, 그가 일본에서 독신 생활을 하면서 민족적 차별을 인식했기 때문이다. 이러한 차별을 극복하는 데는 두 가지 방법이 있었다.

하나는 차별을 폭력으로 대응하는 것과 또 하나는 인내와 노력으로 극복해서 일본 사람들보다 더 잘할 수 있다는 것을 보여 주는 방법이었다. 그는 일본 사람들보다 우수한 것을 보여 줌으로 민족의 자존심을 회복하는 후자의 방법을 선택하였다. 이러한 원칙은 안창호의 "무실력행"에서 배운 것이었다. 그는 한국 사람도 충분히 교육을 받으면 일본 사람에게 뒤떨어진 사람처럼 보이지 않을 것이라고 생각했기 때문에 교육 사업에 많은 관심을 갖게 되었다.

이근식은 어렸을 때 일본 아이와 조선 아이가 서로 싸우면서 '죠센진(조선 사람)'이라고 말하는 것을 본 적이 있는데, 그때는 그 말이 차별을 뜻하는 것인 줄 전혀 몰랐다. 같은 일본 교육 제도 아래서 천황에 충성을 맹세하는 훈련도 함께 받아 왔기 때문에 거기에 차별이 있으리라고는 생각지도 못했던 것이다. 하지만 현실은 너무나도 달랐다. 그래서 이근식은 그때 한국 역사에 대한 자각이 절실히 필요함을 강하게 느끼게 되었다.

이근식은 자신이 형편상 충분한 교육을 받지 못한 것에 대해 크게 후회하였는데 이것이 늘 그의 마음 한구석에 자리 잡고 있었다. 그는 한국인이 일본에서 차별을 받고 있는 것도 한국의 국력이 약하기 때문이며 국력은 교육이 토대가 되어야 한다고 생각하고 있었다. 그래서 그는 자신의 경험을 통해서 젊은 세대가 충분한 교육을 받을 수 있게 하고, 희망을 가질 수 있는 교육 환경을 조성해 주는 것이 자신의 역할이라고 생각했다. 이근식은 3살 때 일본으로 건너갔음에도 불구하고 한국어에 능통했다. 그래서 그는 우선, 말하는 것부터 시작하기로 했다.

교육·사회사업의 개시 ┃ 그때 마침 교육 사업에 관여할 수 있는 계기가 오게 되어, 그는 1990년에 도쿄 한국학교 이사장직에 취임하여 낡은 교사의 신축과 교육 환경을 정비하는 것에 많은 노력을 기울였다. 그리고 1995년에는 재단 법인 한국교육재단 이사장으로 취임했다. 그는 재단의 기금 조성에 노력하는 한편, 재일 2세와 3세에게 한국어를 보급하기 위해 한국어 검정 시험을 실시했고, 한국어 웅변대회도 개최했다. 그는 교육 사업뿐 아니라 사회사업에도 관심을 가졌는데, 일본 적십자사에 1983년부터 매년 500만 엔씩을 기부하여 어려운 처지에 있는 사람들을 도와 왔다. 이 기부는 그가 세상을 떠날 때까지 23년간 지속되었던 일이다. 총 1억 1,500만 엔을 일본 적십자사에 기부했는데, 이 기부는 자신을 키워 준 일본 사회에 대한 보답이었다.

이근식은 일본에서 자라며 사람들로부터 많은 차별을 당했지만 일본인 중에도 좋은 사람이 많이 있으며 도덕적으로 배워야 할 일들도 많이 있음을 깨달았다. 사실, 그가 생각하기에 한국은 일본을 너무 모르는 것 같았다. 그의 눈에 한국은 과거 식민지 시대의 감정적인 것에 치우쳐 극단적으로 일본을 무시하려고만 하는 것처럼 보였다. 그는 한국 사람들이 모르는 척하는 것인지 아니면 일부러 알려고 하지도 않는 것인지 잘 모르겠지만, 일본에 대해 분명 둘 중 하나

한국의 경제 발전과 재일 한국 기업인

의 의견을 가지고 있을 것이라고 생각했다. 하지만 이것으로는 일본과의 진정한 관계 수립이 매우 어려울 것이다. 따라서 일본 사회가 신용을 소중히 하고, 근면 정신을 가지고 임하는 것과 같은 유익한 방식들은 본받는 것이 좋다는 게 지론이었다.

그는 한국에 대한 지원 활동에도 열심이었는데 서울올림픽 때는 재일 후원회를 통해서 1억 엔을 기부했다. 또한 1997년 말에 한국이 금융 위기에 직면했을 때는 미국에 예금했던 100만 달러를 한국으로 옮겼는데 이에 대해 이근식은 "나라가 걱정되기 때문이다. 나라가 걱정하지 않게 하기 위해서는 우수한 인재를 양성해서 세계에 통용되는 훌륭한 조국이 되기를 바란다"고 했다.

인재 양성을 위한 장학 재단 설립 | 그는 1998년 12월에 6억 2,000만 엔의 사재를 출연하여 도쿄에 재단법인 청봉(靑峰)국제교육진흥재단(후에 청봉장학재단으로 개칭)을 설립했는데, 이것은 고향인 제주도 한라산을 생각하며 명명한 것이었다. 또한 이 재단은 본국의 발전에 도움이 되는 인재 양성을 위해서 유망한 유학생에게 물심양면으로 지원하기 위한 목적으로 기금 5억 엔과 1억 2,000만 엔의 운용 자금으로 운영되고 있다. 이근식의 장학재단 설립의 본 취지는 제주도 출신의 우수한 학생을 선발해서 일본에 유학시킨 다음, 그들 전원을 기숙사에 입주시켜 정신교육을 중시하는 방침으로 인재를 양성하기 위한 것이었다. 당초는 제주도 내 고등학교를 졸업했지만 가정의 경

제적 사정으로 대학에 진학할 수 없는 우수한 인재를 선발하여 학비와 생활비 등을 제공하여 마음껏 공부하도록 지원한다는 것이 기본 방침이었다. 그리고 계획적인 인재 양성으로 제주도를 발전시킨다는 것이 그의 꿈이었다. 그러나 사정은 단순하지 않았다. 현실적인 문제 가운데 하나는 고등학교에서 성적이 우수했던 학생들 대부분이 국내의 일류 대학에 진학하고 있고 유학도 미국으로 가려는 경향을 보였기 때문이다. 사실, 성적 우수자가 가정의 사정으로 진학할 수 없는 케이스는 거의 드물다. 또한 한국에는 징병 제도가 있어 고등학교 졸업 후 바로 일본으로 유학을 가는 것도 쉽지 않았다. 결국, 일본의 대학 또는 대학원에 재적하고 있는 한국인 유학생들을 대상으로만 장학금을 수여하게 되었고 2002년부터는 재일 한국인 학생들에게도 수여함으로써 그 대상을 넓혔다. 청봉장학재단에서 장학금을 지급받은 장학생은 1999년부터 2008년까지 누계 310명에 달한다. 한때는 50명 전후의 학생에게 장학금을 지급했지만 창설자 이근식의 서거 후 관련 회사로부터 더 이상 기부금이 들어오지 않게 되었고, 기금 운용의 이익금은 감소되어 2008년도에는 장학금을 받는 학생이 23명에 지나지 않았다. 청봉장학재단은 창설자가 서거한 후, 장남인 이승헌이 이사장직을 계승하여 재단을 운영하고 있다.

제주대학교에 학술연구기금과 장학기금 설립 | 일본의 장학재단 설립과 병행하여 고향인 제주도의 국립 제주대학교에 1999년부터

2002년 사이에 2억 엔을 기탁하여 청봉학술연구기금 및 청봉장학금을 설립했다. 학술연구기금은 첫째로는 세계적으로 저명한 학술지에 발표하는 논문의 연구에 쓰이고, 둘째는 지역 사회 발전을 위한 연구, 셋째로는 해외 파견 연구 등에 사용해 왔다. 기금은 우수한 학자를 양성하기 위한 지원 사업에 사용되며, 장학금은 우수한 학생에게 주는 장학 사업에 사용된다. 장학금은 사법 시험·국가 공무원 시험·외교관 시험·지방 공무원 시험·군법무관 시험·공인회계사 시험·변리사 시험 등 각종 국가시험의 1차 합격자에게 지급하고 있다.

제주시 도평동에서 태어난 이근식은 고향마을 발전기금과 장학기금 등의 명목으로 약 2,000만 엔을 기부했다. 그의 제주도에 대한 애향심은 남달랐다. 생전에도 지역 사회의 발전과 인재양성을 위해서 공헌하고 싶다는 구상으로 많은 플랜을 가지고 있었다. 그 하나가 바로 민족의 자존심을 높이면서 세계의 젊은 세대들과 경쟁할 수 있는 인재 양성의 요람을 제주도의 한라산 기슭에 건설하려는 계획이었다. 그러나 돌연히 병마에 걸려 2006년 1월 향년 75세에 세상을 떠나고 말았다. 더 큰 일을 해서 고향에 환원하고 싶어 했던 이근식의 75년 인생은 너무나 짧았던 것이다. 어쩌면 그는 누군가 자신의 뜻을 계승해 주기를 저 세상에서 바라보고 있을지도 모르겠다. 교육사업을 통해 경쟁력 향상을 기대하고 있었던 이근식은 '인생은 진실이다'라는 철학을 가지고 있었다. 지성이면 감천이라는 말이 있듯이 그는 평소에도 진실된 삶은 상대방에게 신뢰를 주고, 신뢰는 감동을 낳으며 그로 인해 바라던 뜻이 이루어지게 되면 행복해진다는 생각을 가지고 있었다.

생전 이근식은 돈에 관한 가치관에 대해서 "돈은 많이 있으면 있을수록 좋지만 죽을 때 가지고 가는 것도 아니기 때문에 자기 인생을 살 동안 꿈을 실현하는 데 필요할 정도면 된다"고 말한 적이 있다. 돈을 모으는 것도 쉬운 일은 아니지만, 모은 돈을 사회를 위해서 유효하게 사용한다는 것은 더욱 어려운 일이다. 사실, 친족에게 남긴 재산은 일대에 없어지는 경우가 많지만, 재단 기금으로 남긴 재산은 장기간 존속이 가능하다. 그리고 관리 운영만 잘한다면 그 재산은 영구적으로 남게 된다. 또한 많은 사람들이 혜택을 받기 때문에 사회적 효과도 커지게 되며 사회의 공헌에도 유효할 수 있다.

4. 김병종

교육 장학 사업으로 고향에 공헌(1937년 제주시출생 재일1세)

소년기 | 1937년 제주도 제주시 오라동에서 태어난 김병종은 제주 북국민학교 2학년 때 조국 독립을 맞이하였으나, 5학년 때 4.3사건에 휘말리게 되었다. 4.3 사건이란, 해방 직후 새로운 국가 건설 과정에서 부당한 국가 폭력과 남북 분단에 대한 반발로 일어선 제주도민

들을 빨갱이로 몰아 대량 학살한 비극적인 사건이다. 이 사건으로 함께 살던 할아버지와 작은아버지 부부가 희생되고 말았다. 눈앞에서 가족이 희생당하는 것을 보고 공포에 떨던 그는 당시 국가가 폭도라고 부르던 무리들과 함께 한라산으로 도망하였다. 사상이라는 말의 뜻이 무엇인지도 몰랐던 이 어린아이는 한라산의 깜깜한 동굴 속에서 살아야만 했다. 낮에는 굶주림과 싸우고, 밤에는 새우잠을 자며 5개월을 보냈다. 그 이후 토벌대에게 잡혀 부모가 없다는 진술에 의해 고아원에 보내졌으나 할머니가 데리러 와서 집으로 돌아갈 수 있었다. 그는 당시에 겪었던 일들은 말로는 표현할 수 없는 참상이었다고 회고하였다.

4.3사건에 휘말려 연령보다 학교 진학이 2년이나 늦어진 김병종은 고등학교 3학년 때 일본으로 밀항했다. 이전부터 그는 일본에 가고 싶어 했는데, 그의 아버지가 그곳에 살고 있기도 했고, 무엇보다도 일본 대학에 가서 공부하고 싶은 간절한 소망을 가지고 있었기 때문이었다. 1957년 4월, 그는 대학 진학을 꿈꾸며 활어 운반선을 타고 밀항하여 일본 땅을 밟았다.

그런데 막상 아버지를 만나 보니, 대학 진학은 꿈에 지나지 않는다는 것을 깨달았다. 아버지는 외국인등록증도 없는 불법 체류자로서 오사카에서 계모와 살고 있었으며, 양복점 재봉일을 하며 궁핍한 생활을 하고 있었다. 이러한 열악한 상황에도 불구하고 김병종은 자신의 꿈을 접지 않았다. 아니, 오히려 이 꿈을 반드시 이루고 싶다는 마음이 더욱더 간절해졌다. 그래서 그는 부모님에게 대학에 보내 달라고 간절히 부탁했다. 그런 그를 보고 주위에서는 머리가 이상하다며 조소했는데, 일본어도 모르고 외국인등록증도 없는데다 일본의 고등학교도 졸업하지 않은 상황에서 어떻게 대학을 진학하려는지 이해할 수 없었기 때문이었다.

하지만 그는 대학에 가겠다는 그 결의 하나로 오사카에 있는 고쿠분지(國分寺)라는 절에서 청소와 잡무를 하면서 독학으로 일본어를 배웠다. 1년 후에는 어느 정도 일본어를 읽고 쓸 수 있게 되었기 때문에 그는 곧바로 도쿄로 향했다. 그는 부모님이나 주위로부터의 도움을 기대할 수 없는 상황이었기에 일본의 수도인 도쿄에서 인생의 승부를 걸고 싶었다. 도쿄에 도착한 그는 낮에는 토목 현장과 PVC공장, 고무 공장 등을 전전하며 일을 하였고, 밤에는 열심히 공부했다.

진학과 취직의 길 | 그는 고등학교 졸업 증명서가 없었기 때문에 대학 입학시험을 볼 수가 없었다. 그래서 할 수 없이 고등학교를 졸업한 후 대학에 진학하지 않은 친척의 졸업 증명서를 빌려서 대학 입학 원서를 제출했다. 1959년에 그는 친척의 이름으로 도쿄에 있는 도요(東洋)대학 경제학부에 합격했다. 대학생이 되고 나서 도쿄의 한국거류민단 사무실을 방문했는데, 그가 한국인 유학생이고 고학을 하고 있다는 얘기를 들은 민단 관계자는 그에게 장학금을 소개해 주었다. 또한 한국 학생동맹 중앙본부에 가입할 수 있도록 주선도 해

주었는데, 김병종은 이 학생동맹에서 부위원장 직을 맡으면서 재일 동포 학생의 지위 향상을 위해 노력했다.

어느 날 그는 당시 한국 대표부(현 대사관)의 C 참사관을 만나 자신의 과거를 털어놓았다. 그 참사관은 김병종의 모든 이야기를 듣고도 전혀 놀라는 기색도 없이 그의 한국어가 너무 유창했기 때문에 이전부터 동포 2세라고 생각하지 않았다고 했다. 그리고 그 참사관은 그에게 외국인등록증을 발급받을 수 있도록 모든 서류를 준비하라고 하면서 신원 보증인이 되어 주며 변호사도 소개해 주었다. 정말 꿈만 같은 일이 일어난 것이다. 2개월 후 자신의 이름으로 된 외국인등록증을 발급받았다.

자신의 이름을 찾은 그는 목표를 향해 한층 더 노력했다. 그 목표는 은행원이었다. 은행에 들어가면 돈의 움직임을 파악할 수 있을것이고, 그러면 가난한 생활에서 벗어날 수 있을 것이라고 생각했다. 그는 대학 졸업 후 오사카흥은(大阪興銀)에 입사하여 열심히 노력한 결과, 남들보다 빠르게 승진하여 경제적인 여유가 생겼다. 그 후 순조롭게 승진을 거듭하면서 간사이흥은(關西興銀) 상임 이사에서 고베상은(神戶商銀) 부이사장으로, 그리고 대흥저당증권 주식회사 사장으로서 사회적으로나 경제적으로 안정된 생활을 하였다. 은퇴 후에는 고향인 제주도의 한라일보사 대표이사 회장을 역임하였고 현재는 간사이(關西) 제주도민협회의 고문으로서 재일 제주도인의 친목과 제주도의 발전을 위한 지원 활동에 전념하고 있다.

고향 제주도에 대한 공헌 | 어느 정도 경제적·시간적 여유가 생기자 1970년에 일본으로 밀항한 지 13년 만에 그는 제주도를 방문했다. 고향의 생활수준은 많이 나아졌지만 일본과 비교하면 여전히 모든 면에서 뒤쳐져 있었다. 그는 조금이나마 고향의 지역 발전에 이바지하고 싶다고 생각하여 이후 30년 이상 고향 자치단체에 거액을 기부해 왔다.

어렸을 때 한국 현대사에서 한국 전쟁 다음으로 많은 인명 피해를 낸 4.3 사건에 휘말렸던 그는 참혹한 비극을 경험했던 산 증인으로서 그 사건의 진실 규명을 하는 데 적극적으로 참가하며 증언하고 있다. 또한 4.3 유족회 및 연구소에도 수년 동안 거액을 기부하는 등 자금 면에서도 협력을 아끼지 않으며 역사의 진실 규명에 힘써 오고 있다.

근래 재일 동포 사회의 민족의식이 흐려지고 있는 것을 우려하고 있던 그는 제주대학교에서 재일본제주인센터를 설립한다는 이야기를 듣고 수억 원을 기부했다. 그는 "재일 동포 사회는 3세, 4세의 시대가 되었습니다. 일본의 동화 정책에 의해 귀화하는 사람도 증가하고 있습니다만 일본에 생활 기반이 있으므로 귀화하는 것을 나쁘다고 말할 수는 없습니다. 그러나 우리의 역사와 문화만은 제대로 계승해 가지 않으면 안 됩니다. 우리 재일 한국인 1세들은 우리의 문화와 역사를 차세대에게 전달하지 않으면 안 됩니다. 그러한 면에서 재일본제주인센터에서 재일 한국인 3~4세들에게 한국의 문화와 역사를 가르쳐 우리의 정체성이 흐려지는 일 없이 계승되기를 바라고 있습니다"라고 말했다. 그는 조국의 인재 육성에 도움이 되고 싶다는 생각으로 제주도의 초, 중, 고등학교 등에 거액의 기부를 해 왔다.

"상당한 거액을 제주도에 지원하는 이유가 무엇인가?"라는 필자의 물음에 그는 "대한민국 출신으로 국민의 의무 가운데 국방 의무와 납세 의무를 다하지 못했습니다. 그러니까 이렇게 해서라도 조금이나마 조국에 대한 의무를 완수하고 싶습니다"라고 말하면서 "언제나 한국인이라는 의식을 가지고 행동해 왔습니다. 이러한 의식이 제 삶의 모든 것을 지배해 오고 있습니다"라고 덧붙였다. 조국을 떠난 지 50년 이상이 지난 지금도 그를 지배하고 있는 것은 조국이며 고향이었다. 그와의 대화를 통해 그를 지탱하고 있는 것이 뜨거운 조국애와 애향심인 것을 깊게 느낄 수 있었다. 그는 38년간 재일 동포 금융기관에 근무하면서 동포 사회에 대한 공적이 인정되어 한국 정부로부터 국민훈장 동백장을 수여받았다.

【참고 문헌】
· 「Daum 제주」, 『제주일보』 등 각종 미디어
· 제주대학 홈페이지

5

재일 한국인 사회의
과제와 전망

~

박 일

　재일 한국인들이 일본에 정주한 지도 약 60년이 흘렀다. 재일 한국인 사회는 한반도에서 태어나 일본으로 건너온 1세를 시작으로 일본에서 태어나 자란 2세, 3세를 거치면서 현재는 4세의 시대로 돌입하고 있다. 그동안 재일 한국인을 둘러싼 생활환경은 크게 변화되었고 그 영향을 받은 그들의 삶의 태도도 다양화되고 있다. 본고에서는 재일 한국인에 대한 처우의 변화가 그들의 삶의 태도에 어떤 영향을 미쳐 왔는지 또 그러한 재일 한국인 사회의 변용은 재일 한국 기업인이나 상공인들에게 어떤 과제를 안겨 주고 있는지에 대하여 출신, 국적, 민족이라는 키워드를 단서로 생각해 보고자 한다.

(1) 재일 한국인을 둘러싼 생활환경의 변화

① 국민연금법에 있어서의 국적 조항의 철폐

해방 후 잠시 일본 국적을 가지고 있던 재일 한국인이 외국인으로 취급받게 된 것은 1952년 4월의 샌프란시스코 강화 조약 발효 시에 내놓은 민사국장통달(「평화조약 발효에 따른 조선인·대만인에 관한 국적 및 호적 사무 처리에 대해서」)에 의해, 그들이 보유하고 있던 일본 국적이 박탈되면서부터이다. 그 후에 제정된 일본의 여러 법률에는 호적 조항과 더불어 국적 조항이 삽입되었고, 일본 국적을 잃게 된 재일 한국인들은 참정권뿐만 아니라 원호법 등의 전후 보상 및 연금 등 사회보장 대상에서도 제외되어 온 것이다. 재일 한국인의 참정권은 이보다 훨씬 이전이었던 1949년 12월 중의원 의원 선거법에 호적 조항이 도입되었을 때 "호적법의 적용을 받지 않는 자의 선거권은 당분간 정지된다"는 내용으로 개정되었다. 이후 호적 조항은 공직 선거법에도 도입되었고, 이로 인해 재일 한국인들은 모든 선거권과 피선거권을 잃어버리게 된 것이다.

그러나 1980년대에 들어서면서 국제적인 인권 의식의 고조 및 일본 국내의 인권 단체와 연동한 재일 한국인들의 공민권 운동에 의해

재일 한국인을 비롯한 정주 외국인들의 주민으로서의 권리가 조금
씩 재평가되어, 재일 한국인을 둘러싼 생활환경에도 큰 변화가 있게
되었다.

그 첫 번째 변화로 국민연금과 같은 사회보장제도가 일본 국적을
갖고 있지 않는 재일 한국인들에게도 적용되게 된 것이다. 1959년에
제정된 국민연금법은 당초 일본 국적자일 경우에만 가입 요건으로
하였다. 그러나 사회보장에 있어서 내·외국인 평등을 정한 '난민조
약(난민의 지위에 관한 조약)'을 일본이 비준했기 때문에 1982년부터 국
민연금법의 국적 조항은 철폐되었다. 이로써 일부 사람을 제외한 외
국 국적의 재일 한국인들도 연금을 받을 권리가 인정된 것이다. 그
러나 국적 조항이 철폐되었다고 해서 재일 외국인 모두가 연금을 지
급받게 된 것은 아니었다. 국적 조항의 철폐와 함께 철폐의 효력이
과거로 거슬러 올라가지 않는다는 부칙 조항이 정해졌기 때문이다.
그로 인해 제도상 25년의 가입 기간을 충족시킬 수 없는 당시 35세
이상의 재일 외국인이나 20세를 넘은 외국인 장애자들은 무연금인
채로 방치되었다. 그래도 노후 생활의 결정적 요소인 연금과 같은
사회보장제도의 길이 개방된 것은 재일 한국인들의 일본 영주화를
결정짓는 중요한 계기를 만들어 주었다.

② 지문 날인의 폐지
두 번째 변화는 외국인으로 관리되었던 재일 한국인에 대한 법적

처우의 변화이다. 1952년 이후 일본 정부는 외국인등록법에 의거하여 모든 외국인(당초 14세 나중에 16세 이상으로 1년 이상의 체류자)에게 지문 날인을 의무화해 왔다. 하지만 이 제도는 모든 외국인을 치안 대상으로 여기고 관리하는 듯한 인상을 강하게 심어 주었기 때문에 지문 날인 제도는 실시 직후부터 많은 비판을 받았다. 1980년에 한종석(韓宗碩)의 지문 날인 거부 사건을 계기로 재일 한국인들 간에 지문 날인 거부운동이 확산되었고 1985년에는 지문 날인을 거부하는 사람이 1만 6,000명을 넘어섰다. 이와 같은 지문 날인 거부 운동의 영향으로 일본 정부는 1990년 한일 외무장관회담에서 "(재일 한국인)협정 영주권자 3세는 지문 날인을 폐지"하기로 결정했다. 또 그다음 해인 91년 한일 외무장관회담에서도 "1, 2세에 대해서도 지문날인을 하지 않는다"는 방침을 세웠다. 그리고 1992년에 재일 한국인을 비롯한 특별 영주권자들의 지문 날인이 폐지되었다. 그리고 1999년에 외국인등록법이 개정되면서 2000년부터는 외국인에 대한 지문 날인 제도가 일단 전부 폐지되었다. 그러나 2006년에 출입국관리법이 개정되면서 '테러 미연 방지'라는 이유로 일본에 입국하는 외국인(재일 한국인 등 특별 영주권자는 제외함)들의 지문 채취를 다시 시작하게 되었다. 이처럼 재일 한국인에 대한 지문날인 제도의 폐지는 일본인과의 평등한 법적 처우를 추구해 온 재일 한국인들에게 있어서 획기적인 사건이었다고 할 수 있다.

③ 공무 취임권의 확대

세 번째 변화는 국적 조항이라는 벽에 부딪혀 재일 한국인들이 진입할 수 없었던 일부 공직에서도 일할 수 있게 된 것이다. 70년대 후반부터 재일 한국인들에 의해 활발히 전개된 공민권 운동의 영향으로 1977년에는 변호사(사법 수습생) 직의 국적 조항이 철폐되었고, 1982년에는 국·공립대학교의 교수직 조항이 그리고 1986년에는 간호사·보건사·조산사에 대한 국적 조항이 각각 철폐되었다.

하지만 공무원의 일반직에 대해서는 1953년에 내각법제국이 도입한 '공무원에 관한 당연한 법리로서 공권력 행사 또는 국가 의사를 형성하는 일에 종사하는 공무원이 되기 위해서는 일본 국적을 필요로 한다'는 견해를 근거로 일본 정부는 지방 자치단체 직원을 채용함에 있어서는 국적 조항 철폐를 엄격히 제한해 왔다.

그러나 1979년에 오사카부(大阪府) 야오시(八尾市)에서는 일반 사무직 채용 시험의 국적 조항을 철폐했고, 그 후 전국 지방 자치단체에서도 차례로 동 시험의 국적 조항을 철폐했다. 더욱이 1996년에 가와사키시(川崎市)가 정령(政令) 지정 도시에서는 처음으로 일반 사무직의 외국인 수험 자격을 인정했다. 그 후로도 15개 정령 지정 도시 모두가 재일 한국인을 비롯한 영주 외국인들의 수험 자격을 인정하고 있다. 이와 같이 외국 국적을 가진 이에게도 공무취임권이 확대된 것은 취직 차별로 어려움을 겪어 온 재일 한국인들의 진로에 새로운 방향성을 열어 주었다.

한국의 경제 발전과 재일 한국 기업인

(2) 재일 한국인의 추세

① 재일 한국인은 소멸할 것인가?

이러한 재일 한국인을 둘러싼 생활환경의 변화는 재일 한국인의
삶의 태도에 어떤 영향을 미쳤을까?

첫째는, 재일 한국인 사회에서의 국적에 대한 의식 변화 및 일본
국적 취득자의 증가라고 할 수 있다. 312쪽의 [표 1]에서 재일 한국인
이 일본에 정주한 후 약 50년간의 일본 국적 취득자 수의 추이를 보
면 한국·조선 국적을 버리고 일본 국적을 취득하는 사람의 수가 확
실히 증가하고 있음을 볼 수 있다. 1991년까지 5,000~6,000명이었던
일본 국적 취득자가 92년에는 7,000명대로, 94년에는 8,000명대, 그
리고 95년에는 1만 명을 돌파하면서 그 후로도 10년간 계속해서 1만
명을 전후로 증가하고 있는 추세이다.

이와 같은 재일 한국인들의 일본 국적의 취득 증가 현상을 어떻게
이해해야 할 것인가? 규슈(九州)국제대학의 고바야시 게이지(小林慶
二) 교수는 "이런 추세가 계속되면 21세기 중반에는 재일 한국인이
거의 소멸할 것이다"고 말하고 있다.(고바야시 게이지 「귀화로 흔들리는
민족인가 편리인가」 『AERA』 1995년 1월 16일호) 또한 외국인정책연구소의
사카나카 히데노리(坂中英德)도 "한국·조선 국적의 특별 영주권자 인
구는 일본 국적을 취득하는 사람의 증가와 인구의 자연 감소에 의해
급속히 줄어들고 있으며 재일 한국인은 50년 이내에 자연 소멸할 가

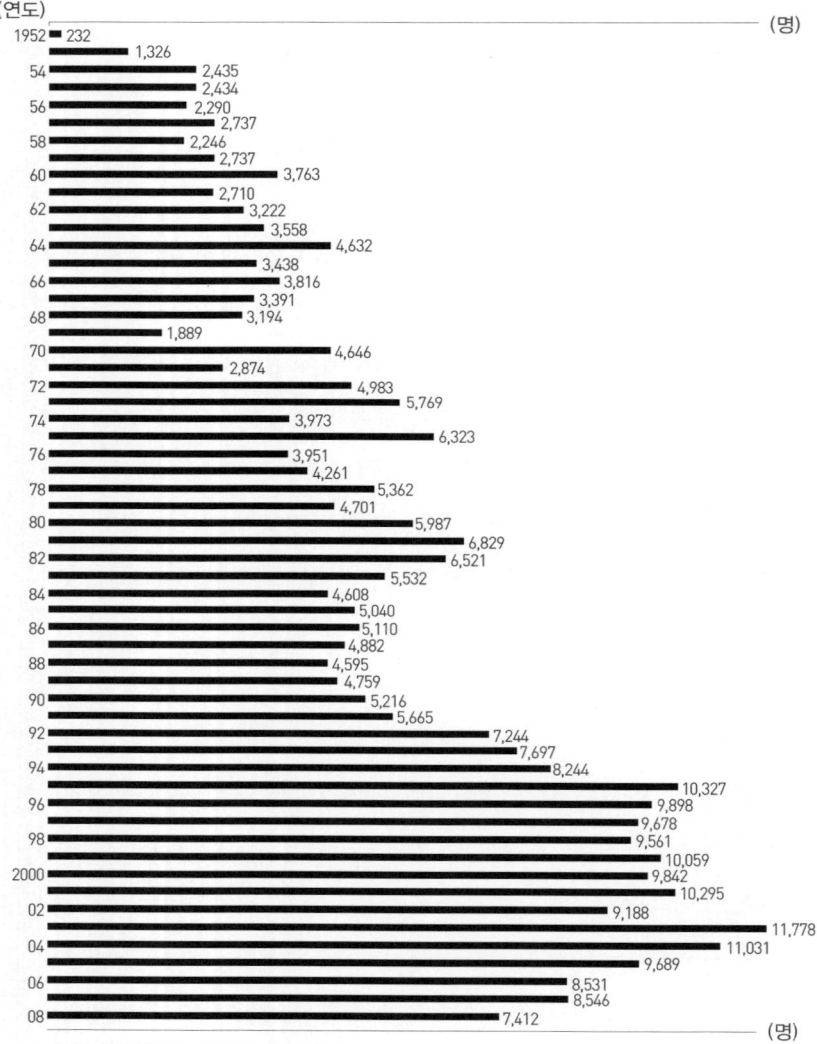

[표 1] 일본 국적취득자(한국 · 조선적으로부터 일본국적을 취득한 자)의 추이

(연도)

1952	232
	1,326
54	2,435
	2,434
56	2,290
	2,737
58	2,246
	2,737
60	3,763
	2,710
62	3,222
	3,558
64	4,632
	3,438
66	3,816
	3,391
68	3,194
	1,889
70	4,646
	2,874
72	4,983
	5,769
74	3,973
	6,323
76	3,951
	4,261
78	5,362
	4,701
80	5,987
	6,829
82	6,521
	5,532
84	4,608
	5,040
86	5,110
	4,882
88	4,595
	4,759
90	5,216
	5,665
92	7,244
	7,697
94	8,244
	10,327
96	9,898
	9,678
98	9,561
	10,059
2000	9,842
	10,295
02	9,188
	11,778
04	11,031
	9,689
06	8,531
	8,546
08	7,412

(명)

출처 : 『法務年鑑』, 각 년도에서 작성.

한국의 경제 발전과 재일 한국 기업인

능성이 높다"고 언급하였다.(사카나카 히데노리 「재일 한국·조선인 정책론의 귀결」『역사 속의 재일』후지하라 서점(藤原書店), 2005년, 185쪽) 두 학자의 예언처럼, 과연 재일 한국인의 존재는 정말 가까운 장래에 일본에서 사라지고 말 것인가?

② 국적에 대한 의식의 변화

[표 1]의 수치 결과와 재일 한국인들의 한국·조선 국적이 감소되어 갈 것이라는 두 학자의 견해에 대해서는 반론할 여지가 없다. 그러나 재일 한국인들의 일본 국적 취득은 신세대층에서는 그리 높은 비율을 차지하고 있지는 않다.

나는 1998년에 어떤 자치단체에서 실시한 재일 한국인들의 의식 조사에 참가한 적이 있는데, 그 조사 결과를 보면 국적에 대한 재일 한국인들의 의식이 세대에 의해 큰 차이를 보이고 있음을 알 수 있다.

국적에 대한 생각을 물은 [표 2]를 보면 당시의 60대(현재의 70대)에서 30대(현재의 40대)까지는 확실히 세대가 젊어짐에 따라 '모국 국적으로 있고 싶다'는 견해의 비율이 감소하면서 '일본 국적을 취득하고 싶다'는 견해를 가진 사람의 비율이 높아지고 있다. 그러나 1970년대에 태어난 당시 29세 이하(현재의 39세 이하)의 세대를 보면, 1960년대에 출생한 당시 30대(현재의 40대)보다도 '모국 국적으로 있고 싶다'는 견해가 10%나 더 상승한 40.7%의 비율을 차지하였지만 '일본

[표 2] 세대별로 본 재일 한국인들의 국적에 대한 생각(1998년)

	18~29살	30대	40대	50대	60대
향후 모국 국적으로 있고 싶다	40.7%	30.2%	46.3%	55.8%	69.2%
장래 일본 국적을 취득하고 싶다	42.0%	52.8%	48.1%	32.6%	23.1%
기타	4.9%	3.8%	1.9%	–	–
잘 모르겠다	12.3%	13.2%	3.7%	11.6%	7.7%

출처 : 『이타미시(伊丹市) 外國人市民 앙케이트 조사 자료 편』(伊丹市, 1999年)

국적을 취득하고 싶다'는 견해의 비율은 오히려 10%나 감소한 수치인 42.0%의 비율을 보이므로 '모국 국적으로 있고 싶다'는 견해와 거의 같은 비율을 나타냈다.

그러면 신세대는 어떻게 생각하고 있을까? 2007년에 전국의 재일 한국인 청소년들(1980년 이후에 태어난 한국·조선 국적의 고등학생·대학생 100명)을 대상으로 실시한 '국적에 관한 의식 조사' 결과는 놀랍게도 일본 국적의 취득을 희망하는 자는 9%밖에 없었으며 오히려 일본 국적의 취득에 대한 부정적인 의견이 전체의 6할이나 차지했다.([표 3] 참조) 이 조사를 통해 젊은 세대 중에서도 "모국 국적(한국·조선적)인 채로 있고 싶다"고 생각하는 사람의 수가 증가하고 있음을 알 수 있다. 이러한 결과는 국적의 민족 회귀 현상이라고 할 수 있을 것이다.

변호사 및 간호사 자격증 시험이나 공무원 및 교원 채용 시험 등을 치를 때 일본 국적이 아니라도 이러한 직업에 종사할 수 있게 되어

한국의 경제 발전과 재일 한국 기업인

일본 국적 취득의 이득이 없어졌기 때문일 것이다. 이러한 영향이 조사에 반영되어 나타난 결과라고 생각된다. 앞으로 영주 외국인에 대한 참정권 문제가 진전되면 이러한 경향은 더욱더 가속화될 것이다.

[표 3] 일본 국적을 취득하고 싶은가?

그렇다	9.2%
아니다	62.1%
잘 모르겠다	28.7%

출처 : 2007년 8월, 재일 한국인 청소년 (고등학생, 대학생 100명)을 대상으로 실시한 앙케이트 조사 결과

[표 1]을 보면 일본 국적을 취득하는 재일 한국인들이 증가하고 있는 것은 부정할 수 없다. 그러나 단순히 국적에 한정시킨다면 신세대층에서는 민족 회귀 현상을 보이고 있기 때문에 한국·조선 국적들이 가까운 장래에 소멸될 것이라고 주장하는 것은 다소 과장된 추론이라고 생각한다.

③ 다양화되는 재일 한국인

일본 국적 취득자의 증가 추세를 재일 한국인의 '자연 소멸'에 결부시키는 논의의 또 다른 문제점은 국적과 민족을 동일시하는 위험성이다. 사실 한국·조선 국적을 일본 국적으로 변경한다고 해서 재일 한국인의 민족적인 속성들이 모두 상실되는 것은 아니다. 사실상 현지 국적을 취득하고 나서도 한국인으로 생활하고 있는 사람을 세계 곳곳에서 흔히 볼 수 있는데 재미 한국인, 중국 조선족, 러시아의 고려인이 그 경우에 해당된다고 할 수 있다.

그런데 일본에서는 재일 한국인이 일본 국적을 취득하면 재일 한

국인으로서의 민족성은 영원히 사라질 것이라고 생각하는 사람이 많다. 그러나 한국·조선 국적의 재일 한국인이 감소하고 있는 것은 재일 한국인의 유형이 다양화되고 있는 것일 뿐이다.

이전에 나는 재일 한국인의 유형을 혈통(a. 동족결혼의 부모에게서 태어난 자 b. 국제결혼의 부모에서 태어난 자), 이름(c. 민족 명 d. 일본 명), 국적(e. 한국·조선 국적 f. 일본 국적)을 기준으로 아래와 같이 분류한 적이 있다.(박일 『'재일'이라고 하는 삶의 방식』, 講談社 메티에(metier) 1999년 236쪽)

혈통, 이름, 국적으로 본 재일 한국인의 여러 유형

타입 A : ace형: 동족결혼의 부모에게서 태어나 민족 명을 사용하는 한국·조선 국적인 자
타입 B : ade형: 동족결혼의 부모에게서 태어나 일본 명을 사용하는 한국·조선 국적인 자
타입 C : bce형: 국제결혼의 부모에게서 태어나 민족 명을 사용하는 한국·조선 국적인 자
타입 D : bde형: 국제결혼의 부모에게서 태어나 일본 명을 사용하는 한국·조선 국적인 자
타입 E : acf형: 동족결혼의 부모에게서 태어나 민족 명을 사용하고 일본 국적을 취득한 자
타입 F : adf형: 동족결혼의 부모에게서 태어나 일본 명을 사용하고 일본 국적을 취득한 자
타입 G : bcf형: 국제결혼의 부모에게서 태어나 민족 명을 사용하고 일본 국적인 자
타입 H : bdf형: 국제결혼의 부모에게서 태어나 일본 명을 사용하고 일본 국적인 자

한국·조선 국적이 감소하고 일본 국적의 재일 한국인이 증가해 가는 것은 타입 A~D가 타입 E~H로 변해 갈 뿐인 것이다. 물론, 국적 변경에 의해 재일 한국인으로서의 그들의 존재가 보이지 않게 될 가능성도 있다. 예를 들면 한국·조선 국적을 소유하고 있는 타입A~D는 법무성의 외국인등록에 기재되기 때문에 그들을 재일 한국인으

로서 파악할 수 있다. 그러나 일본 국적을 소유한 재일 한국인의 경우, 민족 명을 사용하고 있는 타입E·G는 민족 명을 기준으로 재일 한국인으로 파악할 수 있지만 일본 명을 사용하고 있는 타입F·H는 본인이 출신을 밝히지 않는 한 재일 한국인으로서는 보이지 않는 존재가 될 것이다. 차후 이와 같은 타입이 증가하게 되면 일본 국적을 소유하고 있는 한국인 대부분이 '보이지 않는(invisible)' 존재가 될 가능성이 크다.

재일 한국인들이 다양화되어 가는 것은 바람직한 현상이지만, 한편으로는 일본 국적을 취득한 많은 한국인이 '민족으로서 투명 인간화'되어 버리기 때문에 유감스러운 일이기도 하다. 그들이 민족 출신을 숨기지 않고도 생활할 수 있는 다민족사회를 만들어 가는 것이 향후 재일 한국인의 생존 전략에 있어서 큰 과제일 것이다.

(3) 재일 한국 기업인과 상공인의 과제

① 민족 차별과 재일 한국인의 기업가 정신

앞에서 살펴본 것처럼 재일 한국인을 둘러싼 생활환경의 변화는 그들의 삶의 방식을 다양화시키고 있다. 그런데 이러한 움직임을 재일 한국인의 기업가나 상공인의 입장에서 본다면 어떤 과제가 검출될 수 있을까?

원래 재일 한국인 1~2세 시대에는 일본의 고등학교나 대학교를 졸업해도 일본에서 제대로 된 직장에 들어갈 수 없었다. 1970년에 일어난 히타치(日立) 취직 차별 사건으로 표면화된 박종석(朴鐘碩)의 부당 해고 실태 보고에 의하면, 당시 일본의 대부분의 기업들은 외국 국적을 가지고 있는 사람들을 고용하지 않았다고 한다(박 군을 둘러싼 모임 편 『민족 차별: 히타치 취직 차별 규탄』, 아키서방 1974년).

그러나 이러한 취직 차별은 결과적으로 많은 재일 한국인들을 기업가로 유도하는 역할을 해 왔다고 할 수 있다. 그들은 취직을 할 수 없었기 때문에 생활을 위해서 아주 적은 자본으로라도 창업을 해야 했는데, 다행히 이것이 좋은 계기가 되어 당시 창업했던 재일 한국인 자영업자들 중 일부는 일본 소비자들로부터 인정을 받았고 그들이 세운 기업들 역시 일본 고도성장의 기세를 타고 대기업으로 성장하게 된 것이다.

마이너리티의 기업가 정신을 재일 한국인을 사례로 연구한 하명생은 재일 한국 기업인들이 그처럼 불리한 환경에서도 기업가로서 성공할 수 있었던 것은 일본 사회에서 받았던 차별이나 편견을 뛰어난 기업 활동으로 극복하기 위해 기울였던 노력 때문이었다고 주장한다.(하명생 『마이너리티의 기업가 정신-재일 한인 사례 연구』 ITA, 2003년)

이것은 일본 사회의 마이너리티에 대한 차별이나 편견을 기업가로서 마이너스 여건으로 생각하는 것이 아니라 오히려 그들의 근면성과 노력을 강화하는 여건이 되었다고 하는 대담한 가설인 것이다. 그런데 본서에서 소개하고 있는 재일 한국인 기업가 중에서도 이러한 가설을 적용할 수 있는 사례가 많이 있다.

예를 들면, 일본을 대표하는 택시 회사를 키워 낸 유봉식(兪奉植)은 "좋은 품질의 물건에 더해서, 값이 싸고 서비스가 좋으면 경영자가 어느 나라 사람이든 관계없이 소비자는 좋은 쪽을 선택한다"고 언급한 바 있다. 한편으로 이 말은 출신이나 국적으로 차별받지 않기 위해서 소비자에게 값이 싸면서도 품질이 좋은 물건들을 제공할 수밖에 없었던 불리한 환경에 대해 많은 것을 느끼게 해 준 발언이었다. 이처럼 재일 한국인 기업인들에 대한 일본 사람들의 차별과 편견 때문에 그들은 이를 극복하기 위해 일본 기업인들보다 더 많은 노력을 기울여야 했을 것이다.

② 재일 기업인·상공인에게 문제된 과제

그러나 재일 한국인 3세에서 4세로 세대교체가 일어나게 되면서 취직 차별은 크게 완화되었고 일본 대기업에 취직한 재일 한국인도 증가하게 되었다. 나의 제자들 중 재일 한국인 졸업생들의 진로도 최근 10년간 많이 변하게 되었는데 그들 중에는 덴쓰(電通), 도쿄해상화재(東京海上火災), 일본생명, 후지(富士)화재, 미쓰이스미토모(三井住友)은행, 노무라(野村)증권 등 일본인 학생들도 들어가기 어려운 대기업에 입사하는 경우가 많아졌다. 재일 한국인에 대한 노골적인 취직 차별을 하는 일본 기업이 전혀 없는 것은 아니지만, 상당히 감소된 편이다. 1984년에 가나가와현(神奈川縣) 내에 거주하는 재일 외국인을 대상으로 실시된 실태 조사에서 재일 코리언(한국·조선인)의 응답자 가운데 38.6%가 취직 차별을 받았다고 대답하였다(『일본 속의 한국·조선인 중국인−가나가와현 내 거주 외국인 실제 조사에서』 아카시서점 1986년 31쪽). 그런데 1995년부터 1998년까지 걸쳐 오사카부교육위원회가 부립고등학교에 다니고 있는 외국인 학생(98%가 한국·조선 국적)을 대상으로 실시한 앙케이트 조사 결과에 따르면 '취업 준비 중에 차별을 경험했다'는 대답이 9.9%(고졸 4.8%, 대졸 31.4%)에 불과하였다. 이 2개의 조사는 응답자들의 연령 구성의 차이가 있다고는 하지만, 취직 차별을 경험한 비율이 1984년에 조사했을 때의 결과보다 1995~1998년에 조사했을 때의 결과가 현저히 낮았음을 알 수 있다.

이러한 현상이 '취직 차별 철폐'라고 하는 의미에서는 큰 진전이라고 생각할 수 있지만, 이것은 또한 우수한 재일 한국인 인재들이 일본 업체에 흡수되어 가는 것을 의미하는 것이기도 하다. 따라서 이러한 추세는 재일 한국인의 창업 활동을 쇠퇴시킴과 동시에 재일 한국인의 2세 경영자를 감소시킬 수 있으며 장기적으로는 재일 한국인의 경제 기반까지 크게 약화시킬 수 있는 것이다.

재일 한국인 상공 단체는 이러한 위기를 극복하기 위해서 재일 한국인 젊은 세대들을 우수한 기업가로 육성시킬 수 있는 기회를 다양하게 제공해야 할 것이다. 이를 위해서는 재일 한국인의 민족 조직 및 상공 단체가 중심이 되어 벤처 기업가를 육성하는 교육 기관을 만들고 뛰어난 비즈니스 아이디어를 가지고 있는 재일 한국인 벤처 경영자들을 지원할 수 있는 네트워크를 구축해 갈 필요가 있다. 조국·한국의 무역 증진에 기여할 목적으로 해외 한국인을 중심으로 설립된 OKTA(사단법인 세계해외한인무역협회) 일본 지부에서는 수년 전부터 도쿄(東京), 오사카(大阪), 나고야(名古屋) 등의 주요 도시에 '차세대 무역 스쿨'을 개설하여 재일 한국인 젊은 세대의 기업가 육성 활동을 지원해 오고 있다. OKTA 오사카 지회는 2009년 7월 3일부터 5일까지 오사카부 교육회관에서 '제7기 재외동포 차세대 무역스쿨'을 개최하였다. 또한 약 70여 명의 참가자를 대상으로 재일 한국인의 학자, 변호사, 기업인들을 연사로 초청하여 창업 세미나를 실시하기도 했다.

향후 모국어를 할 수 없는 세대가 증가하게 되면 재일 한국인에 의한 본국 투자에도 브레이크가 걸릴 것이다. 2004년에 전남대학교·세계한상문화 연구단이 재일 한국인의 경제활동에 대해서 조사한 앙케이트 결과에 의하면 일본에서 사업을 하고 있는 재일 한국인 기업가와 상공인 가운데 본국 투자에 도전하고 싶다고 대답한 사람은 불과 2.8%에 지나지 않았고, 그나마 관심을 보인 사람도 6.6%에 지나지 않았다.

이러한 자료는 재일 한국인 젊은 세대가 본국 투자에 대한 관심이 거의 없음을 나타내는 것이며, 그들의 모국어 능력 저하와 재일 한국인 1세, 2세에게서 볼 수 있었던 '금의환향의 기업가 정신'(하명생, 동 서적 123쪽)이 사라지고 있음을 드러내는 것이다.

[표 4] 당신은 한국에서 사업을 하고 싶습니까?

전혀 관심이 없다	95명	30.0%
별로 관심이 없다	71명	22.4%
어느 쪽이라고 말할 수 없다	82명	25.9%
관심이 있다	21명	6.6%
꼭 해 보고 싶다	9명	2.8%
무회답	38명	12.0%
합계	316명	99.7%

출처 : 전남대학교 세계한상문화 연구단이 2004년에 실시한
『재일코리언의 경제 환경에 관한 앙케트 조사』 결과에
의거한 필자의 집계.

재일 한국인과 본국과의 관계가 희박해지지 않기 위해서는, 건전한 애국심을 기르고 영어뿐만 아니라 모국어에 능통한 인재를 육성하기 위한 한국인 민족 교육에 적극적으로 지원해야 할 것이다. 또한 재일 한국인의 젊은 세대가 유년기부터 적은 비용으로 모국에 유학할 수 있는 민족 교육 환경을 만들어 가는 것도 중요하다. 이를 위한 재일 한국 기업인·상공인의 활약이 기대된다.

【참고 문헌】

· 박군(朴君)을 둘러싼 모임 편 『민속 차별(民俗差別): 히타치 취직차별 규탄(日立就職差別
糾彈)』, 아키쇼보(亞紀書房, 1974년)

· 『일본 안의 한국 · 조선인 · 중국인~가나가와현(神奈川縣) 내 거주 외국인 실태 조사에
서』, 아카이시 쇼텐(明石書店, 1986년)

· 하명생(河明生) 『마이노리티의 기업가 정신(起業家精神)~재일 한인 사례 연구(在日韓人
事例硏究)~』 ITA, 2003년

· 사카나카 히데노리(坂中英德) 「재일 한국 조선인 정책론의 귀결」 『역사 속의 재일(在日)』
후지하라 쇼텐(藤原書店, 2005년)

· 박일(朴一) 「재일(在日) 코리언 신세대(新世代)의 에스닉 아이덴티티와 미래」, 『계간(季
刊): 동북학(東北學)』 제17호, 2008년

· 최석신 외 『재일 코리언 사회의 경제활동』, 집문당, 2005년

　　1960년대 초, 한국은 세계에서 가장 뒤떨어진 개발도상국이었다. 다시 말해 극빈국이었는데 1961년의 1인당 GNP가 83달러(일본은 439 달러)에 지나지 않았고 정치적·경제적 혼란이 계속되었다. 1960년의 '4.19 혁명'과 1961년의 '5.16 군사 쿠데타'로 두 번이나 정권 교체가 일어나게 되었는데 당시 군사 쿠데타로 정권을 장악한 박정희는 근대화 노선을 내걸고 경제 개발 5개년 계획을 시작했다. 당시는 자금도, 기술도, 경험도 없는 상태에서 시작해야 했기 때문에 대외적인 협조가 절대적으로 필요했지만 한국을 도와줄 국가나 국제기관은 어디에도 없었고, 미국의 원조마저 삭감되는 실정이었다. 이러한 열악한 환경 때문에 절박하기만 했던 그때 아주 좋은 아이디어가 떠올랐다. 그것은 바로 재일 한국 기업인들의 자금과 지혜를 활용하는 것이었다.

1963년 1월부터 시작한 재일 한국인의 재산 반입 명목으로 도입된 자금이 경제 개발 초창기의 자금원이 되었는데 64년 8월까지 산출한 공식 통계를 보면 2,569만 달러의 재산 유입이 있었음을 알 수 있다. 그런데 오히려 비공식적으로 일본에서 유입된 자금이 더 많았다고 한다. 이러한 재일 한국인의 재산 반입 명목으로 들어온 외화는 당시 한국의 경제 규모에서는 아주 큰 금액이었다. 이러한 자금은 촉진제 역할로 작용하여 이것을 계기로 재일 한국인의 자금은 여러 가지 방법으로 들어 올 수 있게 되었고, 이것은 한국의 경제 개발 초기 때 경제 발전의 원동력이 되었다.

당시에는 자금뿐 아니라 기계 설비 및 경영의 노하우도 함께 들여왔는데, 1966년에 한국 최초의 수출 산업공업단지인 '구로공단'이 개설되면서 많은 재일 기업이 입주하여 생산 활동을 개시했다. 또한 수출에 의한 외화벌이에 많은 공헌을 했으며 부품 소재 산업이 뒤떨어져 있던 당시 한국의 산업계에 정교한 기술과 노하우를 무료로 이전하기도 했다. 그 공적은 매우 크다고 생각한다. 구로공단은 80년대 중반까지 한국 수출의 10%나 차지하여 '한강 기적'의 첨병이라고 불리기도 했다. 하지만 이러한 '한강 기적'이 원동력이 되어 경제 개발의 기반을 조성할 수 있었던 것은 바로 재일 한국인 기업인들의 역할과 그들의 공적 덕분이었다.

재일 한국인 특히 재일 1세들의 공통된 생각은 조국의 생활환경 개선이었다. 일본 사회에서 차별을 겪으며 인내심을 가지고 열심히 노력해야 하는 환경 속에서도 고향에서 궁핍한 생활을 하고 있는 가족이나 친척을 잊을 수가 없었다. 그들은 그러한 상황에서 하루라도 빨리 탈피하기를 바라는 마음에서 고향에 대한 지원활동을 시작했는데, 그들은 이 활동을 통해 고향의 친척들이 궁핍한 생활을 하는 것과 자신이 일본 사회에서 차별을 받고 있는 것이 결국은 조국의 사회 경제 발전의 후진성 때문이었음을 인식하게 되었다. 일본에서 성공한 많은 재일 한국인들이 다양한 방법과 수단으로 조국에 대한 지원 활동을 시작했던 것도 이러한 배경이 있었기 때문이다.

1965년에 한일 국교 정상화가 실현됨에 따라 재일 한국인들이 자유롭게 조국을 방문할 수 있는 길이 열렸다. 조국 방문 때마다 일본에서 가지고 간 포켓머니는 상당한 금액이었다고 한다. 일본에서 가지고 나갈 수 있는 외화는 제한되어 있었기 때문에 일부러 홍콩까지 가서 달러로 교환하여 한국으로 가지고 간 사람도 있었고, 일본 외화로 회사를 설립하거나 부동산에 투자하는 사람도 있었다. 또한 학교를 설립하거나 마을의 생활 환경 개선을 위해 기부하는 사람도 있었다. 그리고 생산업에 진출한 재일 한국인들도 적지 않았는데, 당시 재일 한국인 기업들은 거의 중소기업이었지만 그들이 일본에서 도입한 기계 설비 등은 당시 한국에서는 최첨단 장비였다. 하지만 안타깝게도 재일 한국인들이 본국 투자에서 성공한 사례는 거의 드물다. 그들이 비록 비즈니스로서는 성공하지 못했지만 후진적인 소재 산업의 육성에는 많은 역할을 했으며, 그 성과는 10년 후, 20년 후에 결실을 맺게 되었고 그것이 고도성장의 기반 조성에 큰 도움이 되었다.

또한 이들은 교육 및 육영 사업에도 관심을 보여 활동을 시작했는데, 재일 1세들은 공부를 하고 싶어도 학교에 다닐 수 있는 생활환경이 아니었고 설사 학교에 다니더라도 일을 하면서 공부해야 하는 어려운 처지였다. 때문에 이들은 상급 학교에 진학하는 것은 꿈도 꾸지 못하였다. 그러한 자신들의 쓰라린 경험을 인내하면서 경제적인 여유가 생기면 고향 육영 사업을 하는 독지가들이 점차 생겨나게 된 것이다. 따라서 그들은 교육 인프라 정비에 공헌했다고 할 수 있다.

이 프로젝트를 시작하면서 자료 수집과 함께 사례 연구 대상자의 리스트를 작성하고 관계자들을 방문하여 인터뷰를 했다. 또한 조사 연구를 위해서는 일본 각지를 방문했고, 한국도 두 번이나 방문했는데 그때 제주도를 방문하여 제주도의 발전상을 보면서 지금의 모습이야말로 재일 제주도 출신들의 피와 땀의 결정체라는 것을 실감했다. 이전에 제주도는 한국 내에서도 가장 뒤떨어졌지만, 재일 제주인들의 지원으로 지금은 생활수준이 가장 높은 지역으로 변했다는 사실을 직접 눈으로 보고서 크게 감격하지 않을 수 없었다.

또한 재일 한국인들의 역할에 대해서 조사하면서 그들의 공적이 매우 크다는 사실뿐 아니라 지금까지 몰랐던 사실들도 알게 되었다. 그 가운데는 재일 한국인들이 조국의 경제 발전에 상당히 큰 역할을 했음에도 불구하고, 그런 사실들이 제대로 기록되거나 보존되어 있지도 않고 제대로 평가되지 않고 있다는 사실을 알게 되었다. 심지어 재일 한국인에 대한 편견, 멸시, 차별 등이 한국 사회에 잠재해 있다는 것을 알게 되자, 분노를 느끼지 않을 수 없었다. 물론, 일부 부도덕한 재일 한국인들의 좋지 못한 행동 때문에 재일 한국인들에 대한 이미지가 좋게 비춰지지 않기도 했지만, 그렇다고 모든 재일 한국인들이 그런 사람들이라고 단정할 수는 없다.

일반적으로 한국 사람은 일본에서라면 쉽게 돈을 벌 수 있고, 일본에 거주하고 있는 사람들은 모두 부자일 것이라고 착각한다. 하지만 일본에서 성공했던 사례에 언급된 연구 대상자들이 청소년기에 얼마나 많은 고생을 하며 힘겹게 살았는지에 대해서도 알아야 할 것이다. 하지만 그처럼 어려운 환경 속에서도 그들은 고향의 발전과 젊은이들의 육영 사업을 위해서 절약하여 모은 돈을 흔쾌히 기부했던 것이다.

그런데 재일 한국인의 조국 발전에 대한 역할은 한국 사회뿐만 아니라 일본 사회에서도 제대로 알려지지 않고 있다. 재일 민단 조직은 말할 필요도 없겠지만 일본에 있는 학자들도 이 분야에 관심을 가지지 않고 있기 때문이다. 재일 한국인들은 조국 발전에 있어서 일본과 한국 사이의 훌륭한 가교 역할을 했다. 한일 간의 경제 관계는 상호 의존 관계이다. 이에 관해서는 나가노 신이치로의 저서인 「상호 의존의 한일경제관계」(도서출판 이른아침)에서는 그 점을 보다 자세히 설명해 주고 있다. 발전 단계 초기의 한국 경제는 한일 국교 정상화에 따른 대일 청구권 자금이 기계 및 설비 등 현물로 들어오면서 한국의 산업 구조는 일본 의존형으로 바뀌게 되었으며, 설비나 중간제도 계속해서 일본에서 수입하지 않으면 안 되는 실정이었다. 한국 경제의 발전에 따라 한일 간의 무역은 확대되었으며, 이로 인해 실질적으로 이득을 보게 된 것은 결국 일본이었다.

하지만 박정희 정권이 이끈 근대화 정책의 성공으로 한국은 가난으로부터 신속히 탈피할 수 있었는데 그 원동력이 된 것이 바로 재일 한국인들이 지원 활동이었다. 재일 한국인들의 자본을 활용하려고 결심한 박정희의 선견지명은 이 정권이 성공할 수 있었던 참으로 현명한 결정이었다. 그러나 역사를 재평가하기 위해서는 부정적인 면도 있었다는 점도 지적해야 할 것이다.

한국 정부의 요청에 따라 막대한 자금을 투자한 뒤 예기치 못한 사건이 발생하여 철퇴하지 않을 수 없었던 재일 기업인들도 있다. 그로 인해 일본에서 고생해서 모은 전 재산이 순식간에 없어져 버리게 되었는데 '새나라 자동차공업 주식회사'를 설립한 박노정(朴魯禎)과 방림(邦林) 재벌의 서갑호(徐甲虎)가 그 사건의 전형적인 예라고 할 수 있다. 이 두 기업인은 군사 정권 시대에 최고 권력자들의 요청을 받아 조국에 투자를 했지만, 예상치 못한 문제의 발생과 그에 대한 지원을 하나도 받지 못하게 되면서 투자한 재산을 모두 날려 버린 케이스이다.

특히 '새나라 자동차공업 주식회사'는 1961년 12월, 박노정이 일본의 자동차 메이커와 기술 제휴를 하고, 한국에서 녹다운 식의 자동차 생산을 목표로 설립한 회사였다. 그러나 공동 경영자인 권력자 사이에 경영 방침을 둘러싼 의견 충돌이 생겨 신변의 위험을 느낀 박노정은 급히 부산으로 도망가 밀선을 타고 일본으로 돌아갔다. 하지만 결국 그가 투자한 자금 전액은 빼앗겼고 밀입국 혐의로 체포되는 신세가 되고 말았다. 이 사건으로 인해 재일 한국인 사회는 상당히 큰 충격에 빠지게 되었다.

한편, 일본에서 방직업을 창업해서 성공한 서갑호는 박정희의 요청을 받고 한국에서 방직업을 시작했다. 일본의 사카모토방적(阪本紡績)을 기반으로 가네후치방적(鐘淵紡績), 토오멘, 이토오츄(伊藤忠)상사 등과 제휴하여 사카모토방적에서 축적한 기술과 노하우를 한국 법인에 이식하고 한국 투자를 확대했다. 당시 투자액은 280억 엔을 초과했다. 서갑호는 한국에서 방림 재벌을 형성하고 신흥 재벌로서 화려하게 한국 재계에 등장했다. 그러나 불행하게도 계열 회사인 윤성(潤成)방직 공장에 화재가 발생하여 공장이 전소해 버리게 되었다. 자금 융통이 곤란해진 서갑호는 한국 정부에 긴급 지원을 요청했지만 거부당하였고, 결국 방림 재벌의 경영권을 포기해야만 했다. 이와 같이 재일 기업가의 입장은 조국에서 비참할 정도로 약소했다. 필요할 때는 불러들여 이용하다가 문제가 생기면 법적 보호 조치가 없는 이들을 단번에 희생시켜 버린 것이다.

　재일 기업인이 본국 친지의 요청으로 일본의 금융기관에서 융자를 받아 자금을 빌려주는 케이스도 적지 않았다. 곤란할 때 서로 도와주는 것이 인정이지 않은가. 순수한 마음에 신용 대부해 준 돈을 반환받고서 일본에 가지고 돌아가려고 했지만 외환법 위반으로 체포되어 감옥에 들어가거나 아예 돈을 빼앗긴 기업인도 적지 않았다. 그들은 법 앞에서는 의리도, 인정도 없다는 것을 알게 되었다. 이러한 불리한 입장에 있었음에도 불구하고 재일 한국인들은 고향에 대한 지원 사업을 멈추지 않았다.

　박정희 정권에 대한 평가는 갈라져 있다. 이 정권의 긍정적인 견해는 극빈 상태인 한국 경제를 성장시켜 우수한 경제 대국을 만들어서 국제사회에서도 놀랄 정도로 국민 생활수준을 향상시켰다는 주장이다. 반면 부정적인 견해는 민주주의를 유린하고 비합법적인 독재 정치를 자행했다는 점이다. 그러나 박정희 정권이 한국 국민에게 경제적인 만족감을 가져다준 것만은 부정할 수 없는 사실이며, 그 혜택을 받고 있는 국민은 대체로 부정적인 측면을 잊어버리고 있는 상태다. 비판적인 입장에 있었던 지식인들 중에서도 박정희 정권의 개발 경제 정책의 성과만은 높이 평가하고 있으며, 박 정권의 경제 발전이 그 후 민주화로 연결되었다고 보는 견해도 있다.

　경제 성장의 여세로 서울올림픽을 성공시켜 국제사회에서 인정받게 된 것은 큰 성과였다. 또한 올림픽을 성공적으로 치렀다는 자신감이 계속적인 발전을 가능하게 했으며, IMF 경제 위기와 같은 난국에도 대처할 수 있었던 것이다. 이러한 조국의 선진국화는 재일 한국인들에게도 민족적인 긍지이고 자랑이 아닐 수 없다. 왜냐하면 한국의 경제 성장과 국민의 생활 향상은 재일 한국인들이 오랫동안 기다리고 바라던 것이기 때문이다. 이러한 사실에 제일 기뻐한 것은 아마 재일 한국인 1세들일 것이다.

이 책의 목적은 한국의 경제 발전에 대한 재일 한국인들의 공적에 대해서 재평가하고 역사의 기록으로서 보존하기 위해 해외 교포들의 역할을 정당하게 평가하고 재일 한국인의 역사를 재검토하기 위한 기본적인 자료를 수집하고 정리하려는 데 있다. 그리고 또 한 가지는 이 사실을 내외에 널리 알리기 위한 것이다. 만약 이러한 목적이 달성된다면 재일 한국인들에 의한 조국에 대한 지원 사업은 결코 보람 없이 무의미한 일로 전락하지 않을 것이라고 생각한다.

해외 교포로서 조국이 경제적으로 곤란한 시기에 조금이라도 도움이 되었으면 하는 심정에서 지원한 것이 조국의 경제 발전에 크게 공헌했다는 평가를 받게 되었다는 것을 알게 되면 아마 더 이상의 기쁨은 없을 것이다. 이미 세상을 떠난 분들도 "정말 잘됐다"고 안심하고 영면할 것임에 틀림없다. 또한 생존하고 계신 분들도 돈을 모으는 것도 중요하지만, 조국과 사회를 위해서 기증하는 것도 매우 보람 있는 일이며, 앞으로도 조국 또는 지역 사회에 환원하는 데 더욱 관심을 가질 것으로 생각된다. 더 나아가 자손들에게도 선친에 대한 존경심을 가지게 되는 계기가 될 것으로 생각한다.

이 책은 일종의 공동 연구의 성과이다. 가능한 한 취지에 맞게 의견을 조정했고 용어의 통일성을 기하기 위해 노력했다. 그렇지만 집필자의 역사관, 가치관, 인생관 및 접근 방법이 다른 관계로 일관성이 없는 경우도 있다. 그러나 개성을 존중해서 최종적으로는 집필자의 책임에 맡기기로 했다.

어쨌든 이 책이 출판됨으로 재일 한국인들의 조국인 한국에 대한 공적을 인정받고 상응한 평가를 받게 되어 재일 한국인 사회에 대한 인식이 달라지는 계기가 된다면 이 이상의 기쁨은 없을 것이다. 또한 이 책의 내용이 재일 한국인 역사 연구의 한 페이지를 장식할 수 있다면 더더욱 기쁜 일일 것이다.

재일 한국인이 한일 양국의 가교 역할을 해 왔다는 사실을 바탕으로 한일 양국 간에 도사리고 있는 과거의 역사를 청산하고 앞으로는 21세기를 향해서 미래 지향적인 사고로 공생 시대를 열어 갈 필요가 있다고 생각한다. 재일 2세, 3세, 4세들에게 있어 한국은 조국이고, 일본은 태어난 고향이다. 재일 한국인은 일본인이 가지지 못한 아이덴티티를 가지고 있고 다양한 문화를 경험하고 있다. 공생에 의한 '내부에서의 국제화'를 추진한다면 일본의 국제화에도 큰 역할을 수행할 것이고, 이러한 재일 한국인의 재평가는 한일 간의 우호 촉진에 큰 기여를 하게 될 것이다. 이 책이 그러한 계기를 만들어 주는 데 도움이 되길 진심으로 바라는 바이다.

이 프로젝트의 조사 연구를 추진하는 과정에서 많은 분들의 협력과 조언을 받았다. 먼저, 전 주일한국 대사인 나종일 우석대학교 총장은 이 공동 연구 프로젝트의 한국 측 책임자로서 아이디어를 제공해 주었고 여러 가지 조언을 해 주었다. 그리고 이광형, 전 주일 한국 대사관 수석 교육관은 교육 사업에 공적이 있는 재일 기업가들을 소개해 주었다. 또한 이명박 대통령의 특별 보좌관이며 세계한인상공인 총연합회 이사장인 김덕룡 씨는 내가 이 프로젝트를 설명하면서 협력을 요청했을 때, "매우 의의가 있는 연구프로젝트이므로 가능한 한 협력하겠다"고 했고, 정부 관계의 자료가 필요하면 언제든지 제공하겠다고 격려해 주었다. 재일 한국인 본국투자협회 신혜일 부회장과 문진규 부장도 관련 자료를 제공해 주었고, 본국 투자의 현황에 대해 설명해 주었다. 또한 재외 동포 재단의 강윤모 조사 홍보팀 장은 해외 교포 공적 조사의 필요성을 강조하면서 향후의 협력 관계에 대해서 조언해 주었다.

그리고 제주대학교 고충석 총장은 본 조사 연구의 중요성을 인식하여 제주대학교의 발전 기금을 기증한 재일 제주인들의 리스트를 건네주었다. 또한 제주 특별 자치도 평화 협력과 재외 도민 담당을 맡고 있는 송봉주 씨는 갑작스런 방문에도 친절하게 면담에 응해 주었고 재일 제주인들의 제주도 사회 경제 발전에 공헌한 상세한 자료를 제공해 주었다.

이 책에 등장하는 재일 기업가 본인이나 가족, 친족, 연고자 등의 협력이 없었다면 이 책의 간행은 불가능했을 것이다. 인터뷰를 허락하고 자료를 제공해 준 관계자 여러분께 진심으로 감사의 말씀을 드리고 싶다. 사례 연구는 이 책의 핵심이 될 내용이다. 이 기획에 참가한 공동 집필자들에게도 이 자리를 빌려 진심으로 감사의 뜻을 전하고자 한다.

이 책은 2008년도 다이토 분카대학(大東文化大學)특별 연구비의 성과이다. 또한 이 책의 일본어 판은 동 대학 경제학회로부터 연구 성과 간행 조성금을 받아 이와나미 출판사(岩波書店)에서 출판되었다. 이와나미 출판사 『세카이(世界)』의 편집장 오카모토 아쓰시(岡本厚)씨에게도 감사를 표한다.

끝으로 이 책이 한국어판으로 출판될 수 있는 것에 대해서 무한한 영광으로 생각한다. 이 책을 읽는 한국의 독자들이 재일 교포들의 역할에 대한 인식을 달리할 수 있는 계기가 된다면 정말 기쁠 것이다. 이 기획의 취지를 이해하고 한국어 출판을 담당해 준 출판사 〈말글빛냄〉의 박승규 대표에게 감사의 말씀을 드린다.

2010년 4월
도쿄에서 나가노 신이치로

한국의 경제 발전과 재일 한국 기업인

1쇄 인쇄 2010년 5월 11일
1쇄 발행 2010년 5월 20일

편저 나가노 신이치로
펴낸곳 도서출판 **말글빛냄** · **인쇄** 삼화인쇄(주)
펴낸이 박승규 · **마케팅** 최윤석 · **디자인** 진미나
주소 서울시 마포구 서교동 463-3 성화빌딩 5층
전화 325-5051 · **팩스** 325-5771 · **홈페이지** www.wordsbook.co.kr
등록 2004년 3월 12일 제313-2004-000062호
ISBN 978-89-92114-54-7 93320
가격 15,000원

*잘못된 책은 바꾸어 드립니다.